JN212123

海外直接投資の
実務シリーズ

ASEAN 各国
現地法人・支店・駐在員事務所
設立の実務詳細

タイ、ベトナム、フィリピン、インドネシア、マレーシア、カンボジア、シンガポール、ミャンマー、ラオス

久野康成公認会計士事務所
著　監修　公認会計士　久野康成

株式会社東京コンサルティングファーム

TCG 出版

はじめに

中小企業の取るべき戦略は3つ

日本は、かつて、戦後のどん底の状態から奇跡的な成長を遂げ、アメリカに続き世界第 2 位の経済大国として、「ジャパン アズ ナンバーワン」と称賛されてきました。

しかしながら、その繁栄は今や昔、1991 年バブル崩壊からの「失われた 30 年」といわれる長期的な経済停滞に入りました。2010 年には GDP で中国に追い抜かれ、経済大国の座は危うくなっているというのが現状です。

さらに、2050 年には日本の人口は 1 億人を下回り、GDP もインドなどに抜かれ 5 位まで下がると予測されています。

GDP の成長率においても、2023 年の経済協力開発機構(OECD)発表の実質 GDP 予測(同年6月時点)は 1.3%と、世界全体の GDP 伸び率予測 2.7%を下回り、今後も国内経済が大きく成長するという楽観的なシナリオは到底描けないというのが現状です。

このように、日本の少子高齢化・経済鈍化の流れを止めることができない中で、日本企業が取るべき道は、以下の 3 つしかありません。

① 発展を続ける新興国に活路を求める
② 地域密着で生き残る
③ 座して死を待つ

① 発展を続ける新興国に活路を求める

第1の道は、国内市場は縮小することは確実で、マーケットを発展し続ける新興国に求めグローバル化していくという選択肢です。
グローバル化は、海外に生産拠点を設けるだけではなく、むしろ新興国の市場をターゲットにして海外展開することを指します。

欧米諸国は、日本と同じように既に成熟市場となっています。今からマーケットにするのは時期的にすでに遅い状況になっています。
海外での販売先を考える場合は、これから成長が見込まれる市場、すなわち新興国をターゲットと考える必要があります。

② 地域密着で生き残る

第 2 の道は、地域密着、地域特化型で「残存者利益」を狙うという方法です。限られた経営資源を海外ではなく、国内市場に集中するのも、一つの生き残る方策と言えます。しかし、国内のマーケットは縮小していくことは避けられません。

また、成熟した日本国内市場には多くの競合があり、その中で差別化を図るのは非常に難しいともいえます。

③ 座して死を待つ

上 2 つの選択肢を取らない場合、縮小する市場やグローバル化の波にのまれていくだけの状態になってしまいます。

どの会社でも、何も策を持たず、現状維持を行うというのは、ただ死を待つだけです。私たちには、基本的にこの 3 つの選択肢しかとるべき道はないと考えるべきです。

レッドオーシャンの地域密着とブルーオーシャンの海外進出

①の海外展開と②の地域密着は、どちらが良いのでしょうか。
マーケットが縮小しているといえども、競合との間で十分な差別化ができているのであれば、国内市場の残存者利益を狙う②の方法は有効です。

しかし、実際には、本当に競合他社と差別化ができる会社は、ほんの一握りであるのが現実です。

また、現在、差別化が功を奏していたとしても、技術革新や IT 化、海外からの安価な製品流入によって、現在の状況が短期間で覆されることも多くあります。いずれにしても、少子化でマーケットが縮小し続ける現状を打破するためには、イノベーションが必須です。

日本の経済は、自動車産業を中心に発展してきました。
今もなお、トヨタをはじめとする自動車業界が日本の産業の中心にいます。
しかし、電気自動車の技術によって、それも大きく変化しようとしています。自動車製造のコア技術は、ガソリン燃料を動力に変えるエンジンにありましたが、モーター駆動となる電気自動車の登場によってその様相は一変しつつあります。

環境に配慮する社会的な要請も電気自動車の普及を後押ししており、エンジン製造の技術がやがて陳腐化していくことは避けられません。日本の自動車の産業ヒエラルキーも大きく構造的な変化を余儀なくされることでしょう。

このようなビジネス環境の変化に対応するためには、成長する市場を見極め、新たな挑戦をすることも必要になります。

その意味で、発展の目まぐるしい新興国市場は、不確実な部分が「リスク」になる以上に、企業シェアが流動的であるため、「チャンス」を見出すことができます。
一方で、海外展開は、多くの会社にとって、未知への挑戦となります。必ずしも成功するとは限りません。大企業と異なり、中小企業であれば、一つの失敗で、会社が再起不能になってしまうリスクもあります。そのような中、どのように海外展開を考えればよいのか？

本書は、そのような海外展開を考える企業にとってまずは、抑えるべき第1歩である海外へ法人を設立する際の、手順や外資規制、留意事項などをまとめた1冊です。

ASEAN 諸国への進出時の情報をまとめていますので、ぜひ海外展開を考える際に参考にしていただければ幸いです。

どうか本書が、1 社でも多くの日本企業の海外ビジネスの成功につながる、また、日本企業の更なるイノベーションの種となることを願ってやみません。

東京コンサルティンググループ
代表　公認会計士　久野康成

目次

はじめに …… 3

中小企業の取るべき戦略は3つ …… 3

レッドオーシャンの地域密着とブルーオーシャンの海外進出 …… 4

【国別設立難易度一覧表】 …… 17

【タイ】

ASEAN 日系企業数進出 No.1 の国への進出方法とは

Ⅰ. 進出時の特殊な留意事項一覧 …… 20

1. 業種による外国資本出資比率の規制 …… 20

2. 日本人1名の就労許可証につき、タイ人4名の雇用及び資本金200万THB …… 20

3. ライセンス不要な場合、約1カ月で設立可能 …… 21

4. BOI(タイ投資奨励委員会)に関して …… 21

5. IEAT(タイ工業団地公団本社)に関して …… 21

Ⅱ. 各進出形態まとめ …… 22

1. 現地法人 …… 22

2. 駐在員事務所 …… 23

3. 支店 …… 26

Ⅲ. 各種設立スケジュール及び必要資料 …… 27

1. タイ法人としての現地法人設立及び必要資料リスト …… 27

2. 駐在員事務所設立及び必要資料リスト …… 40

3. BOI ライセンス申請する場合の設立及び必要資料リスト …… 42

Ⅳ. 外資規制 …… 50

1. 投資規制 …… 50

2. 外国人事業法 ……… 50
3. 資本金に関する規制 ……… 54
4. 土地所有に関する規制 ……… 55
5. 工場法による規制 ……… 56
6. 外国人の就労による規制 ……… 56
V. 投資インセンティブ ……… 58
1. 投資インセンティブ ……… 58
2. BOI とIEAT の主な違い ……… 58
3. BOI(タイ投資奨励委員会)の概要 ……… 61
4. IEAT(タイ国工業団地公社)の概要 ……… 66
VI. 業種ごとの設立形態 ……… 70
1. 事業形態ごとに見る進出スキームの検討 ……… 70
2. 製造会社を設立する方法 ……… 70
3. 販売会社(卸売、小売)を設立する方法 ……… 73
4. 販売会社以外のサービス会社を設立する方法 ……… 79
【ベトナム進出】
人口増加、経済成長を続ける今最も勢いのある国へ進出方法とは
I. 進出時の特殊な留意事項一覧 ……… 84
1. ライセンス申請. ライセンス申請 ……… 84
2. 外資規制 及び サブライセンス ……… 84
3. 資本金額 ……… 84
4. 優遇税制 ……… 85
5. 居住性のある現地代表者1 名の選任 ……… 85
II. 各進出形態まとめ ……… 86
1. 現地法人 ……… 87
2. 駐在員事務所 ……… 90

3. 支店 …… 90

Ⅲ. 各種設立スケジュール及び必要資料 …… 91

1. 法人設立 …… 92

2. 駐在員事務所設立 …… 96

3. 支店の設立 …… 99

Ⅳ. 外資規制 …… 102

1. 禁止業種･規制業種 …… 102

2. 出資比率による規制 …… 104

3. 資本金に関する規制(内資･外資が対象) …… 108

4. 主な注意点 …… 117

Ⅴ. 投資インセンティブ …… 119

1. 優遇制度を利用するための要件 …… 119

2. 優遇制度の内容 …… 121

Ⅵ. 業種ごとの設立形態 …… 125

1. 事業形態ごとに見る進出スキームの検討 …… 125

2. 製造会社を設立する方法 …… 125

3. EPE 企業について …… 126

4. 主な日系工業団地 …… 127

【フィリピン進出】

外国企業への優遇措置の拡大､成長が進む国への進出方法とは

Ⅰ. 進出時の特殊な留意事項一覧 …… 130

1. 3つの新制度により進出しやすい国へ …… 130

2. 投資規制の禁止業種とその出資比率について …… 132

3. PEZA 等の投資優遇機関に関して …… 133

Ⅱ. 各進出形態まとめ …… 134

1. 現地法人 …… 135

2. 支店 …… 136
3. 駐在員事務所 …… 138
Ⅲ. 各種設立スケジュール及び必要資料 …… 141
1. 現地法人の設立手続(現地側) …… 141
2. PEZA 登録手続 …… 147
3. 製造業 …… 151
4. 物流業 …… 158
Ⅳ. 外資規制 …… 160
1. 投資規制 …… 161
2. 出資比率による規制 …… 162
3. アンチダミー法による規制 …… 166
4. 資本金規制 …… 166
5. 土地所有規制 …… 168
6. 外国為替管理規制 …… 168
Ⅴ. 投資インセンティブ …… 170
1. 投資優先計画に基づく業種別優遇政策 …… 170
2. 税制面の優遇措置 …… 172
3. その他の優遇措置 …… 173
4. 形態別の優遇措置 …… 174
5. 特別経済区に付与される投資インセンティブ …… 176
7. 優遇の内容 …… 179
8. 工業団地情報 …… 185
Ⅵ. 個別業種ごとの設立形態 …… 188
1. POEA(フィリピン海外雇用庁)ライセンス …… 188
2. 輸出入ライセンス …… 188
3. PCAB(建設業者認定委員会)ライセンス …… 190

【インドネシア進出】

外国企業への優遇措置の拡大、今後の成長が見込める国へ進出方法とは

I. 進出時の特殊な留意事項一覧 …… 192

1. インドネシア設立で一番重要なのはKBLI コードの選定 …… 192
2. ライセンスの有無の確認 …… 192
3. 人事関連の仕事は外国人が関与できないので要注意 …… 192
4. 法律と実務の乖離が大きい …… 193

II. 各進出形態まとめ …… 194

1. 現地法人(独資による設立) …… 195
2. 現地法人の設立(合弁設立) …… 195
3. 駐在員事務所の設立 …… 196
4. パートナーシップによる進出 …… 198

III. 各種設立スケジュール及び必要資料 …… 199

1. 現地法人 …… 199
2. 駐在員事務所 …… 207
3. 就労ビザの取得(C312) …… 215

IV. 外資規制 …… 220

1. 投資不可の分野 …… 220
2. 出資比率規制のある分野 …… 222
3. 内資企業にのみ許可されている業種 …… 222
4. 資本金の規制 …… 222
5. 外国企業の土地利用に関する規制 …… 223
6. 外国人の権限について …… 225

V. 投資インセンティブ …… 226

【マレーシア進出】

IT 分野をはじめ、多国籍企業の活発な投資が進む国への進出方法と

I. 進出時の特殊な留意事項一覧 …… 228
1. 最低資本金要件について …… 228
2. WRT ライセンスについて …… 228
3. インセンティブの豊富さ …… 229
4. イスラム圏 …… 229
5. 長期化する就労ビザ申請 …… 230
II. 各進出形態まとめ …… 232
1. 現地法人 …… 232
2. 駐在員事務所･地域事務所 …… 235
3. 支店 …… 236
4. その他の形態について …… 236
5. 企業買収と業務提携 …… 237
III. 各種設立スケジュール及び必要資料 …… 238
1. マレーシア法人としての現地法人設立及び必要資料リスト …… 238
2. 駐在員事務所の設立及び必要書類リスト …… 247
3. 支店としての設立及び必要資料リスト …… 254
IV. 外資規制 …… 259
1. 投資規制 …… 259
2. 禁止業種 …… 259
3. 出資比率･資本金規制 …… 260
V. 投資インセンティブ …… 263
1. 投資インセンティブの概要 …… 263
2. 製造業部門におけるインセンティブ …… 265
3. サービス業部門への主な投資優遇措置 …… 273
VI. 業種ごとの設立形態 …… 278
1. 事業形態ごとのに見る進出スキームの検討 …… 278

2. 製造会社を設立する場合 …… 278
3. 販売業 …… 278
4. サービス業 …… 279

【カンボジア進出】

若い労働力が増え続け、立地的にも今後のASEAN 戦略に重要な国への進出方法とは … 282
I. 進出時の特殊な留意事項一覧 …… 282
1. 制度上の最低資本金 …… 282
2. Quota(外国人労働者割当)の取得 …… 282
3. 優遇措置:経済特区(SEZ)と適格投資プロジェクト(QIP) …… 282
4. パテントとライセンスの違い …… 283
II. 各進出形態まとめ …… 284
1. 現地法人 …… 284
2. 支店 …… 285
3. 駐在員事務所 …… 286
III. 各種設立スケジュール及び必要資料 …… 287
1. 概要 …… 287
2. 日本側の手続 …… 288
3. カンボジア側の手続き …… 291
4. 支店及び駐在員事務所の登記手続き …… 299
5. 設立後の手続き …… 305
6. 労働職業訓練省における事業所開設申請 …… 311
IV. 外資規制 …… 316
1. 禁止業種 …… 316
2. 外国企業の土地所有に関する規制 …… 316
3. 外国人の雇用上限 …… 317
4. 外国為替規制 …… 317

V. 投資インセンティブ …… 318
1. 適格投資プロジェクトへの投資優遇措置 …… 318
2. 優遇措置を受けるための最低投資額 …… 320
3. 優遇措置不適格プロジェクト …… 321
4. 特別経済区における優遇措置 …… 321
VI. 事業ライセンスの取得 …… 322
【シンガポール進出】
アジアのハブとなる国への進出方法とは
I. 進出時の特殊な留意事項一覧 …… 324
1. 資本金要件がなく、1シンガポールドルから出資可能 …… 324
2. 外資規制が少なく、多くの場合ライセンスの取得も不要 …… 324
3. 会社秘書役が必要 …… 324
4. 会計監査人の選任 …… 325
5. 法人口座開設事情 …… 325
II. 各進出形態まとめ …… 326
1. シンガポール事業拠点設立 …… 326
2. シンガポールにおける現地法人の特徴 …… 326
3. 会社形態 …… 326
4. 現地法人の活動範囲とその制限 …… 329
III. 各種設立スケジュール及び必要資料 …… 330
1. 現地法人の設立スケジュール …… 330
2. 現地法人設立の必要書類 …… 334
IV. 外資規制 …… 336
1. 業種による規制 …… 336
2. 外国人(外国企業)の不動産保有 …… 338
3. 外国人の就労規制 ～厳格化するEP 取得要件～ …… 338

Ⅴ. 投資インセンティブ …… 345
1. シンガポール地域統括拠点総論 …… 345
2. 地域統括拠点（RHQ） …… 347
3. 国際統括拠点（IHQ） …… 349
4. グルーバル・トレーダープログラム（GTP） …… 350
5. 金融・財務センター（FTC） …… 351
【ミャンマー進出】
ASEAN 最後のフロンティア、先駆者利益を求める国への進出方法とは
Ⅰ. 進出時の特殊な留意事項一覧 …… 354
1. ミャンマー進出の意義 …… 354
2. 資源と人材、地理的特異性 …… 354
3. 旧英国植民地としての法体系と政府機関 …… 355
4. 外資規制と外貨規制、輸入 …… 356
5. インセンティブとボトルネック …… 357
Ⅱ. 各進出形態まとめ …… 359
Ⅲ. 各種設立スケジュール及び必要資料 …… 363
1. 現地法人 …… 363
2. 支店および駐在員事務所（海外法人Overseas Corporation としての登録） …… 369
3. 投資法に基づく承認申請手続きを伴う会社設立手続き …… 374
4. 経済特区法に基づく投資許可申請手続き …… 376
Ⅳ. 外資規制 …… 378
1. 投資規制 …… 378
2. 規制業種の内容 …… 379
Ⅴ. 投資インセンティブ …… 396
1. 投資法におけるインセンティブ …… 396
Ⅵ. 業種ごとの設立形態 …… 401

1. 製造業の進出 …… 401
2. 卸売業･小売業の進出 …… 402
3. サービス業 …… 403
4. 建設業 …… 403

【ラオス進出】

プラスワン戦略、まだまだ未開拓な部分が多いラオスへの進出方法とは

Ⅰ. 各進出形態まとめ …… 406
1. 概要 …… 406
2. 現地法人 …… 408
3. 現地法人以外の進出形態 …… 408

Ⅱ. 各種設立スケジュール及び必要資料 …… 410
1. 非公開会社(一般事業)の設立手続 …… 410

Ⅲ. 外資規制 …… 425
1. 投資規制 …… 427

Ⅳ. その他業種ごとの設立時の留意事項 …… 429
1. 製造業における留意点 …… 429
2. 販売業(卸売業や小売業)における留意点 …… 430
3. サービス業における留意点 …… 430

海外情報サイト【WIKI INVESTMENT】のご紹介 …… 441

【国別設立難易度一覧表】

◎:外資 100%で可能かつ設立期間が3カ月以内
○:外資 100%で可能だが、設立に3カ月以上要する
△:外資 100%で可能だが、資本金規定や、ライセンスの取得が必須
×:外資のみでの進出が原則不可

国名	基本情報(2022 年)		設立難易度			
	総人口	日系企業数	製造業	販売業	サービス業	駐在員事務所
タイ	6,609万人	5,856※	◎	△	×	◎
ベトナム	9,946万人	2,373	○	○	△	◎
フィリピン	1.13億人	1,434	○	△	○	○
インドネシア	2.70億人	2,103	△	△	△	○
マレーシア	3,260万人	1,856	△	△	△	◎
カンボジア	1,530万人	449	◎	◎	◎	◎
シンガポール	564万人	1,084	△	○	◎	◎
ミャンマー	5,114万人	540	◎	△	◎	◎
ラオス	733万人	174	△	△	△	○

基本情報:外務省ホームページ参照

※タイの日系企業数のみ、2022年度未実施のため、2021年3月29日付ジェトロ・バンコク事務所「タイ日経企業進出動向調査2020年」を使用しており、在チェンマイ総領事館の管轄区域分を含む。

タイ進出

〜ASEAN日系企業数進出No.1の国への進出方法とは〜

I. 進出時の特殊な留意事項一覧

1. 業種による外国資本出資比率の規制

タイに日系企業が進出する際にまず留意すべき点が、業種による外資資本の規制です。販売業(卸売業や小売業)またサービス業(飲食業や IT サービスなど)に関しては、第 3 種の外資規制対象リストにおいて「その他のサービス業」とされていることから、すべてのサービス業が同法の規制対象になります。これは現地法人の場合だけではなく、支店、駐在員事務所にも適用されます。タイで行おうとする事業が規制業種に該当する場合は、外国資本 50%以上(詳細は外資規制の章参照)では、原則として事業を行うことはできません。日系のコンサルティングファーム(当社含む)や、銀行系列の会社が株主サポートも行っておりますので、外資規制に該当する場合は、まずはそのような企業にコンタクトを取ることが望ましいです。また、BOI(タイ投資委員会)からのライセンス発行や、別途商務省からの外国人事業許可証の取得なども、特に独資で進出したい企業に関しては併せて検討する必要があります。

2. 日本人1名の就労許可証につき、タイ人4名の雇用及び資本金 200 万バーツ

BOI や IEAT の恩典がない場合、タイで外国人が就労するにあたり(労働許可証の取得)、まず資本金 200 万バーツ(1人あたり)及び、B ビザ(ビジネスビザ)の延長申請にあたり、タイ人4名分の雇用に対する個人所得税申告書、社会保険の納付書のデータなどが求められます。そのため、タイ人4名の雇用がない場合、実務上ビザの延長ができず、タイに滞在できないといった状況に陥ってしまうため、このような要件が必須となってきます。ただし、BOI や IEAT の恩典を受けられる場合、この4:1の規定などが対象外となり、日本人の就労にあたり、手続きが簡易的となるといったメリットがあります。

3. ライセンス不要な場合、約1カ月で設立可能

BOI のライセンスや、特殊なライセンスなどの取得が不要な場合、タイでの設立登記までの期間は、約1カ月弱ほどで手続きが可能です。その後の口座開設、VAT の申請を含めても2カ月くらいで手続きを行うことができるため、事業開始までのスピード感は他国と比べても早く行うことができます。BOI のライセンスを申請する場合は、事業内容にもよりますが、3カ月から半年ほど要します。

4. BOI(タイ投資奨励委員会)に関して

タイで事業を行うにあたり、まず確認すべきは BOI ライセンスの取得の可否について検討するのが望ましいです。上述でも記載の通り、製造業を除いて、ほとんどの事業(サービス業や販売業等)に関しては、外資規制の対象となり、独資での進出ができません。そのため、まずは BOI の対象リストの事業となっているかを確認する必要があります。サービス業や飲食業に関しては基本該当しませんが、卸売業や、統括機能を持つ企業、運送業などは該当するライセンスもあるため確認しておくのが望ましいです。また、製造業の場合であったとしても、BOI のライセンスを保有することができれば、土地の取得や、外国人労働に関する規制の緩和、事業によっては税務上の恩典の適用を受けることができます。(詳細は、V 投資インセンティブに記載)

5. IEAT(タイ工業団地公団本社)に関して

外資規制などの緩和はありませんが、BOI を取得しない製造業に対しても土地の取得が可能になるといった恩典が付与されます。また IEAT の場所によっては、税務上の恩典や別途得られるメリットなどがあるため、製造業での進出の場合は、IEAT を一度確認することが望ましいです。

Ⅱ. 各進出形態まとめ

1. 現地法人

■株式会社
　タイの会社制度は、日本と同様に、株式会社制度を採用しています。株式会社（Limited Company）は、すべての株主が間接有限責任を負う形態であり、株式の譲渡制限の有無により非公開会社と公開会社に分けられます。

・ 非公開株式会社（Private Limited Company）
・ 公開株式会社（Public Limited Company）

　非公開株式会社は、定款によりすべての株式に譲渡制限を設けている会社のことを指します。公開株式会社は、株式上場を前提とした株式会社で、証券取引所を通じて、株式の募集を行い、資本調達は公衆から株主を募ります。タイ証券取引所（Stock Exchange of Thailand、通称SET）の上場会社は、2022 年 11 月時点では 867 社です。

[非公開株式会社と公開株式会社の比較]
　非公開株式会社と公開株式会社の設立に関する要件は、以下の通りです。

*非公開会社の発起人数及び株主数は、従来 3 名（株主）必要となっており、合弁会社を設立するときなど、2社の株主及び、もう1名株主を探す必要がありました。しかし、2023 年 2 月 7 日より、法改正（民商法 1097 条）が行われ、最低 2 名（株主）と変更されました。

【非公開会社株式会社と公開株式会社の比較】		
項目	非公開会社	公開会社
発起人の 最低人数	2	15
株主の 最低人数	2	15
取締役 最低人数	1	5
株式の公募	不可	可能
社債の公募	不可	可能
メリット	財務情報の 開示義務が少ない 上場コストの 維持費が少ない	社会的信頼度が高い 公衆から資金調達が可能
デメリット	公衆からの 資金調達が不可	上場維持のコストがかかる 買収の危険性がある

2. 駐在員事務所

駐在員事務所とは、主として情報収集等の限られた「非営利活動」を行うことを目的として登録される事務所です。また租税条約上「恒久的施設(PE：Permanent Establishment)」とみなされず、法人税課税を受けない代わりに、収入を得ることや、タイ国内の個人や法人と商談を行う権限も持てず、いわゆる商行為を行うことができません。

限られた「非営利活動」とは、以下の通りです。

- 本社のための商品またはサービスの手配
- 本社から仕入もしくは請負製造した商品の品質及び数量の調査及び管理
- タイで代理店や消費者に、本社が販売した商品に関する助言の提供
- 本社の新製品やサービスに関する広報
- タイにおけるビジネストレンドの本社への報告

なお、2017 年 6 月 9 日の公示・施行により法改正が行われ、外国人事業法(FBA:Foreign Business Act)の規制業種から、外国法人の駐在員事務所が外国人事業法の対象から外れることが決まり、外国人事業許可書(FBL:Foreign Business License)の取得が不要となりました。

省令前においては、FBL 取得に際し 3 カ月以上、手続きに時間を要し、運用開始まで約半年間、更に親会社の資本金の 0.5%(最高で 25 万バーツ)の手数料がかかっていました。また、最低 300 万バーツ以上の事務所経費の持ち込みが条件として規定されており、当該経費は3年以内に全て持ち込まなければなりませんでした。

しかし、省令により、駐在員事務所設立においてはFBL取得が不要となったため、商務省へ必要書類を提出するだけで、企業登録番号(TAX ID と同じ)の取得ができるようになりました。また、書類等に不備がなければ即日発行も可能となっています。なお、企業登録番号証明書の申請・発行手数料はかかりません。FBLの取得のために最低300万バーツ以上の事務所経費の持ち込みも不要となりましたが、駐在員事務所へ 200 万バーツの資本金相当の送金が必要となっています。(外国人事業法 14 条により)また、下記事項が商務省により指定されている駐在員事務所として行えない禁止活動になります。

1. 商品調達
本社もしくは関連者に代わって商品の注文及び商品代金の支払いを行うこと。

2. 商品の発送
本社または関連者の製品の発送や発送手配。

3. 第三者のための検品業務
タイの会社により販売される製品の検品作業（本社もしくは関連者を除く）。

4. アフターサービスの提供
据え付け及びメンテナンスに係るサービスの提供。

5. 第三者のための製品情報説明
本社もしくは関連者以外の製品に関する情報提供。

6. 商品・サービスの受注
本社もしくは関連者に代わって商品もしくはサービスの受注を行うこと。

7. 商流のコーディネーション
本社もしくは関連者に代わって仕入れ及び販売のコーディネーションを行うこと。

8. 広告宣伝活動
タイにおいて既に販売されている製品またはサービスの宣伝及び情報提供。

9. 仲介役・代理人活動
本社もしくは関連者とタイの顧客の仲介役または代理人活動を行うこと。

10. 事業計画の策定
本社もしくは関連者に代わって他の会社等と事業計画の策定や調整。

11. 契約の締結
　本社もしくは関連者に代わっていかなる契約を締結する活動を行うこと。

12. 情報提供サービス
　本社もしくは関係会社ではない第三者に対し情報提供を行うこと。

当該外資規制の緩和及びCovid-19の終息に伴い、2022年頃から駐在員事務所の進出は増加傾向にあります。目的としては、タイに駐在員事務所を設立し、タイのみに限らず、ASEAN 他国においても市場調査などを行うことであり、インフラや、日本人の住みやすさ、物価などが考慮され、タイに駐在員事務所を設置する企業が増えています。なお、駐在員事務所の事業範囲は認可されたものに限られるため、それ以外の営利活動を行った場合には、PE認定が行われ、法人所得税が課税されるリスクがあります。また、駐在員事務所は納税額が発生しなくても、法人の納税者番号を取得し、決算書を作成の上、確定申告書を税務署に提出しなければいけないため注意が必要です。

3. 支店

支店とは、主に本店から遠隔にある地域において、本店と同様の営業展開をするために必要に応じて設置された事務所であり、営業活動が可能な進出形態である点が、駐在員事務所と異なります。外国企業の支店が事業の認可を受けるには、活動資金として最低 300 万バーツをタイ国内に持ち込むことが必要となります。また、外国人事業法による制限があり、銀行等の金融業以外の設置が認められるケースが少ないのが現状です。その他、建設業でプロジェクトごとのジョイント・ベンチャー（JV：Joint Venture）による進出の場合、支店を設置するケースが認められています。

その上、支店の税務、法務などの責任が進出元の国とタイの両国にまたがり複雑になります。外国企業の本社がタイ国内から直接収入を得た場合は、歳入局（Revenue Department）によってタイ国の課税対象であるとみなされる可能性があります。

このような法的責任が本社へ及ぶリスクがある点がデメリットとして挙げられるため、他国と比べタイでの支店の進出はあまり使用されていません。

Ⅲ. 各種設立スケジュール及び必要資料

1. タイ法人としての現地法人設立及び必要資料リスト

■スケジュール

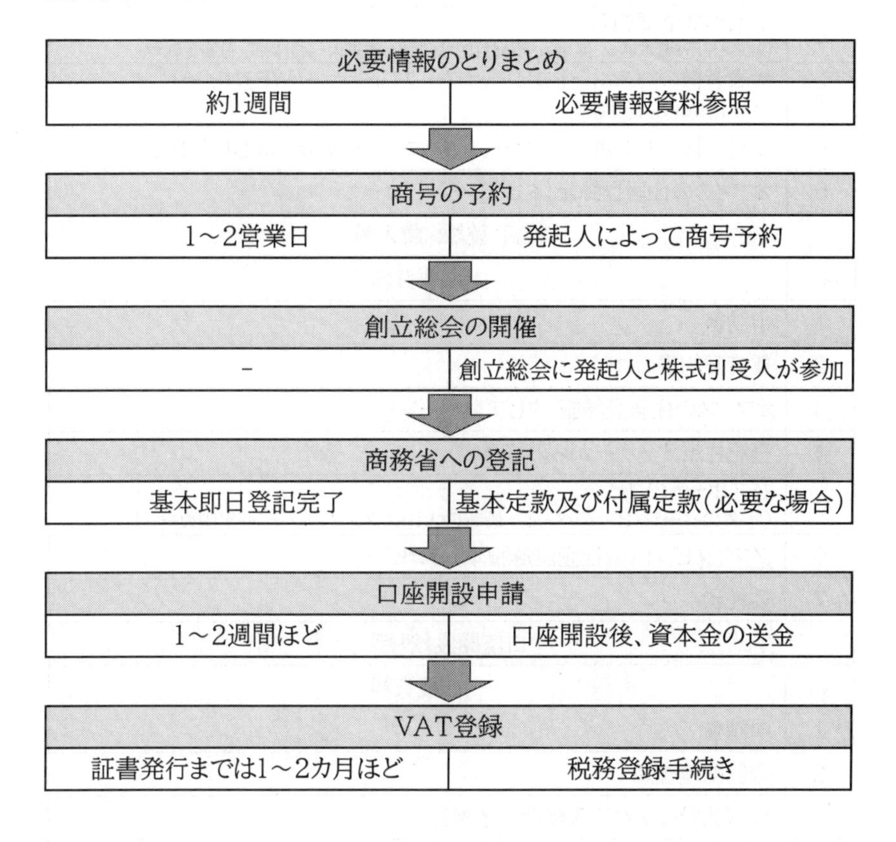

■必要資料

設立登記申請：商務省	
No.	必要資料
1	申請書
2	定款作成必要情報 （社名・住所・資本構成・発起人・事業目的・取締役・監査人・会計期間・付属定款等）
3	代表者様のパスポートコピー、（ワークパーミット（WP）コピー） ＊WPはもしあれば
4	発起人様のパスポートコピー、（WPコピー）＊WPはもしあれば
5	オフィスの住居登録証（タビアンバーン）
VAT登録：歳入局	
No.	必要資料
1	申請書
2	賃貸契約書のコピー
3	オフィスの住居登録証（タビアンバーン）
4	登記住所オーナーからの同意書
5	パスポートのコピー （写真のページ・ビザのページ・最新の入国スタンプのページ・出国カード）
6	アフィダビット（会社登記簿謄本）のコピー
7	委任状
口座開設：銀行	
No.	必要資料
1	申請書
2	登記関連書類
3	口座開設にかかる取締役会議事録
※銀行により申請書類等も異なるため、事前に問い合わせが必要です。	

■商号の予約…❶

商号の予約は、新会社の発起人によって行われなければなりません。同一商号、類似商号の使用はできないため、事前に事業開発局へ同一、類似商号がないことを確認します。

この判断には、タイ国内で登録されている会社商号すべてが対象となり、この点において日本の商号登録と異なります。同一、類似商号がなければ、当局に予約申請し、新会社の商号として使用する許可が下ります。また予約申請時には、発起人は希望している社名のほかに 2 つの代替名を用意しなければならない点に留意が必要となります。

一般的に商号の許可がでるまでに1～2営業日かかります。当局に承認された商号は使用許可から30日間有効となり、当該期間中に基本定款の登記申請を行う必要があります。30日間の有効期間内に基本定款を登記しない場合、商号使用の権利は消滅し、もう一度予約し直さなければならなくなるため、注意が必要です。

[商号の決定についての留意点]

商号は英語とタイ語の併記となるため、綴りなどを確認する必要があります。タイ語は子音字と母音字に声調記号を組み合わせた形式で表記され、同一の音であっても複数に綴ることが可能な場合があります。

これにより発生する問題点としては、タイに複数社の関連企業が進出している場合、タイ語表記の商号が関連企業間で異なってしまうことが挙げられます。また、タイ語表記は原則として英語商号をタイ語読みして表記するため、英語表記では発音可能であってもタイ語で表記できない場合があります。この場合、登記官から予約を拒否される可能性があるため、タイ語表記ができる綴りに変更し、予約申請を行うのがよいのですが、当該措置により必ずしも申請が通るというわけではないので、事前に登記官に確認してもらうのが望ましいです。

商号には「Company Limited(Co., Ltd.)」や「Limited(Ltd.)」、公開株式会社の場合は、「Public Company Limited」を末尾につけなければいけません。また、商号の中に「Thailand」を使用する際は、名称末尾の括弧内に(Thailand)を記載する必要があります。なお、王室関連の名称、政府関連の名称、国際機関の名称、その他指定される名称(ASEAN 等)の使用は禁止されています。

[発起人について]

商務省(MOC)に会社を登録する者は会社の発起人で、登記の際に書類に署名できる 20 歳以上の自然人(法人以外)でなければならないと定義されています。国籍は特段問いません。

また、発起人の数は非公開会社の場合 2 名以上(上述で記載の通り、2023 年に法改正があり、それまでは3名上となっていました)となっており、それぞれ会社登記の直後に会社の最初の株主になり、最低 1 株を持たなければなりませんが、その後他の株主または第三者に譲渡することができます。また、発起人になる者がタイに居住している必要もありません。

実務としては、設立時に、株主引受人に法人が入っている場合、申請資料に法人の資料等も必要となるため、発起人が 100%設立時のみ一旦株式を引き受け、設立後、法人に譲渡するような方法も使用されます。

発起人に係る法的責任

発起人に係る法的責任は、登記に係る費用負担責任と株式への有限責任があります。ただし、前者の責任については、創立総会で認めた場合には、登記後、会社から発起人に対し、当該費用を支払う場合もあります。

■カンパニーシール(会社印)の作成…❷

会社印を登記する際には、設立登記時に同時に申請が必要になるため、商号の予約の許可が下りた時点で、会社印を作成します。会社印には予約した商号(タイ語)を最低限表記しなければなりません。英語表記名やロゴを入れることも可能です。形としては、丸形、楕円形、長方形が一般的です。

また、会社間での契約や、当局に届け出る申請書等は原則、サイン権者のサイン及び社印が必要となる点に留意が必要です。また、駐在員事務所においては、社印の作成は任意になりますが、社印を求められるケースが多いため、会社の運営上、社印を作成しておくのが望ましいです。

■基本定款の作成・登記…❸

基本定款は、最低 2 通の原本を作成し、発起人が署名し、更に 2 人の証人が証明しなければなりません。作成した基本定款は、1 通をタイ国内の会社の所在地となる場所にある登記所において登記が必要となります(民商法典 1099 条)。

発起人全員に署名された定款を事業開発局(DBD)へ登記します。定款は基本定款(Memorandum of Association)と附属定款(Article of Association)とで構成されており、社名、本店所在地、事業目的、発行株式数など、会社の基本的事項を基本定款で定め、会社の機関である取締役会の構成・権限といった細かい事項を附属定款に記載します。

なお、タイにおいては基本定款の登記と、会社登記を、別々の日に申請する必要がありましたが、2008 年度の改正により、一定の条件を満たす場合は、基本定款と会社登記とを同日に行うことが可能になりました(民商法典 1111 条 1 項)。一定の条件については以下の通りです。

- 登記を行う会社の株式引受人がすべて揃っていること
- 民商法典 1108 条に基づく業務を審査するための創立総会に発起人と株式引受人が参加し、発起人と株式引受人が総会で議題に同意していること
- 発起人が取締役に対して業務をすべて引継いでいること
- 取締役が、民商法典 1110 条に基づく株式の払込を請求し、請求金額が払い込まれていること

上記、要件に関しては、基本的に日系企業の進出の場合は、書面ベースのみで行われることが多く、ほとんどのケースが会社登記と基本定款の登記日は同日となります。

[会社定款記載事項]

会社定款に記載しなければならない項目は以下の通りです(民商法典 1098 条)。付属定款の設定事項は任意での設定が可能です。

<table>
<tr><th colspan="3">【定款への記載事項】</th></tr>
<tr><td rowspan="8">記載事項</td><td>基本定款（MOA）</td><td>付属定款（AOA）</td></tr>
<tr><td>商号(会社名)</td><td>会計年度</td></tr>
<tr><td>会社の住所</td><td>株式の発行と名義の書き換え</td></tr>
<tr><td>事業目的/内容</td><td>株主総会規定</td></tr>
<tr><td>株主の追う責任範囲(有限責任)</td><td>取締役会規定</td></tr>
<tr><td>登録資本金</td><td>辞任・取締役規定</td></tr>
<tr><td>発行株式数数(1株あたり最低5THB)</td><td>優先株式の発行内容</td></tr>
<tr><td>発起人の情報</td><td>その他会社が定める特殊事項</td></tr>
</table>

[設立目的・会社の目的について]

基本定款の登記に際して特に注意すべき点は、会社目的の記載です。会社の目的は、会社ができる行為をすべて網羅的に記載しておく必要があります。

会社目的に含まれない行為を行った場合には、原則として、その法律行為は無効であり、法的効果は会社に帰属しません。この点はタイにおいても日本の会社法の考え方と同様です。

そこで、会社目的の記載が新会社の事業目的をすべて網羅しているかを慎重に検討する必要があります。もっとも、会社目的については、雛型があり大多数の事業活動が網羅されています。しかし、この雛型はタイ企業を念頭に作成されており、日系企業の特殊な事業活動まで網羅していないのが一般的であり、会社目的の作成に当たっては十分注意して検討する必要があります。

[会社定款の登記費用]

基本定款の登記費用は原則 500 バーツです。

［会社定款の変更］
基本定款の登録が完了すると、予約した商号は他の第三者が使用することが不可能となります。また、基本定款と附属定款の変更は、総会の決議後 14 日以内に行われなければなりません。

［資本金の設定］
登録資本金
タイは「登録資本金制度」により、設立時は発起人が会社の資本総額を決め、登記の際に「登録資本金」として基本定款に定めます。

最低資本金
非公開株式会社の資本金は、外国人事業法の「外国人」に該当しないようなタイ企業の場合、最低資本金額は特に定められてはいません。しかし、会社の目標を達成するために十分な額でなければならないことは言うまでもなく、実務的には、50 万バーツ以上の資本金を求められることがあります。なお、外国人事業法以外にも、外国人 1 人の労働許可を取得するために、原則的にその会社の資本金の払込額が最低 200 万バーツ必要となります。当該外国人がタイ人配偶者と同居している場合には、上記資本金の払込額が 50％減額されます。またタイの入国管理局では就労ビザ（B ビザ）延長の際に提出する年度会計報告の中で会社資産額が 100 万バーツ以上である必要があります。

外国企業の場合、外国人事業法において最低資本金額を規定しています。外国人事業法に準拠する外国企業とは、原則として外資が過半数を占める会社であり、この外国企業が外国人事業法の規制業種を行う場合は、最低 300 万バーツ相当、規制業種に該当しない業種の場合は 200 万バーツ相当の外貨を資本金として投資しなくてはなりません。

■株式の引受…❹

創立総会の前に、すべての株式の引受または割当が行われる必要があります。各発起人は最低 1 株引受ける義務があり（民商法典 1100 条）、引受が金銭、または金銭以外（現物出資）の方法によることが明確にされていなくてはなりません。

なお、金銭以外の出資を行う場合、定款に記載する必要はありませんが、後述の創立総会で承認を得る必要があります。この際に、日本であるような検査役による調査の規定は存在していません。
また、会社が登記された後、株式引受人は、錯誤、脅迫、詐欺を理由として裁判所に対し引受取消しを請求することができない(民商法典 1114 条)のは日本の会社法とほぼ同じです。

■創立総会の開催…❺

金銭で払い込まなければならない株式がすべて引受けられた後に、発起人は創立総会を遅滞なく開催し、それぞれ必要事項を検討し、承認を得なければなりません。
少なくとも総会開催日の 7 日前までに、創立総会での決議事項を記載した報告書を株式引受人へ送付し、またそのコピーの一部を会社登録官へ届け出る必要があります。また、株式引受人の名簿(引受人の氏名、住所、引受株式数)を創立総会で提出する必要があります(民商法典 1107 条)。

[創立総会の決議事項]
創立総会において、決議する内容については以下のように定められています(民商法典 1108 条)。

・附属定款の採択(株主総会や取締役会などの会社の機関の決定)
・会社設立期間中における発起人の締結した契約及び支出した費用の承認
・発起人に対して支払が行われる場合その額の決定(発起人への報酬)
・株式引受人の名簿の確認
・優先株を発行する場合、その数・性質・範囲
・現物出資の対価として発行する普通株数と優先株数の決定
・最初の取締役や監査人の選任とそれぞれの権限の確定

ここでいう「監査人」はタイ国の公認会計士でなければならず、いわゆる日本企業における監査役ではなく、会計監査人に相当するものです。
タイでは会社の規模を問わず、駐在員事務所も含むすべての会社に対して監査人による監査義務が課されることになり、監査を担当するタイ人公

認会計士の氏名及び免許番号を商務省に報告しなければなりません。設立時に監査人まで決定できない場合も実務上はありますが、そういった場合は仮で登録しておき、正式に決まった後に臨時株主総会の決議により監査人の変更を行います。また、この株主総会の開催の要否については慣習的に不要であるという弁護士もいますが、会社法上は要求されているものと解釈されます。

なお、この創立総会開催後、発起人は事業を取締役に引継ぎます。(民商法典 1110 条 1 項)。

■株式の払込(資本金の送金)…❻

株式は額面より低い価格で発行することはできません(民商法典 1105 条)。一方、基本定款によって許可されている場合、株式を額面より高い価格で発行することができますが、その場合、超過分は最初の払込と一緒に払い込まなければなりません。

取締役は会社の設立登記前に発起人と株式引受人に対し、引受けられた株式の 25%以上の払込を求める必要があります(民商法典 1110 条 2 項)。

会社設立に当たり、登録資本金(Registered Capital)に相当する株式を全額発行し、各株式の額面の 25%以上を払い込めば、取締役が会社の登記申請をすることで会社が設立されます(民商法典 1111 条)。残りの払込金は取締役の求めに応じて株主が払い込む、分割払込制度となっています(BOI 奨励企業の場合は操業開始までに全額払込が必要)。

実務上は、会社設立登記を行い、その後銀行口座を開設して払込を行っています。

■会社の設立登記…❼

創立総会後、3 カ月以内に事業開発局宛（DBD）に、会社の登記申請を行わなくてはなりません。登記申請は、創立総会の決定に従い、登記申請書に次の必要事項を記入し提出することで完了します。

登記申請時においての必要事項	
必要書類	記載事項
登記申請書	株主情報 （氏名、職業、国籍、持ち株数）
基本定款・付属定款	取締役情報 （氏名、職業、国籍、連絡先）
創立総会の議事録	株式の引受、割り当て総数
株主名簿	現物出資がある場合はその比率
取締役名簿	取締役のサイン権の形態情報
外国人株主の場合は、パスポートコピー	本社や支店の住所
タイ人株主の場合は、ID カード	その他、総会で決められた事項等
取締役のサイン権の有無	–
会社印	–

[登記手数料]

基本定款の登記同様に、設立登記の際にも登記料を納付することになります。設立登記料は、原則 5,000 バーツです。

[設立登記に関する責任]

創立総会後 3 カ月以内に登記がなされなかった場合、会社は設立されなかったものとし、取締役は連帯して、引受者から受領した金銭はすべて割引せずに払い戻さなければなりません（民商法典 1112 条）。金銭が創立総会後 3 カ月以内に払戻がなされない場合、3 カ月満了の日から利子をつけて払い戻す責任を負うことになります（同条 1 項）。

ただし、取締役のいずれかが、金銭の不足または遅滞が自己の責任ではないことを証明した場合、当該取締役は元本及び利子に対する責任を負いません(同条2項)。

また、会社発起人は、創立総会で承認されなかった債務及び支出のすべてに対して連帯して無限責任を負うものとされ、承認された場合も、会社の登記までは同様に責任を負わなければならないとされています(民商法典1113条)。

なお、500 万バーツ以上の登録資本金がある会社は、下記資料を事業開発局に提出する必要があります。各期限の提出が遅れた場合は、2,000 バーツ程の罰金が科せられます。また、下記要件は、増資の場合も適用されます。

・実際に振り込まれた資本金額に基づき会社に振り込まれたことの証拠として資本金額を満たした額が記載されている銀行残高証明書(会社登記の日から15日以内に提出)
・現物出資の場合(不動産、株式、または正式な所有権の登録のある資産)には、会社は、自身がその資産の所有者になったことを証明する総会議事録や、建物の権利証等の証拠(会社登記の日から90日以内に提出)

そのため、タイでの銀行口座開設も含めてスケジュールがタイトな場合、初回の資本金額は実務上500万バーツを超えない範囲で一度登記し、その後増資手続きなどを行う会社もあります。

[サイン権の署名形態と範囲設定]

サイン権は単独署名か共同署名かに分かれます。取締役が1人の場合は、サイン権を同取締役に付与し、単独署名という形態になります。

一方、取締役が複数人存在する場合には、サイン権を1人に付与するか複数人に付与するかを選択することができます。また、複数人に付与する場合には、対象人数の決定やサイン権の範囲の設定などに留意が必要です。

内容	取締役が1名の場合	取締役が複数名の場合
署名形式	単独署名	単独署名もしくは共同署名
サイン権の範囲設定例	単独のため特に必要なし	・取引金額による規定 ・省庁等に提出する書面の署名 ・銀行関連の署名の規定など

[サイン権の設定範囲例]

例えば、日本居住の取締役のみにサイン権を付与し、タイ居住の取締役にサイン権を付与しない場合には、税務申告書や労働許可証の取得のための書類を日本に送付して、その上でサインを行うなど手続が煩雑になることがあります。

そこで、銀行などに対する手続などは、タイ居住の取締役にその権限を付与するのが業務効率上望ましいと考えられています。

■会社設立完了/営業開始…❽

以上の手続が完了後、「会社登記証」が交付され、事業開始が可能となります。

■VAT 登録…❾

VAT 登録の期限は、原則として物品の販売、サービスの提供を行う前日までに行わなければなりません(歳入法 85 条)。

ただし、課税対象となる取引による売上が年間 180 万バーツ以下の場合においては、VAT 登録の義務が免除されます(同条 1 項)。

上記の非公開株式会社の設立手続は、一般的には全体を通して約 1 カ月で完了します。また、別途ライセンスの取得等がある場合は、前述に加えて追加で日数がかかります。

申請に際して、申請書類の記入言語がタイ語であることや、手続が煩雑であることから、コンサルタント、法律事務所や会計事務所の設立代行サービスを使用するのが一般的で、サービスには定款の作成サポートや翻訳業務、現地当局への申請書類の提出代行等が含まれています。

2. 駐在員事務所設立及び必要資料リスト

■スケジュール

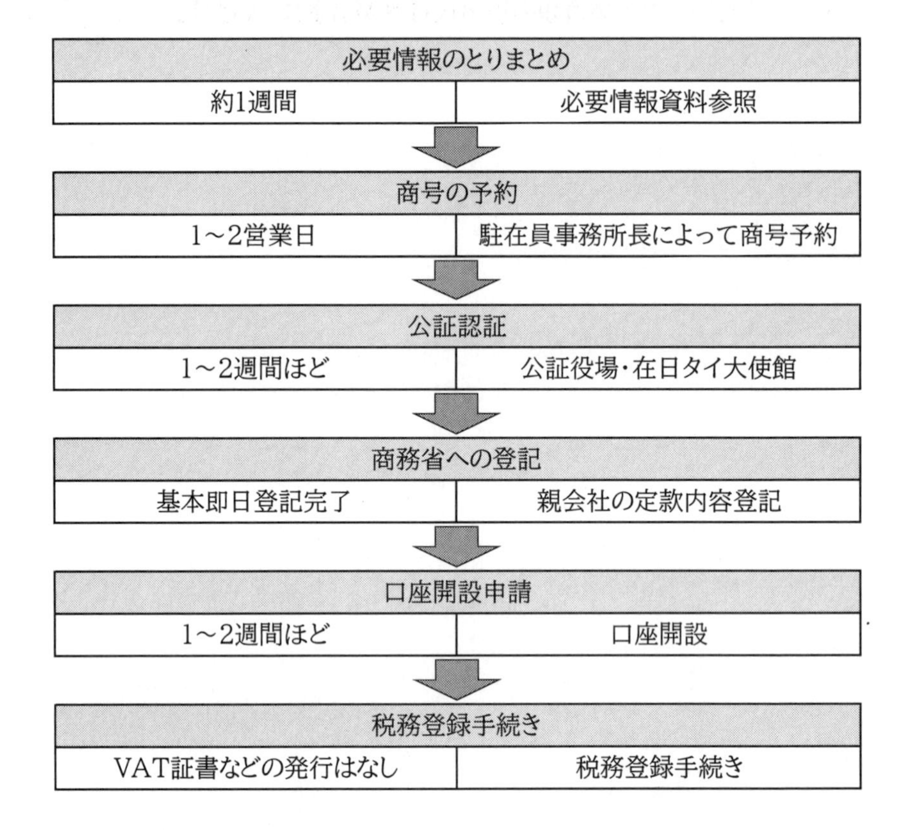

■必要資料

設立登記申請:商務省	
No.	必要資料
1	申請書
2	日本本社の定款及び英訳版 (社名・住所・資本構成・事業目的・取締役・会計期間)(認証公証が必要)
3	会社からタイ駐在員事務所長への委任状(認証公証が必要)
4	代表者のパスポートのコピー
5	タイ駐在員事務所長のパスポートのコピー (写真のページ・ビザのページ・最新の入国スタンプのページ・出国カード)
6	住居登録証(タビアンバーン)
7	駐在員事務所の地図
歳入局登録	
No.	必要資料
1	申請書
2	賃貸契約書のコピー
3	オフィスの住居登録証(タビアンバーン)
4	登記住所オーナーからの同意書
5	パスポートのコピー (写真のページ・ビザのページ・最新の入国スタンプのページ・出国カード)
6	アフィダビット(会社登記簿謄本)のコピー
7	委任状
口座開設:銀行	
No.	必要資料
1	申請書
2	登記関連書類
3	口座開設にかかる取締役会議事録
※銀行により申請書類等も異なるため、事前に問い合わせが必要です。	

3. BOI ライセンス申請する場合の設立及び必要資料リスト

■スケジュール

BOI への投資奨励申請から認可後の手続を解説します。BOI が公開している認可取得手続は以下のような流れになります。

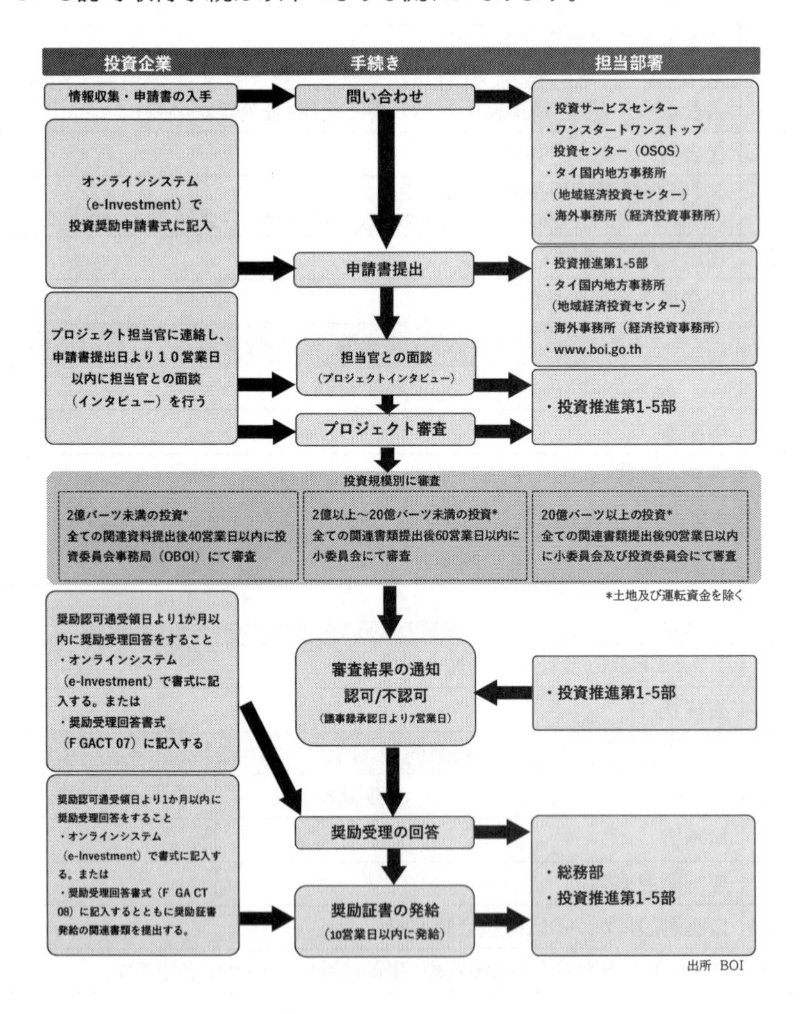

出所 BOI

■申請書の提出

申請書は、英語とタイ語が裏表になっています。事前調査が終了、事業計画ができあがっていれば、それを申請書に移し換えることができます。申請書には、製造品目のカタログ、会社概要のほか、事業の工程表などを添付する必要があります。なお、この工程表は、奨励を受けたあと守ることが義務付けられているので、材料の入荷及び検査、そして製品の出荷及び検査までもれなく記入しておかなければなりません。担当官によって、求めてくる追加資料などが異なるため、まずは標準の申請書を作成し、なるべく早く初回の申請を行うのが望ましいです。

日本の場合、申請書の提出先は、東京にあるBOIの事務所、タイにある本部の総務部、地方事務所となります。

■審査担当官によるインタビュー

申請書が受理されたあと、直ぐにインタビューの通知が申請書に記載されたタイ国内の連絡先へ送付されます。申請者は通知書に明記された部署へ連絡し、審査担当官とアポイントをとり、申請書受理から原則として10営業日以内にインタビューが行われます。

インタビューの目的は、委員会へ案件を上げるために申請書では不十分な情報を得ることで、製品の詳細、製造工程などの技術的なことや申請者（法人）の現在の事業内容を約2時間程度ヒアリングされます。そのため、申請者が十分に答えられない場合は、技術者も同行することが望ましいです。

また、英語や（まれに日本語）を使用してくれる担当官もいますが、タイ語のみでしかやりとりしてくれない担当官もいるため、タイ人を帯同していくのが望ましいです。

■委員会による案件審査

審査担当官による案件の詳細レポートができあがると、委員会に提案され、審議されます。審査を行う委員会は投資額により異なります。

投資額2億バーツ以下(土地代と運転資金を除く)
➡BOI事務局の内部委員会
投資額2億バーツを超え、20億5バーツ以下(同上)
➡BOI事務局の小委員会
投資額20億バーツ超(同上)
➡BOI事務局の小委員会
➡本委員会(首相が議長)

本委員会承認が必要な申請は、申請書受理から審査認可までの期間が90営業日以内で、原則毎月1回です。これに対して、BOI事務局内の委員会(小委員会を含む)による承認は毎週開催され、申請書受理から審査認可までの期間も60営業日以内と短くなっています。

■認可通知とそれに対する回答

委員会で認可されると、文書により、代理人を通して通知されます。文書の内容はBOIの政策による恩典と条件がタイ語で記載されています。この通知を受取ってから1カ月以内に通知書の内容に同意するか、しない旨の回答を行う必要があります(期限延長可)。
通知を受取ったら、早急に内容を確かめます。その際、恩典、条件が既に理解しているものと異なる場合は、回答を保留して、文書で問い合わせることができます。ただ、実務上は、恩典と条件はゾーン、業種により定められているため、食い違いがあることはあまりありません。

[認可通知書添付書類一覧]
・認可受理の回答フォーム
・認可受理回答期限延長の申請フォーム
・奨励証書(Promotion Certificate)発給申請フォーム
・輸入品梱包に輸入関税等減免恩典を受けることを表示する荷印の通知
・機械輸入に関する告示(46/2534(1991年))、Por.3/2545(2002年)及びタイで製造できる機械・設備リスト

・ 法人所得税免税の恩典を使用する前の事業実績報告の方法について（OBOI 告示 Por.4/2544（2001 年））
・ 電子システム（MCTS）による機械品目表承認の基準と方法（OBOI 告示 Por.8/2544（2001 年））
・ 必要インフラ、人材に関する調査表

正式の奨励証書の発給申請には、現地法人の責任者名義で申請することが必要です。また、BOI 認可企業の場合、操業開始までに資本金の全額の払込が要求されます。奨励申請と並行して、これらの準備を進めることで手続を円滑に進めることができます。

■奨励証書の発給

通知書に対する回答が終われば、次に正式の奨励証書を発給してもらうための申請を行います。奨励証書発給申請は奨励認可を引受ける旨の回答をした日から 6 ヶ月以内に行う必要があり、奨励証書の発給は、通常発給申請から 10 営業日以内に行われます。

[奨励証書発給申請書に必要な書類]
・ 奨励証書発給申請書（BOI 様式 FOSCT21）
・ 法人登記簿謄本（定款、株主リストを含む）
・ 法人登記証明書（上記登記簿に附属）
・ 増資の場合の法人登記簿謄本（増資の場合）
・ 会社株式登記事務所の保証書（タイ商務省）
・ 海外からの資金送金を証明する書類（外国からの資本がある場合）
・ 合弁事業契約、技術援助契約、その他の援助契約（契約がある場合）
・ 記入済必要インフラ、人材調査票
・ タイ国外からの資金送金を証明するその他の証拠

■奨励証書受領後の手続

奨励証書を入手した後にも、いくつかの手続を行わなければなりません。

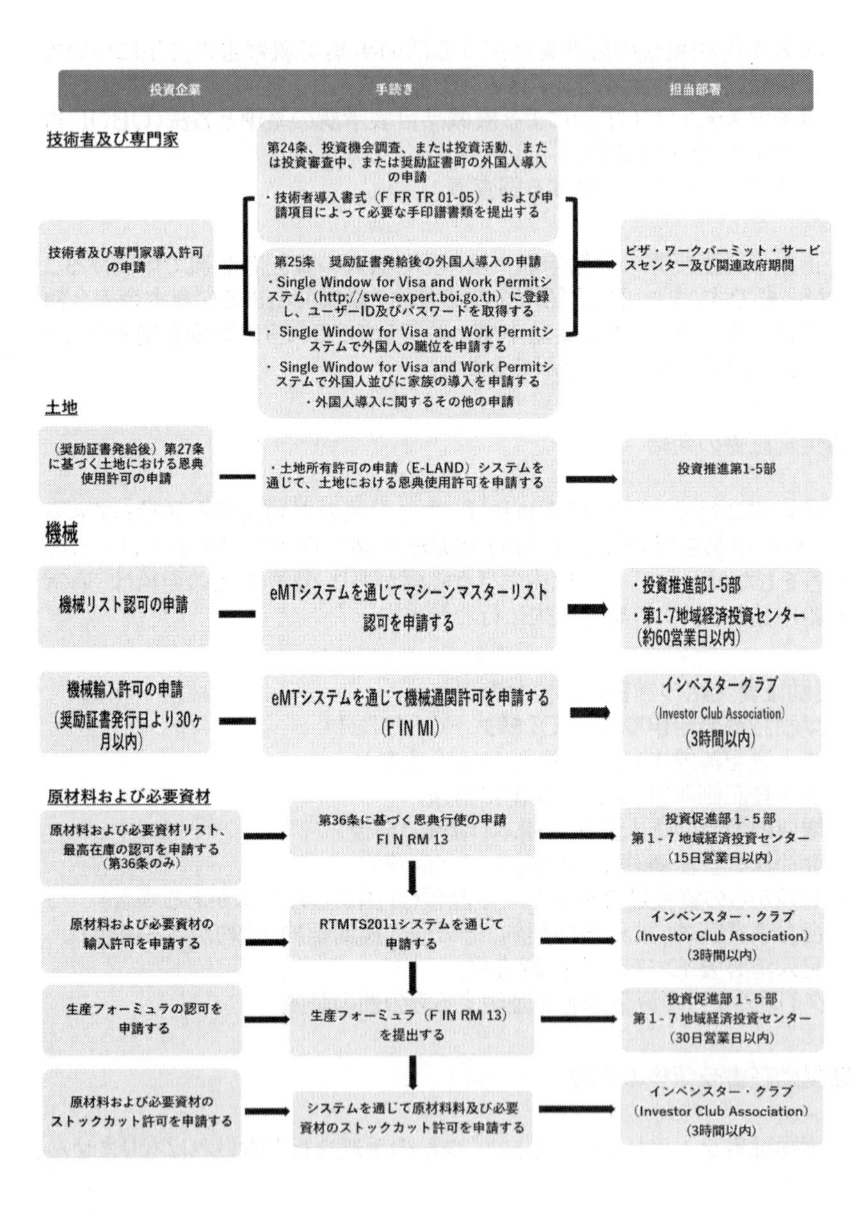

投資企業
手続き
担当部署
技術者及び専門家
技術者及び専門家導入許可の申請
第24条、投資機会調査、または投資活動、または投資審査中、または奨励証書町の外国人導入の申請
・技術者導入書式（F FR TR 01-05）、および申請項目によって必要な手印譜書類を提出する
第25条　奨励証書発給後の外国人導入の申請
・Single Window for Visa and Work Permitシステム（http;//swe-expert.boi.go.th）に登録し、ユーザーID及びパスワードを取得する
・Single Window for Visa and Work Permitシステムで外国人の職位を申請する
・Single Window for Visa and Work Permitシステムで外国人並びに家族の導入を申請する
・外国人導入に関するその他の申請
ビザ・ワークパーミット・サービスセンター及び関連政府期間
土地
（奨励証書発給後）第27条に基づく土地における恩典使用許可の申請
・土地所有許可の申請（E-LAND）システムを通じて、土地における恩典使用許可を申請する
投資推進第1-5部
機械
機械リスト認可の申請
eMTシステムを通じてマシーンマスターリスト認可を申請する
・投資推進部1-5部
・第1-7地域経済投資センター（約60営業日以内）
機械輸入許可の申請（奨励証書発行日より30ヶ月以内）
eMTシステムを通じて機械通関許可を申請する（F IN MI）
インベスタークラブ（Investor Club Association）（3時間以内）
原材料および必要資材
原材料および必要資材リスト、最高在庫の認可を申請する（第36条のみ）
第36条に基づく恩典行使の申請 FI N RM 13
投資促進部1-5部
第1-7地域経済投資センター（15日営業日以内）
原材料および必要資材の輸入許可を申請する
RTMTS2011システムを通じて申請する
インベンスター・クラブ（Investor Club Association）（3時間以内）
生産フォーミュラの認可を申請する
生産フォーミュラ（F IN RM 13）を提出する
投資促進部1-5部
第1-7地域経済投資センター（30日営業日以内）
原材料および必要資材のストックカット許可を申請する
システムを通じて原材料料及び必要資材のストックカット許可を申請する
インベンスター・クラブ（Investor Club Association）（3時間以内）

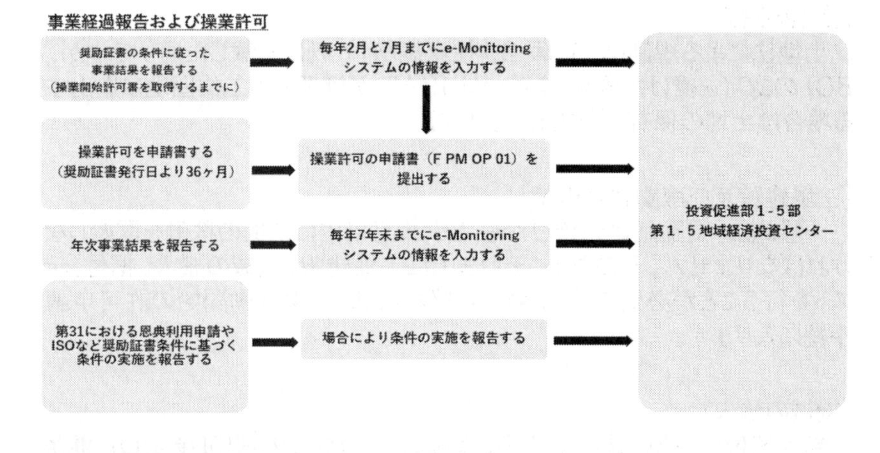

法人所得税免除恩典使用申請書の提出

投資委員会布告第Por.3/2559号に基づき、2016年9月1日から2018年8月30日まで法人所得税恩典使用の申請は、書類もしくは電子システム（e-Tax）を通じてどちらを選択してもよい。

→

- 恩典使用のためのデータ、書類の準備
- e-TAXシステムへの入力
- システムから恩典使用申請書の印刷
- 会計監査法人への提出
- 会計監査法人の意見のシステムへの入力、会計監査報告書を添付すること

→

投資促進部 1 - 5 部

備考：2018年8月31日から電子システム（e-Tax）のみを通じて提出すること

出所：BOI

[事業準備の開始]

奨励証書発給を受けたら、機械のマスターリスト、原材料輸入の際にフォーミュラーの承認申請を行い、機械及び原材料の輸入申請など事業の準備を開始しなければなりません。

BOI 事務局は、奨励証書発給後、正式操業許可証を取得するまでの毎年 2 月と 7 月に事業の進捗報告を行う必要があります。報告を怠った場合、あるいは 2 回の報告の未提出があった場合は、BOI は奨励許可の取り消しをされる可能性があります(P1/2561 年による)。

[土地の購入]

土地法による規制は 3 章 2.「投資規制」で既に記載した通りですが、BOI の認可を受けた事業、あるいは IEAT が管理する工業団地に進出する場合は土地の保有が可能となります。

[工場建設及び稼働許可申請]

一般的に、奨励証書発給日から 36 カ月以内に工場の稼働を開始しなければなりません。そのため、それまでに工場建設、機械の搬入、据付、テストを行うことが必要です。これらが終われば、工場稼働開始の許可申請手続に入ります。

[機械の輸入]

輸入関税の免税、減免を受ける機械は、プロジェクト認可後 BOI 事務局へ輸入手続の申請をしなければなりません。BOI 事務局の機械委員会において、申請された機械の輸入関税減免の可否が審査されます。

審査を通過したのち、機械を一括または分割して輸入することになりますが、この場合の輸入審査は書類が揃っていればインベスター・クラブで 3 時間以内に許可されます。その後事務局から税関宛に輸入関税減免の要請書が発行され、申請者はこの要請書を添付して税関で輸入手続を行うことになります。最終的には奨励証書発給日から 30 カ月以内に輸入を完了し、完了したときに輸入した機械全部のリストを添付して、文書により事務局へ報告しなければなりません。

[原材料の輸入]

輸出用製品に使用される原材料は、BOI 認可事業の場合奨励恩典により輸入関税は免除されます。

商社を経由して輸入することは可能ですが、受取人(Consignee)はあくまでも被奨励者であることが要求されます。また、国内販売用の製品もある場合、輸出用と国内用は、インボイスを分割して輸入し、工場内でも保管場所を分けて区分管理する必要があります。これらの点を事前に意識して準備しておくことが必要です。

[工場稼働許可申請]

工場稼働開始の許可申請手続は、奨励証書に定めてある稼働開始期限の 15 日以上前に文書により BOI 事務局へ通知し、担当官の検査を受けます。そして、BOI 事務局は、検査のあと正式に操業許可書を発行します(BOI の検討期間は 45 日間)。

Ⅳ. 外資規制

1. 投資規制

タイでは、自国資本の保護・育成のために、外国人事業法（Foreign Business Act：FBA）による規制があります。タイ政府は、外資誘致政策と自国資本保護政策の相反する 2 つの目的を「投資奨励法」と「外国人事業法」の 2 つの法律を使い分けることで実現し、自国の経済発展を促しています。

2. 外国人事業法

外国人事業法は、1972 年に軍事政権下で外国人の営む事業を規制する目的で制定されましたが、外国の資本・技術の導入を促進すべく 1999 年に抜本的に改正され、2000 年 3 月から施行されました。外国人事業法は、タイへ進出する際の出資比率に大きな影響を与えるため非常に重要な法律です。同法では、規制業種を 3 種 43 業種に分け、それらの業種に対する「外国人（外国人の定義は後述参照）」の参入を規制しています。

外国人の定義
1. 外国人の個人
2. タイで登記されていない会社
3. 外国法人が 50％以上出資するタイで登記された会社

特定業種に対する外国人投資は規制されている
43業種（主に製造業を除くサービス企業等）
規制業種も1種、2種、3種と分かれている。

■規制対象業種

上述の通り、外国人事業法においては、規制業種を第 1 種、第 2 種、第 3 種の 3 つのグループに分けています。

製造業は基本的に規制の対象とはなりませんが、サービス業については、第 3 種のリストにおいて「その他のサービス業」とされていることから、すべてのサービス業が同法の規制対象になります。これは現地法人の場合だけではなく、支店にも適用されます。タイで行おうとする事業が規制業種に該当する場合は、外国資本 50%以上(外国人の定義参照)では、原則として事業を行うことはできません。ただし、第 2 種、第 3 種に該当する場合には、商務省の外国人事業許可証を取得するか、BOI(タイ投資奨励委員会)の認可を取得すれば、外国資本 50%以上の会社を設立することも可能です。

詳細は以下の通りです。

[外国人事業法における規制業種]

第 1 種

第 1 種は、特別な理由により「外国人」に対し禁止された業種となっており、原則として「外国人」が参入することはできません。

- 新聞事業、ラジオ放送局事業、テレビジョン放送局事業
- 畜産
- 稲作、畑作、園芸
- 営林及び自然林の木材加工
- タイ国の領海及び経済水域における漁業
- タイ薬草の加工
- タイ国の古美術品またはタイ国の歴史価値のあるものの販売及び競売
- 仏像及び鉢の製造
- 土地取引

第 2 種

第 2 種は、国の安全または保安に関する事業または、タイの伝統文化、工芸、自然遺産、環境に影響を及ぼす業種です。これらは外国事業委員会の承認を伴う商務大臣の許可、または BOI の許可を取得すれば「外国人」が事業を行うことができるとされていますが、参入障壁は高いといえます。

国家の安全、安定に関する業種

・ 以下の製造、販売及び修理
 -銃、銃弾、火薬、爆発物
 -銃、銃弾、爆発物の部分品
 -戦闘用の武器、軍用航空機及び車両
 -各種戦場用機器、部分品
・ 国内における陸上、海上、航空機輸送並びに国内航空業

芸術、伝統、工芸に影響を与える業種

・ タイ国の芸術、工芸品の取引
・ 木製彫刻の製造
・ 養蚕、タイシルクの製造、タイシルクの織物またはタイシルク布の捺染
・ タイ楽器の製造
・ 金製品、銀製品、細工品、象眼金製品、漆器の製造
・ タイの伝統工芸である椀、皿または陶磁器の製造

天然資源または環境に影響を与える業種

・ サトウキビからの製糖
・ 塩田での製塩
・ 岩塩からの製塩
・ 爆破、砕石を含む鉱業
・ 家具、道具を製造するための木材加工

第 3 種

第 3 種は「外国人」との競争力がまだついていない業種で、外国人事業委員会の承認を受け事業開発局の局長より認可を受けるか、BOI の奨励を受けることで、「外国人」が事業を行うことができます。

・ 精米、米及び穀物からの製粉
・ 養魚
・ 植林
・ 合板、ベニヤ板、チップボード、ハードボードの製造
・ 石灰の製造
・ 会計事務所
・ 法律事務所

- 建築事務所
- 技術事務所
- 建設（以下を除く）
  外国人の最低資本金額が５億バーツ以上で、特別の機器、機械、技術、専門性を要するもので、公共施設または通信運輸に関する国民に基礎的なサービスを提供する建設業および省令で定めるその他の建設業
- 仲介業、代理業（以下を除く）
  証券売買仲介、代理業。農産物または金融証券の先物取引
  同一企業内における製造に必要な売買、商品発掘の仲介、代理、または、製造に必要なサービス、技術サービス
  外国人の最低資本金額が１億バーツで、タイ国内で製造されたか、外国から輸入された製品を売買するための仲介または代理業及び販売業（*詳しくは業種ごとの設立形態で記載）
  省令で定めるその他の仲介、代理業
- 競売業（以下を除く）
  タイの美術、工芸、遺物で、タイ国の歴史的価値のある古物、古美術品、または美術品の国際的入札による競売
  省令で定めるその他の競売
- 法律で禁止されていない地場農産物の国内取引
- すべてを含む最低資本金額が１億バーツ未満、または１店舗当たりの最低資本金額が2,000万バーツ未満の全種類の小売業
- １店舗当たりの最低資本金額が１億バーツ未満の全商品の卸売業
- 広告業
- ホテル業（ホテルに対するサービスを除く）
- 観光業
- 飲食店
- 種苗、育種業
- その他のサービス業（省令で定める業種を除く）

■規制対象となる「外国人」の定義

規制の対象になる「外国人」の定義を理解することが一番重要になります。外国人事業法では「外国人（コン・ターンダーオ）」の定義を以下のように規定しています（外国人事業法４条）。

・ タイ国籍を有していない自然人…①
・ タイ国内で登記していない法人…②
・ タイ国内で登記している法人であるが、以下の形態に該当するもの…③
  -①または②に該当する者が、資本である株式を半数以上保有する法人、あるいは①または②に該当する者が、全資本の半分以上を投資した法人
  -①に該当する者が業務執行社員または支配人として登録された合資会社または合名会社
・ ①②または③に該当する者がタイ国内で登記し、資本である株式を半数以上保有する法人、あるいは①②または③に該当する者が全資本の半分以上を投資した法人…④

つまり、総資本のうち50％以上を外国資本が占める場合は、「外国法人」とみなされます。一方、タイ 51％、日本 49％の出資比率で合弁企業を設立した場合は「タイ法人」となり、「外国法人」に該当しないため、外国人事業法の規制を受けることはありません。

タイで展開する予定の事業が規制業種に該当する場合、50％以上の出資形態で進出する場合には当該規制を受けることになるため、事前のチェックが必要になります。また、規制業種のほとんどは製造業以外の業種ですので、製造業以外で進出をする場合には、特に慎重に検討しなければなりません。

3. 資本金に関する規制

外国人事業法では、外国企業が上述の規制業種に対する特別の認可を取得して事業を行う場合は、原則として最低資本金は 300 万バーツ以上が必要です。

ただし、規制業種に該当しない場合で外国企業の最低資本金は200万バーツ以上となっています。また、外国法人、タイ法人問わずに外国人１人

の労働許可証を取得するには 200 万バーツが必要となります。なお、BOI の奨励を受ける法人に関しては別途最低投資額(資本金の定義とは別に)の要件が加わり、土地代、運転資金を除き 100 万バーツの投資が必要となります。

	【最低資本金に関する規制】		
	外国法人※1		タイ法人
外国人事業法による最低資本金	規制業種	規制業種以外	原則なし
	300 万バーツ	200 万バーツ	*一般的に申請時に 50 万バーツ以上を求められる
労働省による資本金(外国人1名につき)	200 万バーツ		

※1 ここでいう外国法人は規制対象となる「外国人」の定義に該当する法人のことを指します。

4. 土地所有に関する規制

土地法(1954 年制定、1999 年・2008 年改正)では、外国人もしくは外国法人(外国人が資本金の 49%超を有する場合または外国人株主が半数を超える場合)が、土地を所有することを原則として禁止しています。ただし、後述する BOI 奨励企業や、タイ国工業団地公社(IEAT: Industrial Estate Authority of Thailand)認定の工業団地に立地する企業の場合は、外資比率にかかわらず土地取得が可能となります。なお、1999 年改正により、外国人が 4,000 万バーツ以上を外国から投資した場合、1 ライ(1,600m2=約 485 坪)以下ならば住居用の土地を所有できるようになりました。このように、徐々に規制緩和されていますが、依然として外国資本による土地所有の規制は厳しいのが実状です。

なお、留意点としては、タイ法人として設立した場合だとしても、土地法は外資規制より、実態がタイ法人としてみなされるかの調査が入ります。主な調査項目としては、取締役(Director)のタイ人と外国人の比率(過半数以上がタイ人となっているか)、また実際の株主となっている企業の株主などに対しての調査が入ることがあるため、土地の取得を目的とした法人を設立する場合、より注意が必要となります。

5. 工場法による規制

工場法(1969 年制定、1975 年・1979 年・1992 年改正)の目的は、労働者の安全の確保と公害の防止であり、概ね 50 馬力以上の動力源を使用する工場はこの法律の規制対象となり、操業前に許可証(有効期間 5 年)を取得する必要があります。一般的に工場新設の際には、建築業者が許可取得手続を代行していますが、その代行業者がしっかりと許可を取得しているかどうかを確認する必要があります。また工場内での設備の変更、拡張をする場合にも許可申請が必要になります。

6. 外国人の就労による規制

■外国人の就業規制

外国人就労法(Working of Aliens Act 1978 年制定、2008 年改正)は、タイで外国人の就労が禁止される39業種を定め、また外国人の労働許可証(ワークパーミット)取得の際の根拠法になっています。また近年、近隣各国からの労働者の増加により、不法就労などの問題が起こっており、そのような外国人労働者の取り締まりの強化を目的として制定されています。

■現地の人の雇用義務

タイで現地法人を設立し、外国人が労働許可証を取得するためには、外国人 1 名に対し、タイ人 4 名を雇用することが義務付けられています。従来は、規定だけがあり実務上の運用はさほど厳しくはありませんでしたが、近年になってオフィスのデスクの数や従業員名簿などを抜打ち調査されるような例もでています。小規模で運営する会社の場合には、タイ人 4 名を雇用することは難しい場合が多いため、対応策として、秘書、メイド、運転手、メッセンジャーボーイなどを正社員として雇用することで当該規制の回避を行っている企業もあります。一方で、BOIの奨励業種やIEATの工業団地において事業を行う場合には、外国人の労働許可証の取得要件が緩和されています。

V. 投資インセンティブ

1. 投資インセンティブ

タイには、投資促進のためにいくつかの投資インセンティブがあります。代表的なものとしては、投資奨励法(Investment Promotion Act)に基づくタイ投資奨励委員会(BOI)によるインセンティブと、タイ国工業団地公社法(Industrial Estate Authority of Thailand Act)に基づくタイ国工業団地公社(IEAT)によるインセンティブがあります。

法人税の減税や関税の減免といった税制面のインセンティブの他、外資には通常認められていない土地の取得が可能になる等の多くのメリットがあるため、タイへ進出する場合は、これらの優遇措置を利用するかどうかを検討する必要があります。

2. BOI と IEAT の主な違い

前述の通り、大きく BOI と IEAT による投資インセンティブがありますが、これらのインセンティブを利用することによるメリットと留意点をまとめると以下のようになります。

【BOIとIEATの恩典】

B BOI　I IEAT　無 奨励を受けない場合の

1 外資の出資割合

- B ほとんどの場合、外資１００%が可能
- I 外国人事業法の規制業種を含む場合、外資を５０%未満とする必要がある
- 無 外国人事業法の規制業種を含む場合、外資を５０%未満とする必要がある

2 土地取得・所有の可否

- B 認可をければ出資比率に関わらず土地取得が可能
- I 認可をければ出資比率に関わらず土地取得が可能
- 無 土地法により資本持分の４９%を超えて外国人が保有している場合、原則として土地の所有は不可

3 法人所得税の免除

- B 減免恩典あり
- I 減免恩典なし
- 無 減免恩典なし

4 機械・施設に係る輸入関税

- B 減免恩典あり
- I 減免恩典なし（※ただし輸出加工品区に進出する場合は輸入に係る租税は全て免除）
- 無 減免恩典なし

5 輸出用製品の原材料に係る輸入関税

- B 輸出用製品の原材料に係る輸入関税の免除
- I 減免恩典なし（※ただし、輸出加工区に進出する場合は輸出用製品の原材料であるかどうかに関わらず免除）
- 無 減免恩典なし（※ただし、輸入時に輸入関税に対する保証金又は銀行保証を税関に差入れ、輸出後に輸出証明により保証金等を還付）

【留意点】

1 利用できる業種の範囲

- B 奨励業種に挙げられている業種
- I BOI奨励業種の他、生産活動、サービス活動も認められる
- 無 外国人事業法で規制される業種には従事できない

2 報告義務の増加によるコスト増加

- B BOI用監査などの追加的な報告義務が課される
- I 追加的な報告義務はなし
- 無 追加的な報告義務はなし

［メリット①外資の出資割合］

タイに販売会社やサービス業の会社を設立する場合は、外国人事業法の規制により、外国資本の出資割合が 50%未満に制限されます。しかしBOI の奨励を受けることができればほとんどのケースで外国資本 100%での参入が認められます。

［メリット②土地の取得］

タイでは、土地法の規制により外国資本 49%超の会社が土地を取得することはできません。しかし、BOI もしくは IEAT の認可を得ることができれば、外国資本 49%超の会社であっても土地を取得することができます。

[メリット③～⑤税制面での優遇]
BOI の認可を取得できれば、法人税や関税についての減免を受けることができます。また、IEAT 管轄の工業団地(フリーゾーンに限る)に進出した場合には、関税面での恩典を受けることができます。

[留意点①利用できる業種の範囲]
BOI の奨励は、タイ国にとってメリットがある事業に対して認可されます。従って、新技術の導入や雇用の拡大、外貨の獲得などの趣旨に適う事業である必要があります。

[留意点②報告義務の増加等によるコスト増]
BOI の奨励を受ける場合は、上述の通り多くのメリットがありますが、一方では管理コストを増加させるというデメリットがあります。たとえば、通常の決算であれば財務諸表を作成すればよいのですが、BOI 認可を受けた企業は生産報告書などを作成した上で、事業が当初の計画通り適切に運営され管理されているかのチェックを受けなければなりません。その分、管理コストが上昇することになります。

これらの優遇措置の活用は、投資回収期間の短縮による投資リスクの低減のみならず、タイで事業展開するための事業活動環境の整備に大いに役立つ一方、管理コストの上昇というデメリットもありますので、進出の際には、必ずこれらのインセンティブの効果を検討する必要があります。ここでは、BOI と IEAT の奨励を受けるための要件及び恩典の内容などについて記述します。

■投資奨励法とは
投資奨励法(1977 年制定、1991 年・2001 年改正)は、タイの産業振興を目的とするもので、新規事業を奨励しており、条件を満たす投資について恩典を付与しています。恩典には税制上の恩典のほか、事業立ち上げの際の土地の所有、外国人労働許可等の便宜供与も含まれています。
外資企業による新規事業の立ち上げに限らず、国内企業の新規事業にも平等に適用されますが、奨励対象は法人に限定されています。また、奨励を受けるためには、BOI へ申請を行い、審査を受けた後、認可を取得しなければなりません。
投資奨励法の条件に適合していれば、さまざまな恩典（税制面及び非税制面）を享受できるため、多くの外国企業がまずBOIに投資奨励申請を行います。外資が 50%以上の資本を保有する場合、特定の業種については外国人事業法による参入規制、事業規制の対象となりますが、BOIが認可する事業については規制外となり、外資 100%での進出が認められるというのも大きなメリットとなります。

この BOI 恩典の内容は、IEAT の運営する工業団地であるか、BOI の認可を受けた民間が運営する工業団地であるか、あるいはいずれの認定も受けていない工業団地に進出するか否かにより程度が大きく変化します。特に、タイ政府は公害など工場が近隣住民へ及ぼす影響を考慮し、工業団地内での操業を奨励しているため、工業団地外で操業する場合、恩典は極めて薄いものとしています。そのため、後述する個々の詳細を吟味し、うまく投資奨励を利用する方法を考える必要があります。

3. BOI（タイ投資奨励委員会）の概要

投資奨励法の実施を担当しているのが、タイ投資奨励委員会（BOI）です。BOI は、タイへの投資を促進するためのインセンティブを提供する政府機関で、首相を委員長とし、工業大臣が副委員長、ほかに経済関係閣僚とタイ工業連盟、主要民間団体等の代表、顧問委員で構成されています。
BOI は、投資奨励法に基づく奨励対象業種、投資条件、恩典の決定・変更を行い、BOI の実働組織である投資委員会事務局（Office of the Board of Investment）が BOI の決定事項を具体的に執行し、投資案件を委員会、小委員会へ提案するための事前審査、認可事業の指導、監督、投資環境の調査、普及、内外の投資誘致活動、認可事業、これからタイへ進出する企業への支援活動など、幅広い活動を行っています。

■対象業種

2023 年 10 月現在、投資奨励の対象となる業種は 10 類 409 業種です。対象業種と業種数については以下の通りです。

【投資奨励対象業種】

	業種	業種数
1 類	農業・食品・バイオ	52
2 類	医療	17
3 類	機械・車両	119
4 類	電気・電子	58
5 類	金属・素材	47
6 類	化学・化学品関連	36
7 類	公共事業	21
8 類	デジタル	9
9 類	クリエイティブ事業	17
10類	高付加価値サービス	33

出所 BOI

■BOI による奨励を受けるための要件

BOI の恩典を受けるための要件は、３つの観点から以下のように定められています。

	農業・工業・サービス業の競争力開発の観点
1	売り上げの20％以上の付加価値を加えること （※但し、農業及び農作物事業、電子及び、コイル・センター事業は収入の１０％以上）
2	近代的な製造工程を有すること
3	新しい機械を使用すること
4	投資金額（土地代及び運転資金を除く）が1,000万バーツ以上のプロジェクトは、 操業日より２年以内にISO9000又はISO1400又は上記に相当する国際資格を有すること。 （※取得できない場合、法人税免税恩典を１年間削減）
5	コンセッション事業及び民営化事業における個別認可基準

	環境保護の観点
1	環境保護に十分なシステムを有すること 環境に影響するプロジェクトは、BOI特別審議による
2	環境影響評価報告書の提出義務がある業種・活動は、関連する環境法規制や内閣決議を遵守する
3	ラヨン県所在のプロジェクトは、「ラヨン県地域における投資奨励方針（BOI布告1/2554号）に従う」

	最低投資金額およびプロジェクト可能性の観点
1	最低投資金額（土地代及び運転資金を除く）は100万バーツとする。 （ナレッジベースのサービス業については奨励対象事業表内で指定する年間人件費から最低投資金額を検討する）
2	新規プロジェクトは負債資本倍率は3倍以内とする （※但し、追加プロジェクトは個別検討）
3	投資金額（土地代及び運転資金を除く）が20億バーツ以上のプロジェクトは、事前調査書を提出

出所 BOI

タイでは、過少資本税制はありませんが、BOI の認可事業については、「最低投資金額及びプロジェクト可能性の観点」の 2 にあるように、借入による資金調達は、資本金の 3 倍の金額までしか認められていませんので、注意が必要です。

■BOI による優遇措置の内容

優遇措置の内容は、大きく税制面のものと非税制面のものに分けられます。

	税制面の優遇措置
1	法人税の減免
2	機械・設備の輸入関税の減免
3	輸出製品原材料の輸入関税の減免

	非税制面の優遇措置
1	外国人投資家に対する、法人名義による土地所有権の許可
2	外国人専門家/技術者の就労可
3	外国人就労許可手続の緩和（ワークパーミット及びビザの取得/延長手続きの円滑化）
4	国外から外資の受領及び国外への外資送金
5	外資事業規制の緩和（１００％の外資企業の設立及び事業許可）

出所 BOI

このうち税制面の優遇については、以下の通り業種区分によって恩典内容が変わります。

【新BOI奨励による優遇制度】

	対象	法人所得税免税	その他恩典
A1+	・タイ最重要事業 ・資本集約型ではなく知識を使う ・タイの競争力向上のために重要　（A1より高度）	10～13年 （上限なし）	【税務恩典】 ・機械・設備輸入関税免税 ・輸出製品用原材料輸入関税免税
A1	・タイ最重要事業 ・資本集約型ではなく知識を使う ・タイの競争力向上のために重要	8年 （上限なし）	
A2	・高度な技術の使用 ・資本集約型事業 ・インフラ産業・環境保全のための事業 ・タイでの多少事業	8年間 （投資金額の100%まで）	
A3	・タイ国内に既存事業ではあるが高度な技術を有する事業	5年間 （投資金額の100%まで）	【非税務恩典】 ・土地所有 ・外資１００%出資 ・労働許可の取得要件の緩和
A4	・A1-A3と比較し低い技術、簡易な生産工場を使用する事業 ・タイの競争力向上に必要な事業	3年間 （投資金額の100%まで）	
B(1,2)	・付加価値はあるが、高度ではない事業	なし	一部事業：その他税務恩典及び非税務恩典 その他事業：非税務恩典のみ

出所 BOI

なお、旧制度では業種ではなく、以下のようにゾーンによって恩典内容が異なっていました。

【旧BOI奨励による優遇制度】

	法人所得税免税	機械・設備 輸入関税免税	輸入製品用原材料 輸入関税免税
ゾーン１	３年間の免税	輸入関税：１０%以上のものについて５０%免税	１年間
ゾーン２	５年間の免税	輸入関税：１０%以上のものについて５０%免税 （１部１００%免税）	１年間
ゾーン３	原則８年間の免税	免税	５年間

出所 BOI

4. IEAT(タイ国工業団地公社)の概要

■タイ国工業団地公社とは

タイ国工業団地公社(IEAT)は、工業団地の開発に責任を持ち、工業団地の運営を行うことでタイ全国に工業の発展を広める目的で設立された工業省管轄機関です。

タイ国工業団地公社法に基づいて運営されている工業団地内への投資に限り、奨励政策を実施しています。

■ワンストップ・サービス

IEAT は工業省の直轄機関として、工業省と密接な関係をもっており、早くから工場設立許可や工場操業許可などについて本来工業省工場局が行う一連の業務を代行することできる「ワンストップ・サービス」を提供しています。具体的には、IEAT がワンストップ・サービス・センターを設置することによって、土地の購入や賃貸、適切な工場建設地に関する相談、工場設立の際に必要なさまざまな許可・認可申請、及び工業団地の共同開発など、IEAT と関係するすべての手続を、一括/ワンストップで行えるようにしています。

■一般工業区とフリーゾーン

工業団地のエリアは、一般工業区(GIZ:General Industrial Zone)とフリーゾーン(IEAT Free Zone)の 2 種類に分けられます。フリーゾーンに進出すると税制面での恩典を受けることができます。

【IEAT管轄の工業団地の恩典等の相違点】

一般工業区 (GIZ)	
○	外資による土地の所有など一般的な恩典を付与
○	サービス業の参入を許可
フリーゾーン (FZ)	
○	一般的な恩典に加えて税制面の恩典を付与
×	サービス参入は原則禁止

■IEATによる奨励を受けるための要件

IEATによる奨励を受けるためには、IEATの管轄する工業団地に進出する必要があります。また、上述の通り、IEATが管轄する工業団地は一般工業区とフリーゾーンに分かれており、両工業区に共通する要件のほか、フリーゾーンへの進出に関しては個別の要件が存在します。

【IEATによる奨励を受けるための要件】

	一般工業区	フリーゾーン
共通の要件	①タイにおける産業・工業・技術等の発展に貢献すること ②タイ工業団地内の環境に悪影響を及ぼさないこと	
個別要件	✘追加的要件はなし	①土地の占有権、所有権を有していること ②設立者の承諾を得ていること ③タイに利益をもたらす工業・商業活動 ④税法に基づく過失がないこと

■IEATによる優遇措置の内容

IEATの管轄する工業団地に進出すると、BOIによる認可取得の有無に関係なく、進出企業はIEATからの恩典を享受できます。また、一般工業区とフリーゾーンの両方に認められる恩典のほか、各工業区にそれぞれ異なる恩典があります。

【共通の恩典及び工業区別の恩典】

	一般工業区	フリーゾーン
共通の恩典	①タイにおける産業・工業・技術等の発展に貢献すること ②技術者・専門家・その配偶者や扶養者の入国 ③外国への送金が可能	
個別の恩典	○サービス業運営の許可	①輸入関税の免除 ②輸出関税の免除 ③付加価値税の免除 ④物品税の免除 ⑤印紙税の免除 ⑥標準管理や品質保証捺印の免除

フリーゾーンにある事業者にはIEATより権利、恩典を与えられ、関税、付加価値税、及び物品税などの免税措置を受けることが認められています。

フリーゾーンの所在地を例としてあげると、ナワナコーン工業団地、ポートートー・シーラチャ県、サンティ林、アマタナコン工業団地、イスターンシーボード工業団地、ハイテック(バーンワー)工業団地などがあります。

当該工業団地における恩典の詳細は以下の通りです。

【フリーゾーンにおける恩典の詳細】

輸入関税の免除	・産業、商業、関税局長に承認されたその他事業の使用に必要とされる機械、設備、部品 ・国民経済に利益をもたらす産業、商業、その他事業に使用される物品 ・精算または販売を目的としてほかのフリーゾーンから仕入れた物品
輸出関税の免除	・生産または販売を目的としてほかのフリーゾーンから仕入れた物品を輸出する場合
付加価値税の免除	・上記輸入、輸出関税の免除が認められる対象すべて
付加価値税率0%適用	・フリーゾーン内で生産され、フリーゾーン内の事業者間で販売される物品 ・フリーゾーンで製造・加工された製品で、出荷額に占めるタイでの付加価値分(原産率)が40%を超える物品(※フリーゾーンからタイ国内向けに販売される場合)
物品税(Excise Tax)の免除	・上記輸入、輸出関税の免除が認められる対象すべて
酒・タバコ・トランプ印紙税の免除	・フリーゾーンに搬入し、製造のためのものに限られる
標準管理や品質保証捺印の免除	・輸出を目的とし、製造・加工・組み立て・包装のためにフリーゾーンに搬入する国内産の原材料及び輸出品に対するもの

2016年6月17日に財務省より新たな税関通達により、フリーゾーンに立地する企業がフリーゾーン内で製造・加工した製品をタイ国内向けに販売する場合で、出荷額に占めるタイでの付加価値分(原産率)が40%を超える場合は国内搬入の際の関税が0%となります。また、タイでの付加価値に、他のASEAN諸国の原産材料・部品の価値を加算することも可能となりますが、ASEAN域外から調達した材料は、たとえタイが自由貿易協定(FTA)を締結している国からであっても非原産扱いとなります。

■IEAT工業団地進出時に留意する点

IEATの申請を行う企業は、上述の通り、BOIへの投資奨励申請も併せて行うのが一般的です。BOIの認可を受けると、外国人事業法による出資比率の制限が免除されることや、当該工業団地に進出する企業が同時にBOIによる奨励業種にも適合している業種の場合、より多くの恩典を享受できるなどのメリットがあることから、進出申請を行うと同時に、BOI にも投資奨励申請をするほうが望ましいです。

Ⅵ. 業種ごとの設立形態

1. 事業形態ごとに見る進出スキームの検討

前述したように、外国企業がタイで事業を行う場合、外国人事業法による規制業種、タイ投資委員会（BOI）の投資奨励法による奨励や恩典、タイ国工業団地公社（IEAT）による恩典の取得可否などを考慮し、進出形態を検討する必要があります。「製造業」と「非製造業」とでは検討事項や留意事項が異なるので、具体的なケースを想定して、進出形態の選択方法を確認していきます。

2. 製造会社を設立する方法

製造業が進出する場合、原則として外国人事業法の規制対象とはなりません。従って、ほとんどのケースで 100％外国資本の現地法人を設立することが可能です。販売会社やその他のサービス業のように出資構成について特に留意する必要はありません。製造業の場合には、BOIの優遇措置を利用するか否か、また IEAT の管轄地域に設立するかを検討する必要があります。

【製造会社における設立方法の比較】

B BOI　I IEAT　無 いずれの奨励を受けない場合

1	外資の出資割合
B	外資１００％可能
I	原則外資１００％可（※外国人事業法規制対象の場合は、５０％未満）
無	原則外資１００％可（※外国人事業法規制対象の場合は、５０％未満）

2	土地購入の可否
B	可能（指定地域外でもOK）
I	可能（指定地域内のみOK）
無	外資４９％超の場合、原則として不可

3	法人所得税
B	最大８年間免税
I	減免なし
無	減免なし

4	外国人就労許可取得の簡素化
B	○
I	○
無	×

5	機械・設備に係る輸入関税
B	減免あり
I	減免なし（※輸出加工区に進出する場合は輸出用製品の原材料であるかに関わらず免除）
無	減免恩典なし

6	輸出用製品の原材料の輸入関税
B	輸出用製品の原材料に係る輸入関税の免除
I	減免恩典なし（※輸出加工区に進出する場合は輸出用製品の原材料であるかどうかに関わらず免除）
無	減免恩典なし（※輸入時に輸入関税に対する保証金又は銀行保証を税関に差入れ、輸出後に輸出証明により保証金等を還付）

■BOIの優遇措置を利用する場合

多くの場合、BOI の投資奨励法による法人税の免税、機械輸入関税の免税、原材料の輸入関税の減免などの恩典をどのように取得するかが検討事項としてあがります（優遇措置の内容は前記参照）。

BOI の認可を受けるためには、雇用拡大、技術移転など、タイにメリットがある事業であるかどうかが最も重要な審査基準となります。そのほか、付加価値率が 20%以上であるといった外形的な要件を満たすことも要求されます（BOI 認可取得の要件は前記参照）。

BOI の申請時には、3 年間の詳細な事業計画の提出が求められます。搬入予定の機械、人員、取引先の確保など含めた事業計画を作成する必要があります。

[工場の立地]

BOI の税制面での恩典は投資立地（ゾーン）によって大きく異なります。また、取引先との距離や主要交通機関（空港、港など）との距離を考慮して工場の場所を決定する必要があります。

内需型の事業であれば、バンコク周辺や主要取引先の近く、もしくは税制面の恩典が手厚い BOI 第 3 ゾーンに対して関心が高く、輸出型の事業であれば、スワンナプーム空港やレムチャバン港の近隣や、高速道路へのアクセスが便利なバンコク南東部の工業団地を検討する傾向があります。また最近では、2011 年に起こった大洪水を考慮し、洪水被害の可能性の少ない地域を検討する企業が増えています。しかし、こういった人気のある地域の工業団地の物件はすぐに完売となり、希望する立地条件に合致した場所を確保することが困難になってきています。また、分譲価格の上昇や人材の不足などの問題も起きているため、事前に最新の状況を確認することが望ましいです。

バンコク（近隣のサムットプラカーン含む）：Bang Chan Industrial Estate, Bang Pu Industrial Estate
ラヨーン ：Amata City Industrial Estate

チョンブリ　: Amata Nakorn Industrial Estate, Pin Thong Industrial Estate
アユタヤ(近隣のパトゥムターニー含む): Hitech Industrial Estate, Nava Nakorn Industrial Estate
　工業団地検討の際には、地盤や土地の状況の他、物流、価格、サプライヤーや労働力確保など多面的な検討が必要となります。

■IEATが管理する工業団地に進出する場合

　BOIの優遇措置を利用しない企業もあります。その場合、IEATが管轄する工業団地に進出するか、しない場合は、恩典等をまったく受けずに事業を営むことになります。BOI奨励事業会社は、BOIに対して毎年の報告義務があるため、管理が煩雑になりやすいことから、比較的小規模な会社はあえてBOIの申請をしないケースもあります。

　BOIの奨励を受けない場合であっても、IEATの工業団地に進出すれば、外国人労働許可の取得や土地の取得が可能になるなど、非税制面での恩典を受けることができます。
　IEAT管理のフリーゾーンに進出する場合には、関税などの税制面での恩典を受けることができます。

■BOI、IEATのいずれの認可も受けない場合

　BOIの奨励を受けず、かつIEAT管理の工業団地に進出しない場合には、民間が運営する工業団地に進出することになります。優遇措置がないだけでなく、設備などインフラレベルもIEATが管理する工業団地と比べて劣るというデメリットがありますが、その一方で、BOIの奨励を受けた企業に比べ、設立時の各種申請手続や毎年の報告義務が少なくなるため、管理コストを削減できます。加えて、労働者の確保が容易になるというメリットもあります。

3. 販売会社（卸売、小売）を設立する方法

次に販売会社を設立する場合を検討します。

ここでは有形の物品を販売する卸売業と小売業を「販売会社」とします。広告やサービス業など、物品の販売以外のサービス業については、「販売会社以外のサービス会社を設立する方法」を参照してください。

販売会社は、外国人事業法の規制対象業種になっていますが、最低資本金 1 億バーツ以上を出資すれば、外資 100％会社を設立することが可能です。

【外国人事業法　規制業種抜粋】

卸売業	1 店舗あたりの最低資本金 1 億バーツ未満
小売業	最低資本金 1 億バーツ未満、または 1 店舗あたりの最低資本金 2,000 万バーツ未満

上記の最低資本金の要件を満たせない場合でも、外国人事業許可を取得する、もしくは BOI の認可を取得することができれば、外資 100％会社を設立することができます。

【販売会社（卸売、小売）の会社設立方法の検討フロー】

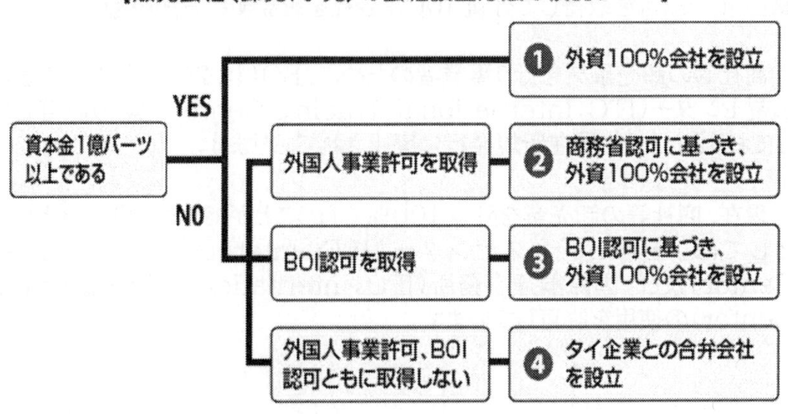

■資本金1億バーツ以上の外資100%会社を設立する方法…❶

資本金1億バーツ以上を出資すれば、外国人事業法の規制の対象とはならないため、外資100%出資の会社を設立することができます。

ここで言う資本金については、「登録資本」であるか「実際の払い込み資本」であるか議論がされていましたが、事業開発局は「実際に払い込まれている必要がある」と、明確な見解を示しています。また、卸売業と小売業を同時に行う場合には、資本金は2億バーツ以上の払い込みが必要であると解釈されています。

通常の会社設立手続のみで事業を開始できるため、下記のその他の方法に比べて簡便です。

■外国人事業許可を取得して外資100%会社を設立する方法…❷

❶の資本金要件を満たせない場合でも、外国人事業許可を取得すれば、外資100%会社を設立することができます。ただし、外国人事業許可は実務上取得が難しいといわれています。外国人事業許可を取得するためには、タイの国益になること、既存の国内企業の利益を毀損しないこと、雇用創出、技術革新、タイ国内の 外資企業向けあるいは海外向け事業であること、などの点で審査基準をクリアする必要があります。

■BOIの認可を取得して外資100%会社を設立する方法…❸

商社等の卸売事業を行う事業者のために、BOIは2018年末まで国際貿易センター(ITC:International Trading Center)という許可を出しておりましたが、現在新規発行は廃止されております。

現在、商社等の卸売業を外資100%で行うことができるBOIライセンスとしては、国際ビジネスセンター(IBC:International Business Center)及び、国際調達事務所(IPO:International Procurement Center)の使用を許可しています。

■IBC(国際ビジネスセンター)とは

国際ビジネスセンターは、地域統括会社機能をもつIHQ、国際貿易センターとして商社機能を持つITCが2018年末で申請不可となり、2つのライセンスを統合した形で1つのライセンスとして発行されるようになりました。

IBCの詳細は下記の通りとなります。

[条件]

①事業範囲

(1)IHQ事業

タイ国外の最低1社の関連会社に対し、役務の提供を行う。

(例:管理サポート、研究開発や研修、財務アドバイス、市場調査)

・持株基準

(a)総資本の25%以上を持つ企業・パートナーシップ

(b)IBCがその総資本の25%以上を保有する、もしくはパートナーになっている企業・パートナーシップ

(c)(a)における企業・パートナーシップが、その総資本の25%以上を保有する、もしくはパートナーになっている企業・パートナーシップ

・経営権基準

(a)IBCの経営を監督または管理する企業またはパートナーシップ

(b)IBCが経営を監督または管理する企業またはパートナーシップ

(c)(a)における企業またはパートナーシップが、その経営を監督または管理する企業またはパートナーシップ

(2)ITC事業

三国間貿易、輸入、輸出、国内卸取引を行う。

*IBCでは、IHQ業務とITC業務を行うことができるが、ITC業務を希望する場合、IHQ事業のうち、最低1つの業務を必ず行う必要がある。

②資本金
1,000 万バーツ以上

③従業員
3 年以内に IBC 事業下で勤務する従業員 10 名以上の雇用が必要。
（金融サービスを行う場合は、従業員 5 名以上）
※10人の中には、外国人、タイ人が含まれているが、外国人だけというのは原則許可されていません。

④経費
歳入局の恩典を取得したいようであれば、IBC 事業にかかる経費（従業員給与等）が 6,0000 万バーツ以上。※歳入局の恩典を取得しない場合、経費の制限はなし。

［恩典（BOI 恩典）］

①外国人就労
IBC 事業下の外国人従業員に対し、ビザ延長、労働許可証（WP）の取得の簡易化

②土地所有
土地所有可能

③機械輸入税
研究開発および研修用の機械の輸入関税の免除
※輸出用製品製造のための原材料の輸入関税は免税対象外となる。

［恩典（歳入局恩典）］

①法人所得税
IBC の業務に必要な経費の支出額により、以下の通り、法人所得税の軽減税率が適用される。

・ 6,000 万バーツ以上の場合：8%
・ 3 億バーツ以上の場合：5%
・ 6 億バーツ以上の場合：3%

②源泉所得税
タイ国外の関係会社に支払う配当金、および借入利息の源泉税を免除

③特定事業税
関係会社からの受取利息に対する特定事業税を免除

④個人所得税
IBC 事業下の外国人社員の個人所得税を 15%に軽減

近年になって、一つの企業グループ内で多くの海外子会社を有するようになり、アジアや EU、米国などの地域ごとに統括拠点を設ける必要性が高まってきました。
アジア地域の統括拠点の設置国としてはシンガポールが断然多く、また香港がそれに続いています。これらの国に共通するのは、外資に対する規制が少なく法人税率が低い点があげられます。

現在、上述でも記載のとおり、タイに地域統括会社を設立する場合、IBC ライセンスの取得が必要となります。もともと日本企業にとってタイはアジア地域の輸出拠点として活用されている面があります。製造の中心であるタイに地域統括の拠点を置くことは企業にとって一定のメリットがあるものと考えられるため、今後もタイに地域統括の拠点を置く企業は増えていくものと予想されます。
一般的に、地域統括会社を活用するに当たってのメリットは、軽課税国に設立することにより、企業グループ全体での実効税率を軽減することにあります。また為替リスクの低減、物流の効率化、資金調達の効率化などの効果もあります。

■IPO(国際調達事務所)とは

国際調達事務所は、タイの投資奨励委員会(BOI)が、約3年前ITCなどのライセンス(現在、ITCは廃止)が使用される前に運用されていたIPOを再度、認可する正式決定を行い、2021年1月にIPOの詳細が開示されました。2014年に一度、IPOに対する新規ライセンスの発行が停止され、ITC(国際貿易センター)の発行が開始されましたが、OECDより移転価格などの指摘を受け、現在、ITCはIHQ(地域統括センター)と統合され、上記で記載したようにIBC(国際ビジネスセンター)とされ運用をされています。ただ、このIBCは当時のITCやIHQの認可と比べ、従業員の雇用規制(3年以内に10人以上)などの要件や、必ず地域統括機能(貿易センターのみの機能では不可)を持たなければならないなどの要件が加わったため、申請数は思ったより伸びていないのが現状となっており、申請をしている日系企業もITCが承認されていた時と比べ、格段に少なくなっていました。ただ、タイ政府としては、国際的な貿易センターをタイに増やしていきたい意向もあり、2021年より再度、IPOが認可された流れとなります。

IPOの事業内容、また主な認可要件は下記の通りとなります。

- 資本金:1,000万バーツ以上
- 自社倉庫又はレンタル倉庫、在庫管理に特化したITシステムの保有
- 適切な製品調達活動および製品管理活動(品質検査、製品梱包など)
- タイ国内を含む複数の調達先(国内調達比率制限なし)
- 国内の卸販売および/または輸出を行うこと(三国間貿易は不可)

ITCとの主な違いは、三国間貿易が行えないこと、また倉庫機能を保有しなければならない等が挙げられます。

また、税務上の恩典も、関税の免税などしかなく、法人税や個人所得税に関しては付与されません。

ただ、商社機能を持つタイ法人は、ITCが廃止されてから独資で設立することはIBCの取得以外は難しい状況であったため、IPOの認可は今後日系企業のタイへの進出を促進するきっかけになるかもしれません。

認可を受けるために共通していることは、タイ企業と利益が競合しないこと、技術移転をもたらすことなどです。したがって、タイ国内企業向けに販売するケースよりも、タイに進出している外資企業向けに販売を行うような商社の方が認可を受けやすい傾向があります。技術移転をもたらすという点では、自社や学校などで定期的な講習を開催することなどで認可を受けることも可能です。タイにとってメリットがあると判断されるスキームであれば、認可を積極的に活用することでビジネスを有利に進めることができます。

4. 販売会社以外のサービス会社を設立する方法

続いて販売会社（卸売、小売）以外のケースを考えます。

外国人事業法のリスト 3 には「（20）その他のサービス業」と記載されているため、製造業以外のすべてのサービス業が外国人事業法上の規制業種となります。従って、サービス会社の設立は原則として外資 50%未満出資の会社に限定されます。

【サービス会社設立の方法】

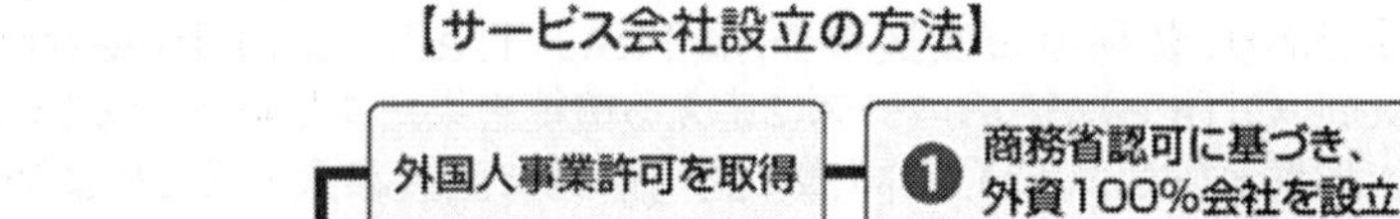

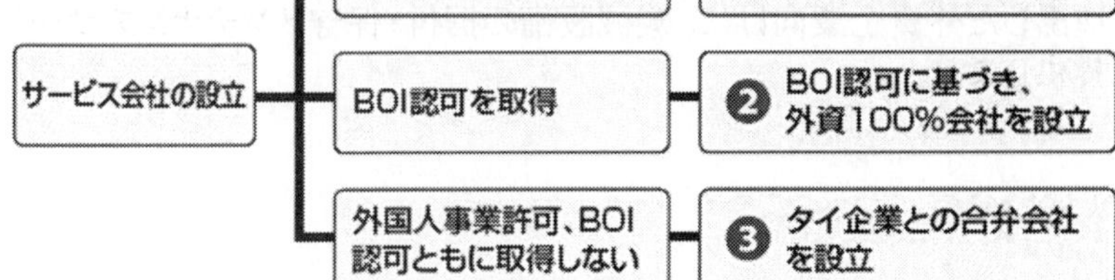

■外国人事業許可を取得して外資100%会社を設立する方法…❶

外国人事業法の規制業種リストでは、「外国資本が 50%以上の場合は、第 2 種については外国事業委員会の承認を伴う商務大臣の認可が必要であり、さらに外国事業委員会の承認と事業開発局の局長の認可を受ける必要がある」となっています。これは、申請すればどの業種でも取れるというものではなく、業種によって異なる要件が定められているということです。

■BOIの認可を取得して外資100%会社を設立する方法…❷

BOIの認可業種は、製造業がメインですが、サービス業の中にも奨励対象業種があります。最近の事例では、コールセンターは大量の雇用を産むという点が評価され、BOIの奨励業種に加わっています。またバイオテクノロジー事業やBPO事業、研究開発なども対象に含まれつつあります。

[貿易投資支援事務所とは]
多くの日系企業がタイの工場に設備投資していますが、設備を輸入した際の据付や保守メンテナンスサービスはハイテク企業の生産現場では極めて重要であり、貿易投資支援事務所(TISO:Trade and Investment Support Office)がこのニーズに応える機能を果たすと期待されています。
進出形態としては、ITCと同様に国内市場に直接参入することはなく、タイに進出した外資企業向けに、機械設備の据付・保守メンテナンスサービスを提供します。

【TISOの活用スキーム】

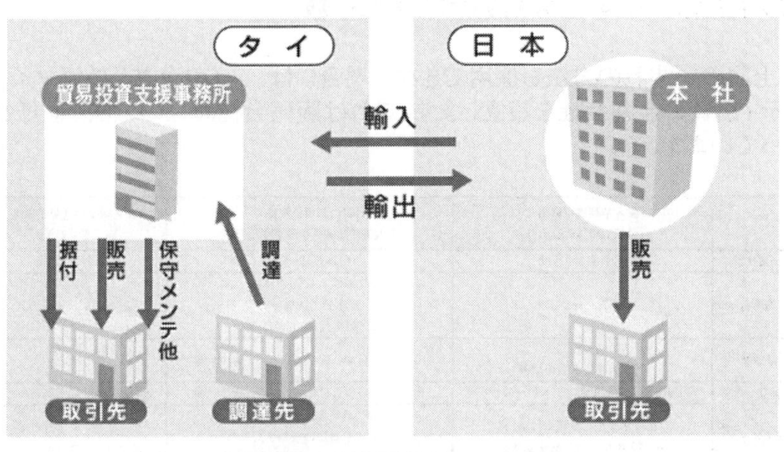

【貿易投資支援事務所（TISO）】

事業内容	①関連会社に対するオフィスまたは工場の手配や賃貸を含むサービスの提供や管理 ②事業活動に関する助言及びアドバイスの提供（ただし、証券取引、外国為替を除く。会計・法律・広告・建設設計、エンジニアリングの面においては商務省事業開発局または関連政府機関より認可を得ること） ③商品仕入・手配に関する情報提供サービス ④建設・土木を除く、エンジニアリング及び技術サービスの提供 ⑤BOI奨励対象業種の業種7.21による奨励を受けない商品規格、生産規格、サービス規格の試験及び保証書の発行業務） ⑥商品輸出業 ⑦機械、道具、設備に関する業務 ー卸売のための輸入 ートレーニング・サービス ー据付、メンテナンス、補修修理 ー業種7.22に基づく奨励を受けない計測校正 ⑧ソフトウェア事業において奨励を受けないソフトウェア設計開発 ⑨国内製の商品の卸業
条件	・BOIの認可を受けていること ・年間で最低1,000万バーツ以上の事業費を使用すること ・BOIで定めた事業範囲に該当すること
恩典	・外資１００％での設立が可能 ・土地の保有が可能 ・許可を受けた人数分の外国人ビザ・労働許可取得が可能

出所：BOI

TISOのメリットは外資100％会社を設立することができる点です。

ただし、要件として年間1,000万バーツ以上を事業経費として支出しなければなりません。

■タイ企業との合弁企業を設立する方法…❸

上記のいずれの方法も採用できない場合には、タイの企業と外資マイノリティ出資の合弁会社を設立します。これは販売会社設立の方法と同様となっています。

	外国人事業許可取得して 外資100%会社設立	BOIの認可を受けて 外資100%会社を設立する方法	タイ企業との合併企業を 設立する方法
出資比率	○外資100%可	○外資100%可	○外資49%以下
資本金	300万バーツ以上	事業によるTISOの場合、 資本金ではないが 毎年の事業経費1,000万バーツ	なし
手続き	会社設立 外国人事業許可の取得	100%出資による完全コントロールが可能	会社設立
メリット	100%出資による完全コントロールが可能	100%出資による完全コントロールが可能	外国人事業法の規制対象外
デメリット	他の事業を行う場合には、 外国人事業法の規制を受ける	・他の事業を行う場合には、 外国人事業法の規制を受ける ・BOIの優遇を受けるための手続きと管理が必要	マイノリティー出資のため 経営のコントロールが困難

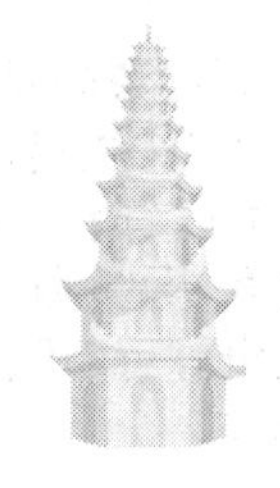

ベトナム進出

〜人口増加、経済成長を続ける
今最も勢いのある国へ進出方法とは〜

Ⅰ. 進出時の特殊な留意事項一覧

1. ライセンス申請

ベトナム進出の特徴として、外国投資の場合、他国と異なり、業種や投資の優遇に係る申請に関わらず、全ての業種において、投資許可（投資登録証：IRC）が必要となる点があります。また、投資手段として、近頃は M&A も増えてきていますが、資産譲渡 及び 株式譲渡といった形でライセンスの変更申請を行いますので、投資許可の取得申請段階でのリジェクトリスクを回避することが可能となります。

2. 外資規制 及び サブライセンス

卸売業や製造等の B to B 事業の場合、概ねサブライセンスの取得の必要はありませんが、小売業や飲食店の B to C 事業にはサブライセンスの取得の必要があります。また、B to B でも人材紹介等には必要になりますので、必要の有無は設立手続き開始前に確認が必要となります。

その他主な規制業種として、出資金による規制がある業種は、不動産・人材紹介・観光、出資割合による規制がある業種は広告・映画製作等になります。

3. 資本金額

販売業（卸売業や小売業）、サービス業（IT サービス等）、製造業の出資比率規制は、一部（広告や映画製作等）を除くと概ね外資 100%で出資可能な一方で、非製造業では約 1 年、製造業約 1～2 年の固定費分の資本金が必要とされています。資本金額が少ない場合、事業計画等の資料提出の必要もある可能性が高いため、現地のコンサルティングファーム（当社含む）などへ相談することが望ましいです。

4. 優遇税制

製造業やIT等、場合によっては優遇税率(10%/15%/17%)、免税（2年/4 年)、減税（4 年/5 年/9 年)の適用となる可能性があるため、事前に確認が必要となります。

5. 居住性のある現地代表者 1 名の選任

現地法人の運営には、現地に暦年で 183 日以上ベトナムに在住する居住性のある現地代表者を 1 名置く必要があり、置かない場合はペナルティの発生、現地代表者交代の指摘を受ける可能性があります。駐在員事務所の場合は必要ありませんが、現地法人の場合、同様の人物に全世界所得にて個人所得税の申告納付の義務も生じるため注意する必要があります。

Ⅱ. 各進出形態まとめ

ベトナムでビジネスをするためには事業拠点を設置する必要があり、主に４つの形態があります。2020 年投資法（以下、投資法）21 条には、主に以下の投資形態が規定されています。また、下記の直接投資とは別の進出形態として、駐在員事務所と支店もあります。これらの中で最も一般的な投資形態・進出形態は、現地法人および駐在員事務所になります。

【直接投資による形態別特徴】

形態	特徴
経済組織の設立	有限会社、株式会社、合名会社、 私営企業の4種類がある
経済組織への 追加出資、 株式・持分の買収 他社との合弁会社	ベトナム現地企業への出資、 ベトナムの現地企業との共同出資による 合弁形態による進出
BCC契約	法人を設立することなく、契約に基づく形態。 石油・ガスなどの天然資源の採掘、 または、インフラ施設の建築事業などが主である。
PPP契約	投資家、プロジェクト企業、インフラストラクチャー構造物や公的役務の投資プロジェクトを実施するため、 権限を有する国家機関と契約を締結することができる。

【進出形態別特徴】

形態	特徴
駐在員事務所	調査業務、連絡業務がメイン。 自己名義で売買契約・輸出入手続、 収益が計上される取引は一切できない
支店	定款に定める範囲で活動可能。 資本金規制のある金融業が支店の形態を 取っていることが多い

1. 現地法人

ベトナム国内に法人を設立する場合、2021年1月施行の企業法に基づいた法人の形態は有限会社、株式会社、合名会社、私営企業の4つがあります。

日本企業を含めた外国企業は、有限会社の形態で進出しているケースがほとんどです。株式会社は、最低3名以上の出資者が必要であることなどから一般的ではありません。無限責任を負う私営企業や、合名会社で進出している外国企業はほとんど見られません。

有限会社は、社員数が1名である一人有限会社と、2名以上である二人以上有限会社があり、それぞれ機関設計が異なります。いずれの有限会社とも、出資者である社員は法人でも個人でも認められますが、社員の総数が50名を超えることはできません。社員は、企業への出資額の範囲内で、企業の債務およびその他財務上の義務に対して責任を負います。

■一人有限会社

一人有限会社とは、出資者が1名の有限会社です。最も簡素的な機関設計は、委任代表者1名を選任する方法です。この場合、委任代表者1名が会長・社長および監査役を兼務し会社の意思決定を行います。また委任代表者を複数選任することも可能です。この場合は、委任代表者は社員総会に参加し、社員総会の決議によって会社の意思決定を行うことになります。

会長（委任代表者が複数の場合は社員総会）は、通常の業務執行を行う社長を選任します。
会社の法的代表者（サイン権者）のうち最低 1 人はベトナムへ常駐することが義務付けられているため、30 日以上ベトナムを不在にする場合は、文書で他者に権限を委任し（企業法 13 条 3 項、5 項）現地に赴任する者を選任しなければなりません。

■二人以上有限会社

二人以上有限会社とは、出資者が 2 名以上の有限会社です。出資者は最大 50 名までとされており、それを超えることはできません。出資者全員で構成される社員総会で基本的事項についての意思決定を行い、業務遂行は社長が行います。
会社の法的代表者は、定款で定めることにより会長または社長を任命することができます。会社の代表者がベトナムに居住することを求められる点は一人有限会社と同じです。
また、一人有限責任会社、二人以上有限責任会社のいずれの場合でも、国有企業または国有企業の子会社である場合を除いて、監査役・監査役会の設置は任意とされます。

■株式会社

株式会社は、株主数は最低 3 名必要ですが上限はありません。株主は組織でも個人でもよく、出資する株式の引受額の範囲内でのみ責任を負うことになります。
日本で最も馴染みのある会社形態が株式会社です。しかし、ベトナムの株式会社は株主が 3 名以上必要であることや、創立株主は 20％以上の普通株式を保持していなければならないことなど、前述の有限会社と比べて複雑な機関設計を必要とするため、外国企業にとってはあまり一般的ではありません。

【有限会社と株式会社の比較】

<table>
<tr><th>項目</th><th>一人有限会社</th><th>二人以上有限会社</th><th>株式会社</th></tr>
<tr><td>社員数</td><td>1名</td><td>2～50名</td><td>3名以上</td></tr>
<tr><td>出資者の形態</td><td colspan="3">組織もしくは個人</td></tr>
<tr><td>株式発行</td><td>不可</td><td>不可</td><td>可</td></tr>
<tr><td>責任範囲</td><td colspan="3">払込資本金の範囲内</td></tr>
<tr><td>最高意思決定機関</td><td>出資者もしくは委任代表者
※議決権は頭数による</td><td>社員総会
※議決権は出資者の出資比率に比例</td><td>株主総会
※議決権は株主の出資比率に比例</td></tr>
<tr><td>増資の可否</td><td colspan="3">可</td></tr>
<tr><td>減資の可否</td><td colspan="3">法律上可</td></tr>
<tr><td>持分譲渡</td><td colspan="3">可</td></tr>
<tr><td>構成機関</td><td>出資者が組織の場合は会長、社長、監査役
出資者が個人の場合は委任代表者、会長、社長（兼務可）</td><td>会長、社長、社員総会
11名以上の社員を有する場合は監査役会を設置</td><td>株主総会、取締役会、社長、監査役会
※個人の株主が11名以上もしくは会社の総株式の 50%以上を所有する法人の株主がある場合に設置</td></tr>
<tr><td>法的代表者</td><td colspan="3">ベトナムに常駐する義務がある</td></tr>
<tr><td>会社組織の変更</td><td>二人以上有限会社か株式会社に変更可能</td><td>一人有限会社か株式会社に変更可能</td><td>有限会社に変更可能</td></tr>
</table>

2. 駐在員事務所

駐在員事務所は法人や支店と異なり、その活動内容が限定されます。具体的には、本社との連絡業務、事業案件締結の促進、市場調査の実施、ベトナムのパートナーと締結した契約についての履行状況に関する監督業務等を行います。

駐在員事務所は営業活動や売買活動といった営利を発生させるビジネス活動を行うことは認められていません。いわゆる本社の代理人としての活動に限定されます。

駐在員事務所の設立条件として、本国で会社登記後１年以上の事業活動実績が必要です。設立の手続は現地法人と比べると非常に簡素です。また、駐在員事務所の活動期間は最長５年と規定されており、延長する場合は更新の手続が必要となります。

3. 支店

支店の活動範囲は設立許可証に記載された活動が主で、条件付投資分野に該当する場合には特別法に定める活動とされています。投資申請時に許可されたものに関しては営利活動を行うことができます。

支店の設立条件として、本国で会社登記後５年以上の事業活動実績が必要です。支店の活動期間は最長５年と規定されており、延長する場合は更新の手続が必要となります。

支店の設置は、実務上、まだ不透明な部分が多く、資本金規制がある銀行などの金融業界に限られています。なお、ここでいう支店とは外国法人の支店であり、ベトナム現地法人の支店とは異なります。

Ⅲ．各種設立スケジュール及び必要資料

ベトナムでの現地法人の設立手続は、IRC（投資登録証明書）およびERC（企業登録証明書）を取得することにより完了します。ベトナムでは、ERC の取得時点にておいて、会社登記とベトナムでの事業許可の両方が認可されたとみなされるため、ビジネスの開始は、ERC の取得後となります。

ベトナムで現地法人を設立するに当たって、概要を把握するために全体の流れと必要書類について下記に記載していきます。日本とベトナムでそれぞれ両国にて手続きが必要となってきます。それに伴い必要書類も、日本で準備するものとベトナムで準備するものが異なります。ベトナムの行政手続は、地域、担当者、時期により申請書類が異なることがあるため、事前に専門家や当局窓口に確認することがポイントです。

【現地法人設立スケジュール】

No	作業内容	1か月				2か月				3か月				4か月				5か月			
		1	2	3	4	1	2	3	4	1	2	3	4	1	2	3	4	1	2	3	4
日本側手続き																					
①	必要書類の受領	■	■	■																	
②	必要書類への署名				■	■															
③	公証役場における認証手続き						■														
④	在日ベトナム大使館における認証手続き						■	■													
ベトナム側手続き																					
⑤	ベトナム公証役場における翻訳および認証手続き							■	■												
⑥	投資登録証明書の申請								■												
⑦	投資登録証明書（IRC）の取得									■	■	■	■								
⑧	企業登録証明書の申請													■							
⑨	企業登録証明書（ERC）の取得														■						
⑩	会社印の作成及び登録															■					
⑪	銀行口座開設																■	■	■		
⑫	資本金払込																			■	■

※ここでは親会社が日本の企業である場合について説明します。親会社が日本以外の企業の場合は、その自国で手続を行うことになります。

1. 法人設立

■必要書類の準備 … ❶

日本で準備する書類として、次の書類があげられます。
【投資登録証明書（親会社：日本）】
①親会社の登記簿謄本（発効後 3 カ月以内のもの）
②親会社の定款
③直近の監査済財務諸表（ハノイは 1 期分、ホーチミンは 2 期分）もしくは納税証明書
④親会社の銀行残高証明書（銀行印の押してあるもの、かつ、資本金額以上の残高が記載されているもの）
⑤親会社の代表者のパスポートのコピー
⑥現地法人の代表者のパスポートのコピー
⑦投資家の会社パンフレット（日本語可）　（必要のない場合も多い）
⑧委任状（認証を代行業者に依頼する場合）

■公証役場で認証 … ❷

上記書類を用意した後、これらの書類がベトナムで法的効力を持つためには、在日本ベトナム大使館で認証をされている必要があります。その前段階として、大使館での認証をするには日本外務省の公印確認を受ける必要があります。外務省の公印確認は公文書であればそのままで問題ありませんが、私文書の場合事前に公証人役場での公証人認証と法務局での公証人押印証明が必要です。

それぞれの担当機関にて手続きを行うこともできますが、北海道（札幌法務局管区内）、宮城県、東京都、神奈川県、静岡県、愛知県、大阪府および福岡県の場合は公証役場にてすべての機関の手続がワンストップで行うことが可能です。ただし、在日本ベトナム大使館の公証手続は別個に行う必要があります。また、埼玉、茨城、栃木、群馬、千葉、長野及び新潟の 7 県の公証役場では、公証人の認証と法務局長による公証人押印証明を一度に取得できます。

なお、公証役場で認証の代理申請を行う場合は、以下の書類が必要となります。

委任状

印鑑証明に登録された社印（個人の場合は実印）が押印され、印鑑証明に登録されている者の署名がされた公証委任状

印鑑証明書

委任状に捺印されたものであり、法務局より発行されてから 3 カ月以内のもの

登記簿謄本

代理委任者が法人の場合に必要。法務局より発行されてから 3 カ月以内のもの

代理人の身分証明書と印鑑

代理人の身元を証明するために必要

■駐日ベトナム大使館で認証 … ❸

公証役場での認証が完了した書類を駐日ベトナム大使館または領事館で認証する必要があります。規則上は、英文での提出が求められますが、実務上は日本語での提出で問題ありません。なお、認証可能な駐日ベトナム大使館・領事館は下記の 3 拠点があります。

・ 駐日ベトナム大使館 郵便番号：151-0062
住所：東京都渋谷区元代々木町 50-11 電話：03-3466-3311、3313、3314
E-mail：tlsqvn.osaka@mofa.gov.vn

・ 在大阪ベトナム総領事館 郵便番号：590-0952
住所：大阪府堺市堺区市之町東 4-2-15 電話：072-221-6666
E-mail：tlsqvn.osaka@mofa.gov.vn

・ 在福岡ベトナム社会主義共和国総領事館 郵便番号：810-0801
住所：福岡県福岡市博多区中州 5-3-8 アクア博多 4 階 電話：092-263-7668
E-mail： tlsqvn-fukuoka@mofa.gov.vn

また、公証はベトナムでもすることができます。その場合、ハノイで公証する場合とホーチミンで公証する場合があります。

ハノイの場合は、在ベトナム日本大使館で公証した後、ベトナム外務省領事局で認証のための公証を行います。

ホーチミンの場合は、在ベトナム日本領事館で公証をした後、ホーチミン市外務局領事室で認証のための公証を行います。

公証作業が終了したあとは、これら①～⑧の書類をベトナムに送り、ベトナムでの手続に入ります。

■日本で作成したIRCとERCの翻訳・公証 … ❹

日本で準備した①～⑧の書類をベトナム当局に提出するためには、書類をベトナム語に翻訳し、再び公証する必要があります。ベトナム語への翻訳は、政府が指定する翻訳機関で行う必要があります(P.151参照)。

政府の認可を受けていない機関での翻訳は効力がないので注意が必要です。政府認可の翻訳機関に依頼する場合に要する日数は、通常1～2週間ほどで、当該翻訳機関にて書類の公証を行うことが可能です。

■申請書類の作成 … ❺

続いて、申請書類を作成します。日本で用意した書類(①～⑧)とは別にベトナム当局に申請する書類を作成する必要があります。このプロセスが最も重要で、工数がかかります。申請書類や定款などの記載内容を誤るとIRC(投資登録証明書)取得後の事業や資金繰りに大きく影響するため、十分な注意が必要です。

IRC 申請書類(ベトナム)
・ 投資プロジェクト実施申請書
・ 投資家の資格を確認するための証明書類
・ 投資プロジェクト提案書
・ 財務能力を証明する書類(財務支援誓約書)
・ 賃貸契約書および不動産オーナーの関連書類
・ 制限技術リストに該当する技術を使用するプロジェクトの場合、技術使用に関する説明書
・ BCC 投資形態による投資の場合、BCC 契約書
・ 委任状

ERC(企業登録証明書)申請書類(ベトナム)
・ 企業登録申請書
・ 現地法人定款
・ 二人以上有限会社の場合、会社の社員リスト
・ 株式会社の場合、発起株主および外国人投資家である株主のリスト
・ 投資家の証明書類
・ 投資登録証明書

上記はベトナムで用意する書類一覧です。申請書類を英語などの外国語で作成して提出することも可能ですが、その際は同時にベトナム語訳も提出する必要があります。ベトナム語と外国語の各書類の内容に齟齬がある場合は、ベトナム語訳が優先されます。業種によっては、その専門性を示す資格証明書や日本での実績を示す契約書・請求書などを根拠資料として追加で提出を求められることがあります。

[ベトナム法人設立の申請書]
申請用紙には、親会社の情報をはじめ、新会社設立に関するあらゆる情報を記載します。

2. 駐在員事務所設立

ベトナムにて駐在員事務所を設立するためには、ベトナムの商工省で設立許可証を取得する必要があります。これにより、ベトナムで駐在員事務所としての活動を開始させることができます。

駐在員事務所設立時には、日本とベトナムでそれぞれ手続が必要です。駐在員事務所設立の全体的な流れは現地法人の設立のときと同様です。

【日本とベトナムでの各手続（駐在員事務所設立）】

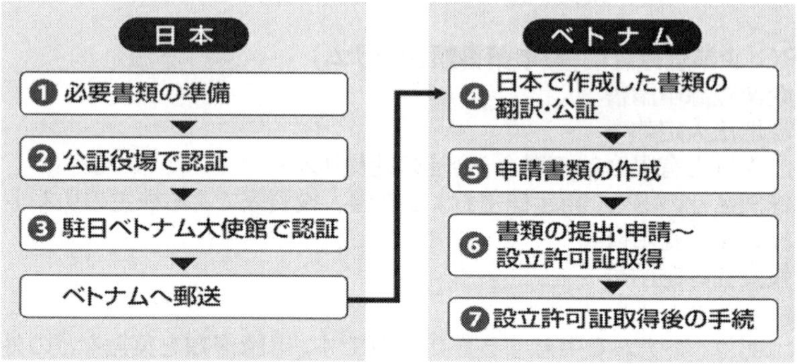

日本
❶ 必要書類の準備
❷ 公証役場で認証
❸ 駐日ベトナム大使館で認証
ベトナムへ郵送

ベトナム
❹ 日本で作成した書類の翻訳・公証
❺ 申請書類の作成
❻ 書類の提出・申請～設立許可証取得
❼ 設立許可証取得後の手続

■必要書類の準備 … ❶

日本で親会社が用意する書類として以下のものがあります。

- 登記簿謄本（発行後3カ月以内のもの）
- 定款（必要ない場合もある）
- 決算書（通常は１期分）
- 納税証明書（必要ない場合もある）
- 銀行残高証明書（必要ない場合もある）
- 代表予定者のパスポートのコピー

ベトナムの行政手続は、地域、申請先の担当者、申請する時期により申請書類が異なります。事前に専門家、当局窓口に確認する必要があります。

■公証役場での認証 … ❷

書類認証時の手続は現地法人設立時と同様です（現地法人設立参照）

■駐日ベトナム大使館での認証 … ❸

駐日ベトナム大使館で認証を受ける際の手続は、現地法人設立時と同様です（現地法人設立の頃参照）

■日本で作成した書類の翻訳・公証 … ❹

現地法人設立時と同様、政府指定の翻訳機関で翻訳を行い、合法化する必要があります（現地法人設立の頃参照）

■申請書類の作成 … ❺

ベトナム当局に申請する書類は以下のとおりです。

・駐在員事務所設立の申請用紙
・役員会議決書（親会社の駐在員事務所設立の決議書）
・任命状（駐在員事務所代表者の任命状）
・オフィスの賃貸契約書（ベトナムの不動産会社との契約書）

現地法人の設立と同様、書類はすべてベトナム語で作成する必要があり、いずれも親会社の代表印および署名が必要となります。ただし、現地法人設立時に比べて、書類の種類は少ないです。
英訳（またはその他の外国語訳）した書類を提出することも可能ですが、その場合でも必ずベトナム語訳した同一書類を提出する必要があります。両言語の書類に齟齬がある場合は、ベトナム語訳が優先されます。

■書類の提出・申請～設立許可証取得 … ❻

申請用紙一式は所轄の商工省に提出します。規則上は、書類が受理されてから15営業日程度で設立許可証を取得できることになっていますが、現地法人設立時同様、取得予定日よりも遅れる可能性があるため、1カ月ほど余裕をみるのが無難です。

■設立許可証取得後に必要な手続 … ❼

設立許可証を取得した後も多数の手続があります。いずれの手続も外国法人の駐在員事務所に義務付けられているものであり、不備があるとペナルティを科せられることがあります。

[会社印の作成]
公安局にて、設立許可証取得直後に会社印および印鑑証明書を取得します。

[納税者番号の取得・登録]
設立許可証取得後、10日以内に管轄の税務署にて納税者番号を取得し、登録を行い、税務登録証明書を取得します。

[事務所設立の公告]
設立許可証取得後45日以内に、新聞または電子新聞にて駐在員事務所設立の告知を3回行います。告知する内容は、会社名、住所、事業内容、資本金額、投資家、ベトナム法人代表取締役等の情報です。

[銀行口座の開設]
銀行口座開設時の基本的な手続は現地法人設立のときと同様ですが、必要な書類等は銀行によって対応が異なるため、事前に確認する必要があります。

[活動開始報告書の作成]
駐在員事務所設立後45日以内に、開業した旨を商工省に届け出る必要があります。また、毎年度末に同様の活動報告を文書にて提出します。

3. 支店の設立

現地法人の支店の設立手続は簡素であり、比較的容易に許可を得ることができます。支店設立の申請先は管轄の投資計画局または工業団地、輸出加工区、ハイテク地区などとなります。必要書類は下記のとおりです。

- 支店設立の申請書
- 支店設立の出資者の決定書
- 支店設立の出資者会議の議事録
- 現地法人の定款のコピー(要公証)
- 現地法人の投資許可証のコピー(要公証)
- 現地法人の直近の監査済決算報告書
- 現地法人の活動実施報告書
- 支店長の辞令
- 支店長のパスポートのコピー(要公証)
- 事務所の賃貸契約書

通常は書類に不備がなければ、当局に提出してから 1 カ月ほどで設立許可証を取得できます。支店設立後は現地法人、駐在員事務所と同様に支店印の取得、事業税の支払、納税者番号の取得、支店設立の公告などを行う必要があります。

4. 拠点設立時の注意点

■提出書類のベトナム語翻訳
日本で準備した書類の翻訳は、政府指定の翻訳機関で翻訳する必要があり、通常はベトナム公証役場に持ち込めば、翻訳と認証をセットで行ってもらえます。翻訳にかかる費用は通常 1 ページ当たり 5US ドルくらいからで、期間は 2 週間ほどかかります。

■申請書類提出前の確認点
法人設立時、作成した申請書、定款ドラフトなどの内容が、会社設立後の運営や資金繰りに大きく影響します。ベトナム語で作成された書類の中身を日本人責任者がよく確認せずに申請してしまい、後から問題になることがあります。
たとえば、決算の時期、資本金の内容、登録資本金の額などの確認が十分でなかったがために「決算月は 12 月、資本金は現金で全額支払」と処理されてしまったという例もあります。
登録資本金は、払込資本金とは別枠で設定しておけば増資の手続が容易になります。
実際に効力を持つのはベトナム語の書類であるため、ベトナム語の記載内容が正しいかどうかを入念にチェックする必要があります。

■アンダーテーブルへの対応
ベトナムは、なにかと賄賂を要求されることが多い国です。ソフトウェア開発や製造業など、投資許可証の取得が比較的容易な業種以外は、アンダーテーブルを要求されることがあります。当然、領収書が発行されないアンダーテーブルなどは支払うべきではありませんが、アンダーテーブルが支払われるまで、手続が後回しにされ、投資許可証の手続を意図的に遅滞させるといった悪質な例もあります。また、設立企業が外国人の場合、ベトナム語が堪能でないことを利用して、アンダーテーブル欲しさに、架空の書類不備を指摘してくることもあります。アンダーテーブルへの対応は、無理に自社で処理しようとはせず、現地の事情に精通した専門家に任せることが賢明です。

■現地法人代表者の常駐義務
現地法人の法的代表者は、ベトナムに常駐する必要があります。日本人を代表者にする場合は、ベトナムの居住者でなければなりません。代表者がベトナムを 30 日以上離れる場合は、文書で代理人を任命します。また、申請時に法的代表者のベトナムでの住所を記載する必要がありますが、住居の賃貸契約書の提出義務はありません。

代表者は必ずしも日本人である必要はなく、ベトナム人でもかまいません。現地のスタッフを必ず採用しなければならないというルールはないため、代表者のみによるオペレーションも可能です。

■テト正月前後の申請
ベトナムは、通常 1 月末～2 月の中頃にテト正月があり、すべての行政機関が長期休暇に入ります。その時期は正月の準備のため、役人が役所を留守にするため、手続が遅れがちです。また、正月の準備には費用がかかるため、多額のアンダーテーブルを要求されることがあります。

Ⅳ. 外資規制

ベトナムに投資を検討する際、最初に留意すべき点は、外国投資に対する規制となります。どれだけベトナムマーケットに魅力があったとしても、外国投資の規制業種になっていれば、進出することができません。2007 年の世界貿易機関（WTO）への加盟により、旧外国投資法に代わって、共通投資法と統一企業法が施行され、法体系も整備されました。外国企業もベトナム国内企業と同様の法律のもとに規制されることになり、従来に比べ投資の自由度が高まりました。また、2016 年には社会主義国では唯一 TPP へと加盟しており、今後より外資規制が緩和されていく見通しです。

これにより外資の参入が制限されていた多くの業種について、現在、段階的に市場を開放している最中ではありますが、依然として外国資本に対する規制は残っています。

現在、ベトナムにおける規制・制限については、内資・外資を含め以下のようなものがあります。

- 投資禁止分野・条件付投資分野の規制
- 出資比率による規制
- 資本金による規制
- その他規制

1. 禁止業種・規制業種

共通投資法およびその施行細則を定める 2006 年 9 月 22 日政令（Decree No. 108/ND-CP）において、投資禁止分野と条件付投資分野が定められています。投資禁止分野に該当する業種は、投資自体ができません。また条件付投資分野に該当する規制業種は、投資審査手続が必要となり、審査なしの業種よりも許可の取得が難しく、時間がかかります。具体的な禁止業種・規制業種は以下のとおりです。

■投資禁止分野(内資・外資が対象)
[国防、国家安全および公益を損ねる投資事業]
・ 違法薬物の製造および加工
・ 国家の利益および組織と個人の権利と利益を害する分野
・ 探偵および捜査分野
・ 歴史文化遺産および伝統を損ねる、公序良俗に反する投資事業
・ 歴史および国家文化遺産の域内で建設する案件および建築と景観に悪影響を及ぼす案件
・ 風俗品および迷信を招く物品の製造
・ 危険な玩具、人格形成および健康に悪影響を与える恐れのある玩具などの製造
・ 売春および女性、児童の人身売買
・ 生態環境を損ねる投資事業
・ 国際条約に定める化学品の製造
・ ベトナムで禁止されている、または使用されていない獣医薬品、植物薬品の製造
・ ベトナムで禁止されている薬品、ワクチン、バイオ医療製品、化粧品、化学薬品、殺虫剤の製造
・ 有害廃棄物処理にかかわる投資事業
・ ベトナムへ有害廃棄物を持ち込み処理する案件、有毒化学薬品を製造する案件、国際条約において使用が禁止されている有毒化学薬品を使用する案件

■条件付投資分野
[内資・外資共通]
・ 国防、国家安全に関する分野
・ 金融、銀行業
・ 文化、情報、新聞、出版
・ 娯楽産業
・ 天然資源の採掘、生態環境保護
・ 教育、訓練事業
・ 法律により定められるその他の分野
・ 国際条約に定める分野

【外資のみ対象の規制業種】
・ 放送、テレビ放映
・ 文化的作品の制作、出版、配給
・ 鉱物の探査および開発
・ 長距離通信およびインターネットの設置およびサービス
・ 公共郵便網の建設、郵便および宅配サービス
・ 河港、海湾、空港の建設および運営
・ 鉄道・航空輸送、海上・水上輸送、旅客輸送
・ 漁獲
・ タバコ製造
・ 不動産業
・ 輸出入および運輸業
・ 病院、診療所
・ 国際条約において外資への市場開放を制限しているその他投資分野

2. 出資比率による規制

2007 年の WTO 加盟に伴い、WTO サービス分類による 12 の分野のうち 11 の分野において、市場開放することを発表しました。開放される分野は、

①法律、会計、監査、税務、コンサルティングサービス
②情報通信などのコミュニケーションサービス
③建設サービス
④卸売、小売、フランチャイズなどの流通サービス
⑤教育サービス
⑥汚水廃棄物処理などの環境サービス
⑦保険、銀行、証券などの金融サービス
⑧病院などの健康関連サービス
⑨ホテル、旅行業などの観光サービス
⑩娯楽サービス
⑪海上、航空、鉄道、道路などにおける運送サービス等

であり、段階的な市場開放が行われています。

建設関連サービスや、流通サービス（卸売、小売、フランチャイズ）などで

は既に100％ 外資による進出が可能となっています。
　WTO 公約による出資比率の規制および今後の外国企業への市場開放のスケジュールは次のとおりです。

【外資系企業に対する出資比率の制限】

事業内容	出資比率の制限
広告サービス（CPC871、たばこの広告を除く）	合弁会社の設立または事業協力契約の締結のみ可能である 2009年1月1日から、合弁会社における外国側の出資比率の制限は無くなった
農業、狩猟及び林業サービス（CPC881）	合弁会社の設立または事業協力契約の締結のみ可能である 外国側の出資比率が合弁会社の資本金の51％を超えてはならない
基本通信事業サービス	ネットワークインフラを備えない場合： 外国企業の出資比率は合弁会社の資本金の65％を超えてはならない ネットワークインフラを備える場合： 外国企業の出資比率は合弁会社の資本金の49％を超えてはならない
仮想プライベートネットワークサービス	ネットワークインフラを備えない場合： 外国企業の出資比率は合弁会社の資本金の70％を超えてはならない ネットワークインフラを備える場合： 外国企業の出資比率は合弁会社の資本金の49％を超えてはならない

付加価値サービス (Web コンテンツ サービスなど)	ネットワークインフラを備えない場合: 外国企業の出資比率は合弁会社の資本金の65%を 超えてはならない ネットワークインフラを備える場合: 外国企業の出資比率は合弁会社の資本金の50%を 超えてはならない
映画製作(96112)	合弁会社の設立または事業協力契約の締結のみ 可能である 外国企業の出資比率が合弁会社の資本金の51%を 超えてはならない
映画配給(96113)	合弁会社の設立または事業協力契約の締結のみ 可能である 外国企業の出資比率が合弁会社の資本金の51%を 超えてはならない
映画上映(96121)	合弁会社の設立または事業協力契約の締結のみ 可能である 外国企業の出資比率が合弁会社の資本金の51%を 超えてはならない
銀行及び その他金融業	商業銀行の株式で出資する場合、 外国企業の出資比率はその商業銀行の定款資本金の 30%を超えてはならない
旅行代理および ツアー手配業 (CPC7471)	合弁会社の設立は可能である。 合弁会社における外国側の出資比率は制限されていない
娯楽サービス (演劇、サーカス、 ライブショーを含む) (9619)	ベトナムにおいて本サービスの提供が可能な ベトナム企業との合弁会社の設立または 事業協力契約の締結のみ可能である。 外国企業の出資比率が合弁会社の資本金の49%を 超えてはならない
電子ゲームセンター (CPC964)	合弁契約の形態もしくは合弁企業設立の 形態のみである。 外国企業の出資比率が合弁会社の資本金の49%を 超えてはならない

海運サービス (CPC7211,7212)	外国企業の出資率が合弁会社の資本金の49%を 超えてはならない。
コンテナ積み下ろし および船積み サービス (CPC7411)	外国企業の出資比率が合弁会社の資本金の50%を 超えてはならない
通関サービス	合弁会社における外国側の出資比率の制限はなし
コンテナ倉庫 サービス	外国企業の出資比率は無制限である
国内水路運輸 サービス	外国企業の出資比率は合弁会社の法定資本金の 49%を超えてはならない
鉄道運輸サービス	外国企業の出資比率は合弁会社の法定資本金の 49%を超えてはならない
道路運輸サービス	市場の需要に応じて、外国企業の出資比率が 51%超えない品物運送サービスを提供する 合会社の設立または事業協力契約の締結が可能である
倉庫業(CPC742) 品物運送代理業 (CPC748)	外国企業の出資比率は無制限である
空港経営業	外国投資家又は外国企業の出資比率は 定款資本金の30%を超えてはならない
航空サービス (空港経営業で はない場合)	旅客ターミナル、航空貨物ターミナル運営、燃油供給、 地上での技術および商業サービス、 または飛行場運営サービスを提供する場合、 外国投資家または外国企業の出資比率は 定款資本金の30%を超えてはならない
空運事業	外国投資家または外国企業の出資比率は、 定款資本の34%を超えてはならない。 外資系ベトナム企業の場合は、定款資本の49%を 超えてはならない

一般の空運事業	外国投資家または外国企業の出資比率は、 定款資本の34%を超えてはならない。 外資系ベトナム企業の場合は、定款資本の 49%を超えてはならない

しかし、実態として、規制が緩和されているにもかかわらず、投資許可が下りないケースがよくあるので注意が必要です。後述しますが特に小売や販売会社などの流通業によく見受けられます。規則上 100%の外国投資が可能な分野でも、実務 100%外資で設立を申請しても投資審査を通過できないということも頻繁にあり、まだ多くの部分で不透明さが残っています。

3. 資本金に関する規制(内資・外資が対象)

外国企業がベトナムに会社を設立する際の資本金は、一部の分野を除き、原則自由に設定することができます。ただし、分野によっては規制があり、具体的には次表のとおりになっています。

No	業種	法定資本の分野	法定資本	法律根拠
1	商業銀行	商業銀行	3兆ドン	政令 86/2019/ND-CP
		政策銀行	5兆ドン	
		協力銀行	3兆ドン	
		外国銀行の支店	1,500万 USドル	
2	人民信用基金	村または町で運営される 地方人民信用基金	5億ドン	
		坊または複数の村もしくは坊で 運営される地方人民信用基金	10億ドン	
3	非銀行信用機関	金融会社	5,000億ドン	
		金融リース会社	1,500億ドン	
		マイクロ金融機関	50億ドン	
4	債権回収サービス		20億ドン	政令 104/2007/ ND-CP （改正投資法 61/2020/ QH14 の施行に 伴い追加予定）
5	警備サービス業		法定資本を問わないが、外資の警備サービス経営業者と合弁企業設立の場合には、外資側は100万USドルの資本金拠出が必要	政令 96/2016/ND- CP

<table>
<tr><td>6</td><td colspan="2">研修生の海外派遣サービス</td><td>50 億ドン。
その内、
預かり金額
10億ドン</td><td>政令
38/2020/ND-CP</td></tr>
<tr><td>7</td><td colspan="2">空港経営業</td><td>1,000億ドン</td><td>政令
92/2016/ ND-CP
（政令 89/2019/
ND-CP により改正）</td></tr>
<tr><td>8</td><td>航空
サービス
（空港経営
業では
ない場合）</td><td>乗客ターミナル
運営サービス、
駅運営のサービス、
倉庫運営サービス、
ガソリン提供サービス</td><td>資金300億
ドン以上</td><td>政令
92/2016/ ND-CP
（政令 89/2019/
ND-CP により改正）</td></tr>
<tr><td rowspan="2">9</td><td colspan="2">空運事業</td><td>10台以下の
航空機
最低3,000
億ドン
11台から30台
の航空機最低
6,000億ドン
30台を超える
航空機
最低7,000
億ドン</td><td rowspan="2">政令
92/2016/ ND-CP
（政令 89/2019/
ND-CP により改正）</td></tr>
<tr><td colspan="2">一般の空港事業
（例：飲食、広告など）</td><td>1,000億ドン</td></tr>
<tr><td rowspan="2">10</td><td rowspan="2">海上輸送</td><td>国際海運業</td><td>50億ドン以上
の保証
または船員に
対する
船主の責任を
保証する
保険に加入</td><td rowspan="2">政令
160/2016/
ND-CP（政令
147/2018/
ND-CPにより改正）</td></tr>
<tr><td>内陸海運業</td><td>なし</td></tr>
</table>

11	国際観光 サービス	インバウンド 観光客への 旅行サービス	預かり金額 2億5,000万 ドン	観光法の一部条項の 細則を規定する政令 168/2017/ ND-CP
		アウトバウンド 観光客への 旅行サービス	預かり金額 5億ドン	
		インバウンドおよび アウトバウンド観光客 への旅行サービス	預かり金額 5億ドン	
12	人材紹介サービス		預かり金額 3億ドン	政令 52/2014/ND-CP
13	証券	証券仲介	250億ドン	政令 58/2012/ ND-CP および 政令 151/2018/ ND-CP
		ディーリング (自己売買)	500億ドン	
		証券発行保証	1,650億ドン	
		証券投資および ルティング	100億ドン	
		資金運用ビジネス	250億ドン	
14	金融 関連事業	ゴールド バー (金地金)の売買	一般企業: 1,000億ドン 信用機関: 3兆ドン	政令 24/2012/ND-CP

15	保険業	生命保険および健康保険	保険形態及び内容により変更のため、形態ごとに要確認	政令73/2016/ND-CP（政令151/2018/ND-CPおよび政令80/2019/ND-CPにより改正）
16	映画制作		2億ドン	政令54/2010/ND-CP（政令142/2018/ND-CP により一部改正）

17	通信業 無線周波数帯を使用せずに、 固定通信ネットワークインフラを 構える場合、電話加入者	省または 中央レベル市において: 最低法定資金額 50億ドン 最低総投資金額:150億ドン 許可書の取得日より最初の 3年間以内に調達を実施する 2～30省または 中央レベル市において: 最低法定資本金額: 300億ドン 最低総投資金額: 1,000億ドン 許可書の取得日より 最初の3年間以内に 調達を実施する 全国(30以上の省、中央レベル市)において最低法定資本金額: 1,000億ドン 最低総投資金額: 3,000億ドン 許可書の取得日より 最初の3年間以内に 調達を実施する	政令 25/2011/ND-CP
17	通信業 無線周波数帯を 使用し、 固定通信ネットワーク インフラを構える場合、 電話加入者	15～30省または中央レベル市において: 最低法定資本金額: 1,000億ドン 最低総投資金額: 3,000億ドン 許可書の取得日より最初の 3年間以内に調達を実施する	政令 25/2011/ND-CP

17	通信業 地上モバイル 通信ネットワーク インフラを構える場合	・無線周波数チャネルの使用: 最低法定資本金額: 200億ドン 最低総投資金額: 最低600億ドン以上 許可書の取得日より 3年間以内に調達を実施する 無線周波数帯の使用なし (仮想): ・最低法定資本金: 3,000億ドン 低定款資本金額: 許可書の取得日より 最初の3年間以内に 調達金額1兆ドン以上を 実施する。 許可書の取得日より 15年間以内に 調達金額3兆ドン以上を 実施する。 ・無線周波数帯の使用:最低 法定資本金: 5,000億ドン。 ・最低総投資金額:許可書の 取得日より最初の 3年間以内に 調達金額2.5兆ドン以上を 実施する。 また、許可書の取得日より 15 年間以内に 調達金額7.5兆ドン以上を 実施する	政令 25/2011/ND-CP

17	通信業 固定衛星通信ネットワークインフラおよび移動衛星通信ネットワークインフラの設置	最低法定資本金額: 300億ドン 最低総投資金額: 許可書の取得日より最初の3年間以内に調達金額1,000億ドン以上を実施する	政令 25/2011/ND-CP
18	郵便業	国内郵便サービスの場合: 20億ドン 国際郵便サービスの場合: 50億ドン	政令 47/2011/ND-CP
19	独立監査法人 (有限会社の場合)	2012年5月1日～2014年12月31日:30億ドン 2015年1月1日:50億ドン	政令 17/2012/ND-CP
20	労働者派遣業	預かり金額:20億ドン	政令 29/2019/ND-CP
21	信用格付業	150億ドン	政令 88/2014/ND-CP
22	①商品取引所	1,500億ドン (外国投資家は49%を超えない場合許可される)	政令 51/2018/ ND-CP および 商品交換所における商品購入および販売に関する商法の施行細則を定める政令158/2006/ND-CP
	②商品取引所の仲介業者	50億ドン	
	③商品取引所の取引会員	750億ドン	
23	デジタル署名の公共認証サービス	預り金額50億ドン	政令 130/2018/ND-CP

24	病院	2,000万USドル	WTO公約
	総合診療所	200万USドル	
	専門治療施設	20万USドル	

【投資までの検討プロセス】

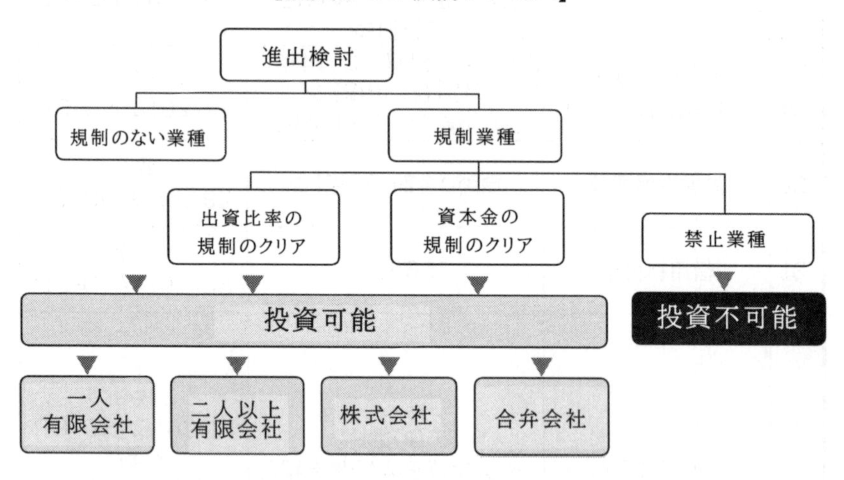

4. 主な注意点

ベトナムでは、法律上、外国資本の規制に該当しない分野への投資であっても、実務上、規制がかかっていることもあるため、進出の際は、専門家に十分に相談する必要があります。

また、外国企業が投資許可証を取得する際に、事前に知っておくべきその他の主な注意点としては、下記のものがあります。

・ 親会社の実績に左右される

ベトナムで投資許可証を取得する際、ベトナムで始めようとしているビジネスの親会社での実績が非常に重要になり、親会社の定款の事業目的にベトナムで予定している事業が記載されている必要があります。たとえば、ベトナムでITのソフトウェア開発の投資許可証を取得したい場合は、その親会社の定款の事業目的にITソフトウェア開発が記載されている必要があります(またはそれに近い事業目的)。

また、親会社の定款に記載されていたとしても、業種によっては、親会社の実績を示すために取引先との契約書、請求書や写真などの根拠を示す追加書類を当局より求められることがあります。こういった追加書類を求められると手続が大幅に遅れてしまうこともあります。

・ 流通分野は投資許可証の取得が困難である

流通分野(卸売、小売)に関しては、商務省令(10/2007/ QD-BTM)によって2009年1月1日から100%外資による小売業への進出が可能になったにもかかわらず、投資許可証を取得するのが困難な状況にあります。特に2店舗目以降の開設許可についてはエコノミックニーズテスト(ENT)と呼ばれる審査を通過しなければならず、この審査手続に不透明な部分が残されており、外国投資を難しくしています。

ただし、2013年6月7日から施行された外国企業の商品売買活動のガイドラインである通達(08/2013/TT-BCT)により、500㎡未満の店舗のENTは廃止されました。よって、500㎡未満であるコンビニエンスストアなどは多店舗展開をしやすくなりました。しかしながら法律と実態が異なるので、実際に許可が取れるかどうかは不透明な部分が残ります。

・ 飲食店は外資規制の対象

飲食店に関しては、2015 年 1月 11 日以降外資 100%での投資に対する規制が撤廃されています。外資 100%での投資に対する規制が撤廃されてからは特段の制約なく外資 100%での飲食業への進出が認可されています。現在はマクドナルドも、5 年前に比べると少しずつ増えて、ベトナムにおいては 22 店舗まで増えています(主にホーチミンにて)。その他、ピザハットやロッテリアや KFC などの外資チェーンもあり、それぞれ増え続けています。2015 年時点では、ベトナムの日本食レストランは 770 件ほどでしたが、2020 年には約 1,500 店となり、5 年間で約 2 倍になったと言われています。

・ ベトナム国内販売をするためには HS コードを取得する必要がある。

ベトナム国内で販売するためには、HS コード(輸出入統計品目番号)と呼ばれる商品コードの登録が必要となります。この HS コードの中で、ベトナム政府が取得困難な品目を指定しています(商務省令 1380/QD-BCT)。これらは外国資本にとっては取得が困難となり、事実上の国内販売の規制となります。

・ 実務上の最低資本金

資本金額の設定のない業種は原則自由に資本金を設定することが可能となっていますが、実務上、業種によってはある程度の資本金を用意する必要があります。たとえば輸入販売をする場合は、最低 30 万 US ドルほどの資本金を用意する必要があります。これも法律ではない事実上の規制となります。

V. 投資インセンティブ

ベトナムでは、国の発展に寄与すると考えられる業種、あるいは投資地域によって、法人税、関税、土地使用料の減免等の優遇措置を定めています。ベトナム進出に当たって優遇措置を受けるためには、投資案件が、共通投資法および政令によって定められる①奨励投資分野、あるいは②奨励投資地域のいずれかに該当しなければなりません。

このいずれかに該当する場合には、共通投資法および関連法規により定められる優遇措置の恩恵を受けることができます。

1. 優遇制度を利用するための要件

■奨励投資分野

共通投資法 27 条において 8 つの奨励投資分野を定めており、これらの分野に投資すると優遇措置の対象となります。
（共通投資法 31 条 ）

(1) 新素材、新エネルギー、ハイテク製品、バイオテクノロジー、IT、機械製造
(2) 農林水産品の養殖および加工等
(3) ハイテク先端技術、自然環境保護、科学技術の研究開発
(4) 労働集約型産業
(5) インフラ整備および大規模プロジェクト
(6) 教育、訓練、医療、スポーツおよびベトナム文化の発展
(7) 伝統産業の発展
(8) その他の製造業、サービス業

これらの奨励分野の詳細は、共通投資法施行細則（Decree No. 108/ND-CP）の付録 1 に、特別奨励投資分野（リスト A）と奨励投資分野（リスト B）に分けて、リスト A26 業種、リスト B53 業種が次のように記載されています。

【施行細則による特別奨励投資分野】

リスト A
新素材、新エネルギー(太陽、風力エネルギー等)、ハイテク製品(医療機器等)、バイオテクノロジー製品の製造、IT(ソフトウェア、インターネット設備等)、機械製造(検査、制御、産業用ロボット等)
養殖、飼育、農林水産物の加工(植林、未開発耕地での飼育や農産物の生産、未開発水域での水産物の生産、製塩等)、家畜品種の改良等
ハイテク技術や先進技術の適用、自然環境保護、ハイテク技術の調査・開発(ベトナムで使用されていない高度技術・新技術の適用、環境汚染の処置、環境保護、リサイクル産業等)
労働集約型産業(常時5,000人以上雇用)
工業区のインフラ建設・運営、重要プロジェクト
教育、訓練センター(スポーツ強化、障害者用等)、老人ホーム、孤児院、ヘルスケア関連
その他の製造業、サービス業(研究開発投資が収益の25%以上を占めるR&D 事業、工業区内の従業員用アパート等)
リスト B
新素材、新エネルギー、ハイテク製品、バイオテクノロジー製品の製造、IT、機械製造(防音や電気・熱の絶縁素材、高断熱材、特種用途のセメント、非鉄金属の製造、鋳型、食物検査テスト機器、農薬、医療設備、その他建設用機械や繊維用機械の製造等)
養殖、飼育、農林水産物の加工(医薬用植物の育成、果物飲料の生産、家畜飼料の生産、新品種の改良等)
ハイテク技術や先進技術の適用、自然環境保護、ハイテク技術の調査・開発(石油流出に対応する設備、廃棄物処理設備の生産等)
労働集約型産業(常時500～4,999人雇用)
インフラ施設の建設(協同組合事業や地方のコミュニティに貢献するインフラの建設、一般用・工業用の浄水・水供給システム、橋・道路・ターミナル・駐車場等の建設・改良工事等)
教育、訓練センター、ヘルスケア関連、ベトナム文化の発展(普通校・職務訓練校・大学教育施設の建設、病院建設、スポーツセンターの建設、観光開発等)
伝統産業の発展
その他の製造業、サービス業(奨励地域におけるインターネット接続サービス等の提供、公共輸送の発展、都市部以外への生産拠点の再配置、教育用玩具の製造、紙パルプ工業、首相承認案件の工業団地内への投資プロジェクト等)

■奨励投資地域

共通投資法 28 条において、①社会経済的な条件が困難な地域(奨励投資地域) ②社会経済的な条件が特に困難な地域(特別奨励投資地地域) ③工業団地・ハイテク区・輸出加工区・経済特区、の 3 つの奨励投資地域として規定しています。

なお、①、②については、共通投資法の施行細則(Decree No. 108/ND-CP)の付録 2 に記載されています。

2. 優遇制度の内容

■法人税の優遇税率

共通投資法施行規則 25 条により、法人所得税に関する優遇の内容は、法人税法に従うことになります。

法人税法は、2009 年より改正法人税法が適用開始となっています。改正法人税法に規定される投資のインセンティブとして、奨励投資分野、奨励投資地域に進出する企業に対して、法人税の優遇税率 10%または 20%が適用されます。

そのうち、要件を満たす投資分野、投資地域に対する投資については、免税期間が付与され、さらに免税期間終了後の減税の恩恵を受けることができると規定されています。

法人税法の施行ガイドライン No.1 2 3/2013/TT-BTC dated 27/07/2012 によると、次表のように優遇措置が定められています。法人税の軽減税率の適用期間は営業開始後すぐに開始されます。一方、免税期間は課税所得が発生した年度から適用されます。また免税が適用される投資プロジェクトについて、免税期間終了後に与えられる減税期間中は、当初の法人税率から 50%の減税を受けることができます。

【法人税の優遇措置】

条件	法人税率	適用期間	免税期間	50% の減税期間（括弧内は免税期間終了後の税率）
下記以外のすべての企業に適用	25%	―	―	―
社会経済的に困難な地域への投資プロジェクト	20%	10 年	2年	4年（10%）
農業事業を営む協同組合および共済組合		全期間※	―	―
社会経済的な条件が特に困難な地域ならびに経済特区・ハイテク区への投資プロジェクト	10%	15 年	4年	9年（5%）
ハイテク産業、科学研究、技術開発、インフラ開発、コンピュータ、ソフトウェア分野への投資プロジェクト	10%	15 年	4年	9年（5%）
教育関連、職業訓練、医療、文化、スポーツ、環境分野に投資するプロジェクト		全期間※	4年	9年（5%）

■輸入関税の優遇措置

ベトナム輸出入関税法により、ベトナムの国境を越えて輸出入の許可を得た物品は輸出入関税の対象となります。ベトナムの関税については、標準課税、優遇税率、特別優遇関税率がありますが、共通投資法施行規則に定められる奨励投資分野、社会経済的な条件が困難な地域への投資やその使用目的、または物品の種類によって関税が免除されます。下記に輸入税が免除される例を挙げます。

・貿易フェアや展示会出品のため、一時的に輸入され、再度輸出されるもの、委託加工契約のもと、輸出加工用に輸入された物品（原材料、生産や加工工程での必需品、加工品サンプルとして使用されるもの、加工の

ため使用される機械・設備等)

- 特別奨励投資分野、奨励投資分野、または社会経済的な条件が特に困難な地域、社会経済的な条件が困難な地域への投資プロジェクトやODA プロジェクトについて、固定資産形成のために輸入された物品(設備・機械、科学技術省より認可を受けた技術ラインなどで使用される特殊な輸送用手段、労働者の移動用機器、それら設備・機械の部品・原材料、ベトナムで生産できない建設資材等)

- BOT 企業やそのサブコントラクターによって輸入される物品

- 石油ガス事業のサービスのために輸入される物品(設備・機械・石油ガス事業に必要なベトナムで生産できない供給品、医療機器、事務機器など)

- 科学研究や技術開発活動で直接使用するために輸入される物品(ベトナム国内では生産できない機械・設備・部品・供給品・輸送手段、科学的資料、書籍、新聞、雑誌、関連する電子情報源)

- 特別奨励投資分野または社会経済的な条件が特に困難な地域へのプロジェクト、機械・電気電子部品の製造プロジェクトにおいて生産のために輸入される原材料、供給品、部品は、輸入関税が生産開始から 5 年間免除

- 奨励投資分野のプロジェクトの生産のために輸入されるベトナム国内では生産できない原材料、供給品、半製品は、輸入関税が生産開始から5年間免除。また、特別奨励投資分野または社会経済的な条件が特に困難な地域へのプロジェクトの生産のために輸入されるがベトナム国内では生産できない半製品については、輸入関税が生産開始から 5 年間免除、給水装置、空調設備、消防用設備、ゴミおよび排水処理装置、輸送システム、店舗用ランドリーシステム、災害時警報装置医療機器、現金自動預払機等、DecreeNo.87/2010/ND-CP の付録 2 に定められる物品の輸入については、初回輸入時のみ関税は免税

■土地使用に関する優遇措置

共通投資法 36 条では、土地使用に関する優遇措置が規定されています。通常の投資プロジェクトの使用期間は、50 年以内と定められていますが、投資額が大きく投下資本の回収に時間がかかるプロジェクト、および社会経済的な条件が困難な地域、社会経済的条件が特に困難な地域への投資プロジェクトは、50 年を超える利用が必要な場合に限り土地の使用期間を 70 年まで延長することができます。

また同法では、土地使用権の期間が終了しても、投資家が土地法の規定を遵守し、かつ引き続き土地使用を希望する場合は、政府によって承認された土地使用計画に基づいて土地使用期間を延長することができるとされています。

さらに、DecreeNo.44/2008/ND-CP によると、奨励投資分野および奨励投資地域への投資プロジェクトについて、土地使用料の減免措置が定められており、要件に応じて 20～100%の減免を受けることができます。各要件の定義は、共通投資法等の規定に従うものとされています。

【土地使用料の減免措置】

<table>
<tr><th>投資プロジェクト</th><th>土地使用料</th></tr>
<tr><td>特別奨励投資分野への投資であって、
社会経済的な条件が特に困難な地域への投資</td><td>100%を免除</td></tr>
<tr><td>特別奨励投資分野への投資であって、
社会経済的な条件が困難な地域への投資</td><td rowspan="2">50%を免除</td></tr>
<tr><td>奨励投資分野への投資であって、
社会経済的な条件が特に困難な地域への投資</td></tr>
<tr><td>奨励投資分野への投資であって、
社会経済的な条件が困難な地域への投資</td><td rowspan="3">30%を免除</td></tr>
<tr><td>特別奨励投資分野への投資</td></tr>
<tr><td>社会経済的な条件が特に困難な地域への投資</td></tr>
<tr><td>奨励投資分野への投資</td><td rowspan="2">20%を免除</td></tr>
<tr><td>社会経済的な条件が困難な地域への投資</td></tr>
</table>

Ⅵ. 業種ごとの設立形態

1. 事業形態ごとに見る進出スキームの検討

前述したように、外国企業がベトナムで事業を行う場合、外資規制の対象業種であるかといった点や優遇税制の恩恵の取得可否などを考慮し、進出形態を検討する必要があります。「製造業」と「非製造業」とでは検討事項や留意事項が異なるので、具体的なケースを想定して、進出形態の選択方法を確認していきます。

2. 製造会社を設立する方法

製造業が進出する場合、原則として外国人事業法の規制対象とはなりません。従って、ほとんどのケースで 100%外国資本の現地法人を設立することが可能です。また、優遇税制措置を利用するか否か、また輸出加工型企業である EPE 企業として設立するかなどを検討する必要があります。

■優遇税制

優遇税制を受けるには、対象となる工業団地内での設立が必要となります。

ベトナムでは、ハノイ周辺の北部、ホーチミン周辺の南部に工業団地が集中しており、製造業が海外に進出する際、まずは工業団地に入居するのが一般的です。

工業団地とは、工業用の工場をバランスよく配置するために分譲された土地のことをいいます。団地内は、道路、排水路、洪水防止システム、電気、水道、電話といったインフラが整備されています。また、工業用のエリアのほかに、中央廃水処理施設などの公共施設、場所によっては郵便局、銀行、ショッピングセンター、ガソリンスタンド、労働者の宿舎も整っています。

現在ベトナムには 300 ほどの工業団地があり、日系の工業団地も数多くあります。日系の工業団地はローカルの工業団地と比較すると、不動産賃借料等のコストは高いですが、インフラ設備・サービスの面ではかなり充実しています。特に日本人スタッフが窓口となって、会社設立から各種申請、工場操業までをサポートしてくれるので、初めて海外進出をする企業に人気があります。また、工業団地の中には、団地内の日本企業による日本人会を作り、従業員の賃金・待遇といった情報を共有しているところもあります。ベトナムでは一時期、従業員によるストライキが頻発していましたが、団地内での情報の共有はストライキを未然に防ぐことにも役立っています。

工業団地に入居する製造業に対する優遇税制は、2 年間の免税、その後 4 年間の 50%減税から構成されています。優遇期間は課税所得が発生した年度から起算されます。ただし、初めて売上が発生して以来 3 年連続で欠損金が出ている場合は、売上発生後 4 年目より優遇期間の起算が開始されてしまうため注意が必要です。

3. EPE 企業について

輸出加工型企業(EPE)とは、輸出加工区内で設立、操業している企業、工業団地内または経済区内で操業し、製品すべてを輸出する企業を指します。

輸出加工型企業は、以下に挙げる物品の輸入に該当する際に優遇されます。

- EPE での使用、あるいは輸出向け製品の生産のために輸入された物品
- 製品加工を目的にベトナムの国内企業から購入した供給物資、原材料、仕掛品
- EPE、輸出加工区、保税倉庫に搬入された物品
- EPE が国内企業よりサービス、建築、取り付け工事を受領する際の VAT

[輸入申告]

輸入申告は、原則として貨物が輸入港に到着した後に行います。申告には、インボイス、パッキングリスト、船荷証券(BL)、発注書、売買契約書、D/O(Delivery Order)が必要です。

規制貨物および特恵関税を適用する場合、各種関連省庁による輸入許可書・原産地証明書等が必要となります。輸入申告後、場合によっては税関の貨物検査を受けることになります。貨物、輸入申告書ほか提出書類に問題がなければ、納税通知書が発行されます。納税通知書に基づく納付の

終了後、貨物の引取が許可されます。

輸入申告書作成時にはHSコードの選定に注意が必要です。HSコードは税率の決定に直接かかわるため、非常に重要です。輸入しようとする貨物がどのHSコードに該当するか、判断が困難な場合は、文書による事前教示制度を利用することもできます。この制度は、貨物を輸入する前に、その貨物のHSコードを税関に相談し返答をもらうというものです。日本ではごく一般的な制度ですが、ベトナムでは、問い合わせをしても回答を得られないこともあります。

HSコードの判断が困難な貨物の輸入を行う際には、現地に精通した物流業者に詳細を相談することが望ましいです。

4. 主な日系工業団地

工業団地選びの成功の秘訣は、ロケーション、インフラ設備・サービス、コストがポイントとなります。ロケーションに関しては、部品の搬入、道路の広さ、交通状況などに加え、特に輸出入の多い企業は 港や空港までの距離を考慮する必要があります。物流面のインフラが十分とはいえないため、通関や交通渋滞などで想定以上に物流に時間がかかることがあります。また、ベトナム人は、自宅から勤務先への通勤時間を重視する傾向があります。従業員採用が売り手市場であり、特に管理者クラスの不足が深刻な労働市場では、進出予定地域の通勤圏の労働供給力を把握しておく必要があります。

【ベトナム国内の主な日系工業団地】

北部日系工業団地名	南部日系工業団地
タンロン工業団地	ロンドウック工業団地
野村ハイフォン工業団地	ロンハウ工業団地
ホアラックハイテクパーク工業団地	
VSIP バクニン工業団地	

出所：VEHO Press

インフラ設備については、電力供給、上下水、工業用水、通信設備、居住用の団地の有無などが重要になります。サービス面においては、日本語対応が可能か、会社設立、工場建設に対してサポートが充実しているかどうかが決め手になります。日系工業団地は、インフラ 設備・サービス面でかなり充実していることもあり、入居契約率が高くほぼ満室です。

一方、ベトナム資本の工業団地は不動産賃貸料が安いのが魅力ですが、インフラ設備・サービスの面において、日系工業団地と同様のサポートを受けるのは難しいのが現状です。

コスト面においては、工業団地への投資は決して安くないことを覚えておく必要があります。工業団地への投資は、賃貸料が発生するのはもちろんのこと、日本から製造設備を持ち込む必要があるため、費用における減価償却費の比率が相対的に高くなります。それを低賃金でカバーできなければ、採算が合いません。最近は低コストで入居できるレンタル工場もあり、初期投資を抑えたい中小企業から注目されています。採算を合わせるためには低コスト運営と慎重な事業計画を作成する必要があります。工業団地の選定は、業績に直接影響しますので、以上のことを鑑みて慎重に意思決定をする必要があります。

フィリピン進出

～外国企業への優遇措置の拡大、
成長が進む国への進出方法とは～

I. 進出時の特殊な留意事項一覧

1. 3つの新制度により進出しやすい国へ

近年行われた以下 3 つの新制度により、日系企業などの外資系企業は以前に比べて進出がしやすくなっています。

①ビジネス環境改善法

2018 年 8 月 2 日に施行された「ビジネス環境改善法」は、許認可手続きを自動化および迅速化することを目的としています。以前より、フィリピンでの法人設立等の手続きにおいて、行政機関での手続きスピードが遅いことや不正取引が横行していることなどが問題視されていました。そこで、当時の大統領であったドゥテルテ氏による国内政策の一つとして当法令が制定されました。

主な内容は下記の通りとなります。

・ 汚職取り締まりのための機関を設ける
・ 汚職した職員に対する罰則を定める
  *免職や最長6年間の懲役、最高で 200 万ペソ(約 420 万円)の罰金など
・ 各種手続きの対応日数に上限を設ける
  *簡易手続き→3日以内
  *複雑な手続き→7日以内
  *高度な技術を要する手続き→20日以内

違反時の罰則等も明記されているため、以前と比べると政府当局での手続きはスムーズになっています。

しかし、現在でも担当官の判断によって必要とされる書類や必要日数等が変わる点は残っており、引き続き課題となっています。

②CREATE(第 2 弾税制改正)法

フィリピンでの第 2 弾税制改正である CREATE(Corporate Recovery and Tax Incentives for Enterprises Act)は、2021 年 6 月 23 日に施行規則が公表され、実際に法人税率の引き下げ等が行われてきました。CREATE 法は法人税率の引き下げと優遇税制の合理化の

２本柱から構成され、主に国際競争力の強化による投資誘致と課税ベース拡大による税収確保を目的としています。

また、以下の項目を主な内容として掲げています。

・ 投資を誘致する税制を導入し、生産性の向上、雇用創出、全体的な経済成長、財政の安定につなげる。
・ 税率を引き下げると同時に課税の範囲を拡大し、税の歪みを減らすことで、法人税制度の公平性と効率性を改善する。
・ 優遇税制について、制度設置による効果を重視したうえで、対象を定め、期限付きで透明性があり、且つ競争力のあるものとして構築する。
・ COVID-19（新型コロナウイルス）蔓延からの回復において、企業を支援し、国力を高める。
・ より公平な優遇税制を構築し、包括的な成長と雇用の創出を可能にし、特に開発が遅れている地域における優遇税制の活用を容易にする。

③改正会社法

世界銀行の 2019 年版「ビジネス環境ランキング」で 124 位と低迷するフィリピンが、39 年振りに会社法を改正しました。2019 年 2 月 20 日に元大統領のドゥテルテ氏が改正会社法に署名し、同月 23 日から施行されています。旧会社法からの主な変更点は下記のとおりです。

・ 発起人/取締役の数は最低 5 名だったが、今回の改正で最低 2 名となった。
・ 取締役の過半数はフィリピン居住者であることが義務付けられていたが、居住者要件は撤廃された。
・ 最低資本金として 5,000 ペソが定められていたが、会社法上での規制は撤廃された。
  ※他の法令によって、実質上の最低資本金規制がある場合があるので要注意
・ 財務役の居住要件の明確化
・ Security Deposit（預託保証金）が 10 万ペソから 50 万ペソに増額となった。
・ 遠隔的な通信手段（ビデオ会議等）による株主総会・取締役決議が許容されるようになった。
・ 一人株主会社（OPC: One Person Corporation）の創設。
  ※株主・取締役共に１名を指す

2. 投資規制の禁止業種とその出資比率について

フィリピンでは、ネガティブリストによって外資規制の対象業種を定めています。このリストでは、禁止業種と外国出資比率規制業種が定められており、外国資本の参入や外国人の就労を規制しています。そのため、フィリピンで会社を設立する際には、事前にネガティブリストに該当する事業内容かどうかを確認しておく必要があります。対象となる場合は、合弁やフランチャイズなどの形態を使うなど、進出スキームを工夫する必要があります。

下記は禁止業種つまり、外国資本が参入不可であり、外国人が就業することも不可な業種となります。

[外国資本参入・外国人就業禁止分野]
- レコーディングおよびインターネット事業を除くマスメディア
- 専門職(放射線・レントゲン技師、犯罪捜査、弁護士)
- 民間警備保障会社
- 小規模採掘
- 群島水域、領海、排他的経済水域における海洋資源の利用
- コックピット(闘鶏場)の所有、運営
- 核兵器の製造、修理、貯蔵、流通
- 爆竹その他花火製品の製造
- COOPERATIVE DEVELOPMENT AUTHORITY が定義する協同組合
- 生物、化学、放射線兵器および対人地雷の製造、修理、備蓄、流通

こちらのネガティブリストは、定期的に更新がされています。

2018 年以降更新は一時途絶えていましたが、2023 年 7 月に 4 年ぶりに更新され、第 12 次外国投資ネガティブリストとして発表されました。国防省の許可が必要な事業等を除き、第 12 次ネガティブリストでは、第 11 次ネガティブリストの外資規制の大部分を引き継いでいます。

そのうえで、フィリピンへの外資規制を緩和する法改正を反映したものとなっています。

主な変更点としては、外国人出資比率 20%以下に制限する項目はなくなり、現行の法律や規制に従う限り、外国人が教育業の分野として専門科

目を初等・中等レベルで教えられるようになりました。また、小売企業への外資参入に必要な資本金が1億2,500万ペソから引き下げられ、払込資本金が2,500万ペソ以上となりました。

公益事業の運営には、従来通り外資 40%以下とする規制はありますが、公共サービス法の改正に伴い、公益事業の範囲が明確化されました。国防省の許可を必要とする活動や製品製造に関しては、外国人の出資比率制限がなくなり、外資100%の企業でも可能になりました。

ちなみに、小売業において、資本金20万ドル以下の場合、外資40%までに制限されますが、20 万ドル以上であれば、外資 100%が可能になります。

出資比率	投資規制業種
25%以下	雇用の斡旋、防衛関連施設の建設
30%以下	広告
40%以下	天然資源の探査、開発、利用・土地の所有・教育機関 公共事業の運営 (配電、送電、石油パイプライン輸送システム、 上下水道設備、海港、公共交通機関) 米およびトウモロコシの栽培、清算、精米、 加工、小売りを除く取引 政府関係法人 払込資本金額20万ドル未満の国内市場向け企業

3. PEZA等の投資優遇機関に関して

フィリピンでの投資インセンティブの優遇機関ですが、おおまかに2種類あり、PEZAとBOIという外国企業を優遇するための制度が存在します。PEZAとは、経済特区を監督するフィリピンの政府機関、BOIとは、フィリピンの投資委員会のことです。PEZA と BOI の優遇の大きな違いは、法人税の免税期間後の 5%特別税の有無で、BOIはその特別税がないという違いがありましたが、CREATE法の影響により、この優遇税制も一本化されました。つまり、PEZA でも BOI でもインセンティブの大差がなくなるということです。日系企業は、PEZA企業の方が多いのが現状です。

Ⅱ. 各進出形態まとめ

外国企業がフィリピンで事業拠点を設けるには、フィリピン会社法(Corporation Code of the Philippines)及び1991年外国投資法に準拠した投資形態を選択しなければなりません。現地法人・支店・駐在員事務所のいずれかの事業形態を選択しますが、形態によって、認められる活動内容や法的責任の範囲、税務上の取扱い等が異なるため、各々の特徴をしっかりと把握した上で進出形態を決定する必要があります。

また、最低資本金規制とは別に、会社の口座開設に最低2万5,000ペソから5万ペソの入金を求められることがあります。

この際、輸出向け企業(売上の 70%以上が輸出)は、当該最低資本金規制の適用はありません。

会社法の改正で最低払込資本金額が撤廃された一方で、外国投資法や業種によって必要なライセンスを取得する際、ライセンス発行機関などから独自に最低払込資本金の設定の要件がある場合があり注意が必要です。また、資本金を受け取る現地の銀行によっても最低預金残高の設定があるので事前に各所に確認をすることをお勧めします。

大まかなフィリピンの特徴として、外資の出資比率が 40%を超えるかどうかにより違いが生じます。外資の出資比率が40%を超える場合には、通常の内国法人(Domestic Corporation)と区別され、最低資本金や土地所有の可否について取扱いが異なります。

直近の改正点として、39年振りにドゥテルテ元大統領が改正会社法に署名し、2019年2月23日より最低払込資本金が、改正前の5,000ペソから改正後は最低払込資本金がなくなりました。

しかし、会社法上の最低払込資本金の規制は撤廃されたとはいえ、引き続き、他の法令により、フィリピン国内市場向けの事業を行う場合、外資40%超の場合は 20 万ドルの最低資本金が求められる点や、建設業・人材紹介業等のライセンス取得における最低払込資本金の規制は存在することになります。

1. 現地法人

現地に法人を設立する場合、フィリピン会社法に準拠した会社形態を選択しなければなりません。会社法上の会社形態は大きく株式会社と非株式会社に分類されますが、通常、日本の事業会社が現地法人を設立する場合には、株式会社の形態を選択するケースがほとんどです。

■株式会社

日本人にとって最も馴染みのある会社制度であり、フィリピンへ進出する日系企業が最も多く利用する形態です。株式会社とは、出資者たる株主が、均等に細分化された株式を引受け、引受けた株式の金額を限度とした責任を負う（有限責任）会社形態をいいます。株式会社は、発起人が証券取引委員会（SEC：Securities and Exchange Commission）へ登記手続を完了することによって法人格を取得します。

株式会社は株主数、定款の規定に応じて公開会社と非公開会社に区分されます。

［非公開会社と公開会社］

非公開会社とは、定款において以下の規定を定めている会社と定義されます（96 条）。
・ 株主数が 20 名以下であること（自己株式を保有する場合、自社を除く）
・ 株式の譲渡に際して、会社定款及び附属定款によって定められた制限に従うこと
・ 株式の公募を禁止すること

一方、公開会社の定義はないため、上記以外の会社が公開会社となります。フィリピン市場での上場を目指す会社以外は、公開会社を選択するメリットは少なく、ほとんどの日系企業は非公開会社を選択しています。

ただし、一定の業種の場合には、非公開会社での設立は認められていません。具体的には、公共の利益に資すると判断される会社、採掘または石油会社、証券取引会社、銀行、保険会社、公共会社、教育機関は、非公開

会社としては認められていないため、公開会社として設立しなければなりません。

実務の例として、一般の物流業の会社は公共の利益に資するとSECに判断され、非公開会社とすることはできないということがありました。

［非株式会社］

非株式会社（Non-Stock Corporations）は、公共目的のみで設立されます。たとえば、慈善、教育、文化、あるいは同様の趣旨に基づくものとなります。
現地法人を設立せずに拠点を設置する場合、支店、駐在員事務所を設置することができます。

2. 支店

支店とは、本店から遠隔にある地域において、外国投資法の規則に従い、本店と同様の営業展開をするために設置された事務所です。後述する駐在員事務所とは異なり、売上をあげる活動が可能な進出形態です。

フィリピンに支店を設立する場合は、本店は日本において適法に事業活動をしていることを証明するために本店の財務状態を開示し、証券取引委員会（SEC）に登録の上、事業ライセンス（License To Transact Business in the Philippines）を取得します。

支店は、現地法人といくつかの点で異なります。現地法人は、親会社から独立した法人であるのに対して、支店はあくまで本店と同一法人であることから、支店が負う債務弁済責任は、最終的にすべて本店が負うことになります。つまり、本店の資産はすべて、フィリピン支店の債権者の権利行使の対象になるというリスクがあることに留意しなければなりません。

[支店の責任及び活動範囲]

支店は、本店と同様の営業活動を行うため、フィリピン事業から所得を稼得することが認められています。支店は外資規制において外資 100%出資の会社と同様に扱われるため、外国投資法に従い、ネガティブリストに記載されている事業活動には従事することができません。

[支店の最低資本金額]

外国企業のフィリピン支店が国内市場向けの事業を行うためには、以下の運転資金を海外から送金する必要があります。

・外国資本が 40%を超える国内市場向け企業の場合

→20 万 US ドル相当以上の運転資金

・以下 a.から c.のいずれかの条件を満たす場合
a. 先進技術(科学技術者が決定する)を利用していること。
b. 革新的新興企業法(Innovative Startup Act)に基づき、「スタートアップ」または「スタートアップ支援機関」として承認されていること。
c. フィリピン人従業員を 15 人以上雇用していること。
※共和国法第 11647 号(改正外国投資法)、2022 年 3 月 2 日

→10 万 US ドル相当以上の運転資金

・60%以上の売上が外国に対して輸出する製造業社、加工業社、サービス業社型などの企業の場合

→最低資本金額の対象外

[支店の代表者]

支店設立に際し、居住代理人(Resident Agent)をフィリピン支店に選任する必要があり、会社法のコンプライアンスを守る責任や、政府当局から支店にコンプライアンス上の説明を求められた際に送達される召喚状を受領する責任を担うことになります。居住代理人は外国人でも問題ありませんが、フィリピン居住者である事が必要です。居住者の要件は、実務上は 1 年以上有効に滞在できるビザを持っている者ということになっています。

[支店の活動と日本本店の財務諸表]

支店の場合、支店の財務諸表を作成し、支店に帰属する所得についてはフィリピン側で納税する必要があります。しかしながら、支店の場合、本店と同一の法人格を有するため、支店の財務諸表は、日本側で本店が作成する財務諸表と合算されます。従って、支店での経費が本店の損金としてみなされる点が、現地法人と異なります。即ち、支店が赤字の場合には、本店の所得と支店の赤字を通算する事により、本店の納税額を軽減できることになります。ただし、フィリピン支店の業務が軌道に乗り、利益が生じるようになると、そのメリットは減少します。

3. 駐在員事務所

[駐在員事務所の活動範囲]

駐在員事務所とは、主として情報収集や宣伝等の活動を行うことを目的として登録される事務所をいいます。駐在員事務所は本店とフィリピンの顧客との連絡事務所として活動します。駐在員事務所の機能は限られており、一般的には以下の機能が認められます。

・親会社の製品及びサービスの情報宣伝と販売促進

・フィリピンでの市場調査の実施

・フィリピンにおける情報収集

・輸出製品の品質管理やアフターサービス

駐在員事務所はフィリピンで行う事業活動において所得を得ることは禁じられています。注文の勧誘や売買契約の締結も許されていないため、親会社は直接フィリピンの買い手に販売することとなります。

ただし、事務所の賃貸借や従業員の雇用といった、駐在員事務所の管理に関する事項については、契約を締結することができます。

また、駐在員事務所の利用方法で多いのが、製造業等の外国企業が現地の製造委託先企業の品質管理を行う場合です。ビジネス慣習の違いや技術的な問題によって委託先企業に対して品質管理を行う必要がある場合、駐在員事務所を設置して現地から直接納期の管理、技術的な助言、検品を行うケースがあります。このような駐在員事務所の利用方法も外国企業の中で一般的となっています。

[駐在員事務所の資金]

駐在員事務所はその運営において所得が発生しないため、本店からの送金によって活動経費が賄われます。駐在員事務所の必要経費を賄うための送金は随時行うことができますが、設立の要件として、設立時点で本店から3万USドル相当以上を送金しなければならず、この送金は証券取引委員会(SEC)への登録申請前に行う必要があります。

[税務申告]

駐在員事務所は、所得を得ることは禁止されていますが、銀行預金の利息などが収益として計上されることもあります。仮に収益がまったく発生しない場合でも、法人所得税の申告義務があるため注意が必要です。

また、駐在員事務所は売上をあげる活動が禁止されているため、駐在員事務所がそのような活動等を行っていると疑われる、もしくはそう判断された場合には、恒久的施設(PE: Permanent Establishment)とみなされ、みなし所得に対して課税される恐れがあります。

Ⅲ. 各種設立スケジュール及び必要資料

1. 現地法人の設立手続(現地側)

【フィリピン側手続】

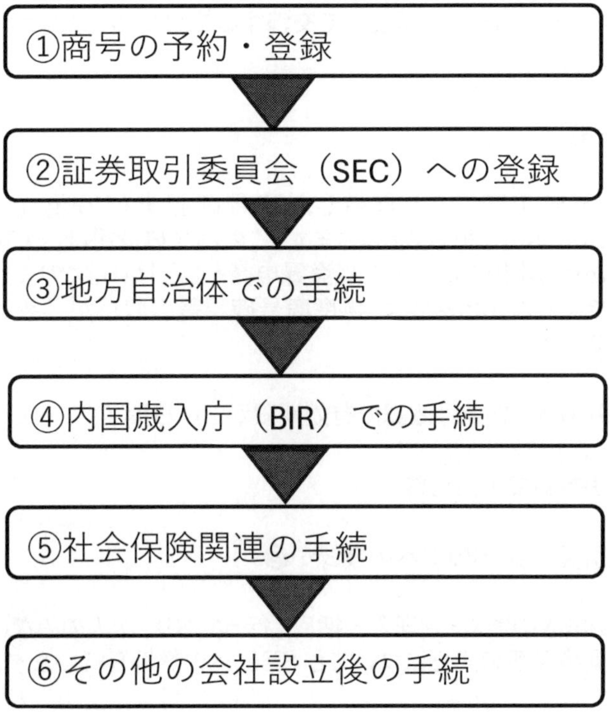

①商号の予約・登録

▼

②証券取引委員会(SEC)への登録

▼

③地方自治体での手続

▼

④内国歳入庁(BIR)での手続

▼

⑤社会保険関連の手続

▼

⑥その他の会社設立後の手続

■ 商号の予約・登録…❶

フィリピンにおいて、既に使用されている商号または類似する商号は使用することができないため、登記申請の前に SEC に希望する商号が使用できるかどうかの確認を行います。通常は、3つ程度の社名を準備し、使用許可申請を行い、申請した商号が承認された場合には、社名確認書が発行されます。現在は、オンラインにより商号の確認ができるシステムがあります。

チェックシステムの審査基準が厳格であるため、申請された商号が既に登録されている商号と少しでも類似していると判断された場合には申請が通りません。この場合、希望する商号が類似していないとの事由を記したアピールレターを SEC に提出して交渉することにより、承認されるケースもあります。

[商号確認書]

商号の予約手続により取得した商号確認書(Company name verification slip)が必要となります。この商号確認書は、以下の通り有効期限があり、期限内に SEC に登録申請をしなければなりません。有効期限が過ぎてしまった場合は、再度商号確認書の取得が必要となるため注意が必要です。

・ 手数料100ペソ: 商号確認の有効期限が 30 日間

※同様の手数料で延長可能

■証券取引委員会(SEC)への登録…❷

SEC が法人の監督・管理を一括して行っており、法人のみならず、支店及び駐在員事務所の設立についても SEC への登録を行います。

[年次報告書]

年次報告書(General Information Sheet)は、必ず指定されたフォームを使用しなければならず、SEC のウェブサイトからダウンロードすることができます。

内容は、会社名、会社住所、電話番号、資本金の額などの基本情報を記載します。日本における登記簿謄本と同じような機能を持っています。

[財務役宣誓書]

財務役に任命された者の宣誓書となります。具体的には、本人が財務役に任命された旨及び最低払込資本金が払込まれたことを証明する等の内容となります。また、フィリピンの公証役場において認証を受ける必要があります。

※従前は SEC 登録前に銀行で TITF 口座(仮口座)を開設し、払込資本金の振り込みを行い、払込証明書を取得しないと SEC 登録ができないルールになっていました。

これについて、2013 年下半期から SEC 本局での実務上の取扱が変わり、TITF 口座の開設及び払込証明書なしで SEC 登録が可能になっています。小売業や金融業など、業種によって TITF 口座の開設が必要な場合もあります。

■地方自治体での手続…❸

[バランガイ・クリアランス]

バランガイ(Barangay)とは、市よりも小さい最小単位の地方自治体のことを指します。子会社の所在地を管轄するバランガイからバランガイ・クリアランス(Barangay Clearance)という許可証を取得します。通常バランガイ事務所では、SEC 登録証書の提出を求められます。

[事業許可証取得]

子会社の所在地を管轄する市役所から事業許可証(Business permit)を取得しなければならず、以下の書類が必要となります。

・ バランガイ・クリアランス
・ 賃貸契約書
・ 所定の申請書
・ SEC 登録証書
・ 定款、附属定款

・ 申請手数料、地方事業税（地方事業税額は厳密には地方自治体により異なる。概ね、払込資本金の約 0.1%）

事業許可証申請時には通常、職員による査察が行われ、賃貸契約書の提出が求められます。更に、これに付随してオフィスの占有許可証（Occupancy Permit）の提出を要求されるケースがあります。こちらはビル単位ではなく、オフィス単位での提出となるため、貸主にあらかじめ許可を得ているかの確認をするのが望ましいといえます。

なお、登記住所を居住者用のコンドミニアム等に設定してしまい、商用の占有許可証を用意できなかったためにオフィス住所を変更したといったケースもあります※。賃貸されるスペースが商用か居住用かについては、注意が必要です。なお、製造業として登録を行う際には居住用や商用スペースでは事業許可証の取得ができないため、工業用スペースを登記住所として確保する必要があります。

※SEC 登録時には登録住所が商用スペースであるかどうかの確認は入らないため、この様なケースが発生したと考えられます。

［住民税納付証明書］

住民税納付証明書（Community Tax Certificate）は、会社の所在地を管轄する地方自治体にて納付、証明書を取得することになります。更新を毎年行わなければならず、バランガイ・クリアランスを取得する際にも必要となります。

■内国歳入庁(BIR)での手続…❹

[CORの取得]

会社の所在地を管轄する税務署(Revenue District Office)から、COR(Certificate of Registration)を取得します。申請時にはSEC登録証書の提示が求められるため準備が必要です。

[領収書等の印刷]

管轄税務署にて領収書等の印刷許可(Authority to Print)を取得し、税務署が認可を与えた特定の印刷所で印刷をします。また、2013年に発行されたRevenue Regulations No.18-2012により、請求書や領収書の他に、業種によっては納品受領証(Delivery Receipt)、注文書(Purchase Order)、受取票(Acknowledgement Receipt)といった事業に必要な書類(Commercial Invoices)についても税務署の印刷許可を受けて指定の印刷所で印刷を行うことが義務付けられています。

[印紙税の納付]

印紙税の納付期限は、株式を発行した月の翌月5日となっています。
印紙税は株式発行の際、引受資本額の0.5%が課されます。

■社会保険関連の手続…❺

従業員の雇用が発生した時点で、社会保障制度(SSS:Social Security System)、健康保険公社(PhilHealth:Philippine Health Insurance Corporation)、持家促進相互基金(HDMF:Home Development Mutual Fund)への登録を行い、毎月拠出金を納付します。これらの手続は、日本人駐在スタッフが現地で駐在を始める場合にも、雇用が発生したとみられ、手続を行う必要があります。

■その他の会社設立後の手続…❻

上記の他、会社設立後に、以下の手続が求められます。

- 設立から 30 日以内に SEC に株式及び株主台帳の登録
- 定時株主総会から 30 日以内に年次報告書(General Information Sheet)を SEC に提出
- 非上場会社は、会計年度終了日から 105 日以内に監査済財務諸表を BIR に提出
- 監査済財務諸表を SEC に提出(期限は SEC 登録番号の末尾の番号によって若干異なります。詳しくは SEC 登録書の裏面をご参照ください)
- 毎年 1 月 20 日までに地方自治体に地方税証明書(Community Tax Certificate)、バランガイ・クリアランス、事業許可証の更新
- 毎年 1 月 31 日までに BIR に Registration Fee(BIRform0605)の支払い

また、義務ではないものの、将来の配当や撤退時等にペソから外貨への両替が必要な場合には、資本金の送金から 1 年以内に中央銀行への登録が必要になります。この点、中央銀行の規則によると、居住法人の場合には中央銀行への登録がない場合でも 100 万 US ドルまでの外貨の購入が可能ということになっています。しかし、この外貨購入の上限金額は銀行の規則によって制限されているのが現状であるため、中央銀行への登録を行っておくことが望ましいです。

中央銀行への登録に必要な情報は以下の通りで、登録手続には通常 2 カ月程度かかります。

- 銀行で発行された運転資金送金証明書の原本(Original Certificate of Inward Remittance of Foreign Exchange issued by an Authorized Agent Bank)
- SEC 登録証のコピー(Copy of SEC Registration)
- 定款のコピー(Copy of Articles of Incorporation)
- 最新の年次報告書のコピー(Copy of latest General Information Sheet)

・ 支払済投資金額に関する宣誓証明書(Sworn Certification signed by the investee firm's authorized officer stating that the investment was funded by inward remittance)
・ 最新の監査済財務諸表のコピー(Copy of latest Audited Financial Statements showing the funding of investment was recorded as equity)

2. PEZA 登録手続

一定の要件を満たした IT 企業や製造業、物流業等はフィリピン経済特区(PEZA)に登録し、各種のインセンティブを受けることができます。ここではIT 企業と製造業、物流業の場合のPEZA 登録の概要を説明します。

■IT 企業

【IT 企業の PEZA 登録】

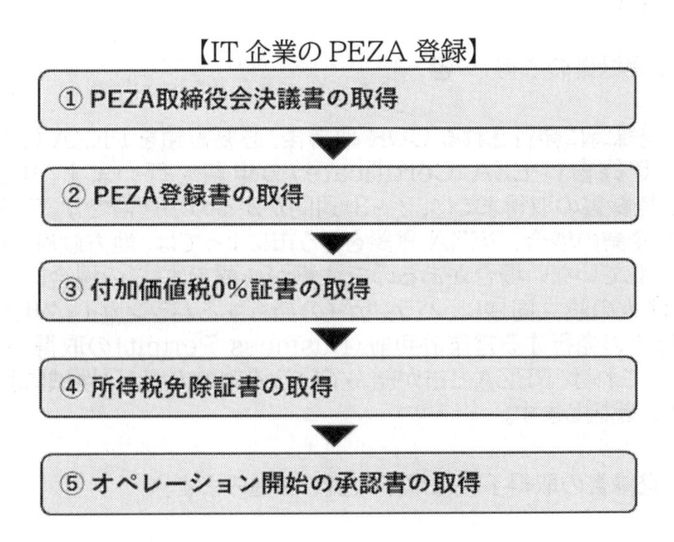

[PEZA 取締役会決議書の取得]…❶

SEC 登録前に必要書類を PEZA に提出し、月に 2 回行われる PEZA の取締役会の承認を受けて取締役会決議書を受領します。PEZA の取締役会の開催日から 1 週間程度で取締役会決議書が発行されます。

PEZA 取締役会決議書(Board of Resolution)を取得後に SEC 登録を進めるというのが望ましい手順です。なお、SEC 登録後に必要書類を提出し、取締役会決議書を受けることも可能ですが、この場合には、PEZA の判断によっては法人税免除のインセンティブを受けられなくなる(法人税免除ではなく、初めから 5%の総所得課税の対象になる)可能性があるので注意が必要です。

PEZA 取締役会決議書申請に必要な書類
・ 申請書(Application form)
・ 定款と附属定款の草案(Draft of Article of Incorporation and by-laws)

[PEZA 登録書の取得]…❷

BIR 登録時に発行される COR 取得後、必要書類を PEZA に提出し、PEZA 登録書(PEZA Certificate)の申請を行います。申請から PEZA 登録書の取得までに、2～3 週間かかるのが通常です。PEZA 登録の IT 企業の場合、PEZA 登録を行う市によっては、地方政府への登録を免除されていない場合があるので注意が必要です。この場合には、通常の現地法人の設立同様に、バランガイの発行するバランガイ・クリアランスや、市役所の発行する営業許可証(Business Permit)の取得が必要になります。これは、PEZA と市が結んでいる協約の内容が、地域によって異なることに起因します。

PEZA 登録書の取得手続は以下の流れで進みます。

・ PEZA 登録書の申請
・ 登録契約書(Registration Agreement)の発行
・ 登録契約書(Registration Agreement)への現地法人社長の署名

・PEZA登録書の発行
PEZ登録企業のインセンティブの一つであるPEZAビザは、PEZA登録書取得後に申請が可能となります。

PEZA登録書申請に必要な書類
・開発者からの認可書(Letter of No Objection from the Developer)
・賃貸人からの認可書(Letter of No Objection from the Lessor)
・賃貸借契約書(Lease Contract)
・公証済確約書(Notarized Undertaking)
・SEC登録書のコピー(Copy of SEC Registration)
・BIR登録書のコピー(Copy of BIR Registration)
・登録料支払の証明書(Proof of filing fee)

[付加価値税0%証書の取得]…❸

PEZA登録書の取得後に必要書類をPEZAに提出し、付加価値税0%証書(VAT Zero Rated Certificate)の申請を行います。申請から付加価値税0%証書の取得までに、1～2週間かかるのが通常です。なお、付加価値税0%証書取得後は、PEZA登録を行った事業活動の支出にかかる付加価値税は0%になります。

[所得税免除証書の取得]…❹

PEZA登録書取得後に必要書類をPEZAに提出し、所得税免除証書(Certificate of Income Tax Holiday)の申請を行います。申請から所得税免除証書の取得までに、1～2週間かかるのが通常です。なお、法人税免除証書の申請は、前述の付加価値税0%証書の申請と同時に進めることが可能です。

付加価値税0%証書と所得税免除証書申請に必要な書類
・申請書(Letter request)
・所得税免除証書と付加価値税0%証書申請書(Application form for ITH and VAT)

・PEZA 登録書のコピー（Copy of PEZA Certificate）
・登録同意書のコピー（Copy of Registration Agreement）
・委任状（SPA）

［オペレーション（営業）開始の承認書の取得］…❺

オペレーション開始直後に必要書類を PEZA に提出し、オペレーション開始の承認書（Notice of Approval of Start of Commercial Operation）の申請を行います。申請からオペレーション開始の承認書の取得までに 2 週間程度かかるのが通常です。申請の注意点として、オフィスの内装工事を行っている場合には、工事を行った内装業者を通じて PEZA から占有許可証（Occupancy Permit）を取得するまでオペレーション開始の承認書の申請ができないことが挙げられます。また、オペレーション開始の承認書の申請は、オペレーション開始後 7 日以内に行わなければならないので注意が必要です。

オペレーション開始の承認書申請に必要な書類
・オペレーション開始の宣誓供述書（Affidavit to Start Commercial Operation）
・オペレーション開始の申請書（Letter Request to Start Commercial Operation）
・事業にかかる最初の伝票のコピー（Copy of First Commercial Invoice）
・PEZA の月次報告書のコピー（可能であれば）（Copy of PEZA Monthly Reporting if available）
・占有許可証のコピー（Copy of Occupancy Permit）
・登録契約書のコピー（Copy Registration Agreement）
・PEZA 証明書のコピー（Copy of the PEZA Certificate）

3. 製造業

【製造業のPEZA登録とそれに関連するライセンスの取得手続】

① PEZA取締役会決議書の取得

▼

② PEZA登録書の取得

▼

③ 付加価値税0%証書の取得

▼

④ 所得税免除証書の取得

▼

⑤ 環境適合証明書（ECC）もしくはECCの対象外であることの証明書（CNC）の取得

▼

⑥ 輸出入ライセンスの取得

▼

⑦ ラグナ湖開発公社（LLDA）の認可取得
※ラグナ湖周辺の一定の地域における工場設立の場合のみ

▼

⑧ オペレーション開発の承認書の取得

[PEZA取締役会決議書の取得]…❶

IT企業のPEZA登録を参照ください。

[PEZA登録書の取得]…❷

BIR登録時に発行されるCOR取得後、必要書類をPEZAに提出し、PEZA登録書(PEZA Certificate)の申請を行います。通常、申請から

PEZA 登録書の取得までに、2～3 週間かかります。流れは以下の通りです。

・ PEZA 登録書の申請
・ 登録契約書(Registration Agreement)の発行
・ 登録契約書(Registration Agreement)への現地法人社長の署名
・ PEZA 登録書の発行

なお、PEZA 登録企業のインセンティブの一つである PEZA ビザは、PEZA 登録書の取得後に申請が可能となります。

PEZA 登録書申請に必要な書類

・ 開発者からの認可書(Letter of No Objection from the Developer)
・ 賃貸人からの認可書(Letter of No Objection from the Lessor)
・ 賃貸借契約書(Lease Contract)・公証済確約書(Notarized Undertaking)
・ SEC 登録書のコピー(Copy of SEC Registration)
・ BIR 登録書のコピー(Copy of BIR Registration)
・ 登録料支払の証明書(Proof of filing fee)
・ CNC あるいは ECC の申請料の支払い証明書(Proof of Filing with CNC or ECC)

[付加価値税 0%証書の取得]…❸

IT 企業の PEZA 登録を参照ください。

[所得税免除証書の取得]…❹

IT 企業の PEZA 登録を参照ください。

[環境適合証明書(ECC)、もしくはECCの非該当証明書(CNC)の取得]…❺

製造に使用する原材料の種類や量などによって、環境適合証明書(ECC:Environmental Compliance Certificate)の取得が必要か、ECCの非該当証明書(CNC:Certificate of Non-Coverage)で足りるのか、PEZAに判断されます。

ECC取得のプロセス
PEZAにおける手続
・ECC申請書(ドラフト)の作成
・PEZAへの書類提出、レビュー
・PEZAによる工場視察(実施の有無はPEZAの判断による)
・書類の修正、追加書類の作成、代表者のサイン取得
・PEZAにおける環境天然資源省(DENR:Department of Environment and Natural Resource)への承認書発行

DENRにおける手続
・DENRへの書類提出、申請料の支払い
・DENRにおける書類レビュー(必要に応じて修正)
・DENRによる覚書(Memorandum of Agreement)の発行
・覚書(Memorandum of Agreement)への代表者のサイン取得、提出
・ECCの発行

ECC申請に必要な書類
・ECC申請書(Letter of request to DENR-EMB stating desire to receive ECC)
・事業説明(原材料、製造過程あるいは製造技術で使用する機器について記載する必要有)(Project Description, indicating raw materials to be used and process or manufacturing technology to be implemented)
・推定事業規模(事業と製造物の種類と大きさの記載をする必要有)(Estimated project capacity, type and volume of products and discharges)

- 提案事業に必要な資金所有の証明書(Proof of possession of necessary capital for proposed project)
- 事業地域の周辺地図(Location map of project area)
- 労働力需要(Manpower requirements)
- 事業提案書(Project Description)
- 事業構成図(Project Component)
- 環境への影響マネジメント計画書(Environmental Impact and Management Plan)
- 廃棄物計画書(Abandonment Plan)
- 地勢情報書(Topographic Location)
- 工場(予定地)の写真(Geotagged Photos)
- 敷地開発計画図面(A3 サイズ)(Site Development Plan in A3 format)
- 工場平面図(A3 サイズ)(Factory Floor Plan in A3 format)
- 上下水道計画図面(A3 サイズ)(Water or Sewer Plan in A3 format)
- 大気汚染防止計画図面(A3 サイズ)(Air Pollution Plan in A3 format)
- 組織図(Organizational Chart)
- 賃貸契約書(Contract of Lease)
- 事業環境モニタリング検査計画(PEMAPS)
- 支払申請書(Payment Form)
- 陳述証明書(Sworn Statement)
- PEZA 登録書のコピー(Copy of PEZA Certificate)
- SEC 登録書、定款、附属定款のコピー(Copy of SEC Certificate with Articles and By-laws)

CNC 取得のプロセス
- 必要書類の作成
- 環境管理局(EMB)のウェブサイトにおけるアカウントの作成
- 作成したアカウントへの申請に必要な書類のアップデート
- 環境管理局からアセスメントの取得、指定銀行でのアセスメントの支払い
- CNC ドラフト証書の発行(メールでの送付)
- CNC ドラフト証書への代表者のサイン取得、サイン証書の提出
- CNC 証書の発行

CNC 申請に必要な書類
- 事業実績書(Project Fact Sheet)
- 環境への影響マネジメント計画書(Duly filled out Environmental Impact and Management Plan)
- 廃棄過程の説明書(Abandonment Process)
- 開発敷地計画書のコピー(Copy of Site Development Plan)
- 賃貸契約書のコピー(Copy of Lease Agreement)
- PEZA 登録書のコピー(Copy of PEZA Registration)
- SEC 登録書のコピー(Copy of SEC Certificate)

[輸出入ライセンスの取得]…❻

製造に必要な原材料や機械等の輸入、及び製造した製品を輸出するためには輸出入ライセンスを取得する必要があります。輸出入ライセンスの取得について、PEZA 企業は BIR から輸入業者証明(ICC: Importer Clearance Certificate)の取得を免除されており、Non PEZA 企業より取得プロセスの点で優遇されていると言えます。以下、PEZA 登録企業が輸出入ライセンスを取得する場合のプロセスになります。

輸出入ライセンス取得のプロセス認可を受けている付加価値通信事業者(Value-added Service Provider)の顧客プロフィール登録システム(CPRS: Client profile registration system)上の手続
- 必要書類の作成
- CPRS への書類提出、確認メールの受信

税関における手続
- 申請料(Filing Fee)の支払い
- 税関の証明書(Bureau of Customs Certificate)の発行

PEZA における手続
- 申請書類及び Annex A~E 等の提出
- 提出書類への承認の受領
- 付加価値通信事業者からのパスワード受信、CPRS の有効化

輸出入ライセンス申請に必要な書類

- E-konek あるいは Inter Commerce への登録申請書(E-konek or Inter Commerce Application Form)
- BIR 登録書のコピー(Copy of Certificate of Registration in BIR)
- PEZA 登録書のコピー(Copy of the PEZA Certificate)
- PEZA 指定の輸出入登録申請書(AEDS(export) and IEDS(import) Application Form of PEZA)
- 附属添付書類 A:PEZA 地域マネージャーへの申請書(Annex A: Letter Request to Zone Manager)
- 附属添付書類 B:指定の申請書(Annex B: Proforma Application Letter)
- 附属添付書類 C:代理署名者の指定書(Annex C: Designation of Alternate Signatory)
- 附属添付書類 D:規制外輸出入品目リスト(Annex D: List of Unregulated Importables (for import) and Exportables for Export)
- 附属添付書類 E:輸出入品目リストの証明書(Annex E: Certification of the List if Importables (import) and Exportables (Export))
- 輸出入品目リスト(HS コード、量、種類を記載する必要有)(List of Importable and exportable with necessary HS Code, quantity and description)

[ラグナ湖開発公社(LLDA)の認可]…❼

マニラ南東に広がるラグナ湖周辺の地域で工場を設立する場合には、前述の ECC(もしくは CNC)の他にラグナ湖開発公社(LLDA: Laguna Lake Development Authority)から認可(Clearance; 通称 LLDA クリランス)を取得する必要があります。この LLDA クリアランスの取得が必要かどうかは、工場を設立する工業団地もしくは PEZA の担当部署に確認することが望ましいです。

LLDA クリランス取得のプロセス PEZA における手続

・LLDA 申請書類(ドラフト)の作成
・PEZA への書類提出
・PEZA による書類レビュー①
・PEZA による工場視察(実施の有無は PEZA の担当官の判断による)
・書類の修正、代表者のサイン取得
・PEZA による書類レビュー②
・PEZA への書類提出、Filing fee の支払い
・PEZA における LLDA への承認書発行

LLDA における手続
・LLDA への申請書、PEZA 承認書、ECC もしくは CNC の提出
・手数料額の決定、手数料の支払
・書類のレビュー(必要に応じて修正)
・LLDA クリアランスの発行

LLDA クリランス申請に必要な書類
・公証済の申請書(Duly accomplished and notarized Application Form)
・事業説明書(Duly accomplished Project Description)
・ECC ないし CNC のコピー(Copy of ECC or CNC, whichever is applicable)
・定款、附属定款(SEC-approved Articles of Incorporation)
・環境への影響計画書(Duly filled out Environmental Impact Plan)
・廃棄計画書(Abandonment Process)
・敷地開発計画図面(A3 サイズ)(Original Site development plan in A3 size)
・工場平面図(A3 サイズ)(Original Floor Plan in A3 size)
・大気汚染防止計画図面(A3 サイズ)(Original Air Pollution Control A3 size)

[オペレーション開始の承認書の取得]…❽

IT 企業の PEZA 登録を参照ください。

4. 物流業

【物流業のPEZA登録とそれに関連するライセンスの取得手続】

① PEZA取締役会決議書の取得

▼

② PEZA登録書の取得

▼

③ 付加価値税0%証書の取得

▼

④ ECCの対象外であることの証明書（CNC）の取得
※特殊な薬品等を取り扱う場合には環境適合証明書の取得が必要になる

▼

⑤ 輸出入ライセンスの取得

▼

⑥ オペレーション開発の承認書の取得

[PEZA取締役会決議書の取得]…❶

IT企業のPEZA登録を参照ください。

[PEZA登録書の取得]…❷

IT企業のPEZA登録を参照ください。

[付加価値税0%証書の取得]…❸

IT企業のPEZA登録を参照ください。

[環境適合証明書取得の対象外であることの証明書の取得]…❹

製造業の製造に必要な原材料の輸入等を扱う PEZA 物流業の場合、基本的には CNC の取得で足ります。しかし、特殊な薬品など取り扱う原材料の種類や量によっては、PEZA の判断によって ECC の取得が必要になることもあります。なお、ECC や CNC の取得プロセスは PEZA 登録の製造業の場合と同様です。

[輸出入ライセンスの取得]…❺

PEZA 製造業と同様に、PEZA 物流業の会社が原材料や機械の輸入、輸出をするためには輸出入ライセンスを取得する必要があります。輸出入ライセンスの取得について、PEZA 企業は BIR から ICC の取得を免除されており、Non-PEZA 企業より取得プロセスの点で優遇されていると言えます。輸出入ライセンスの取得手続は PEZA 登録の製造業とほぼ同じですが、PEZA における手続中に「全主要顧客のための BIR における税務調査の通知書(LOA: Letter of Authority)」取得が必要になる点が異なっています。

[オペレーション開始の承認書の取得]…❻

IT 企業の PEZA 登録を参照ください。

Ⅳ. 外資規制

フィリピンでは、さまざまな産業において外国投資家からの投資が歓迎されていますが、国内産業の保護を目的として、特定の業種に対する外国投資には規制があります。事前にこれらについて把握するために、どの法律を参照すれば良いのかを知っておく必要があります。 ここでは、外資政策の基本となる法律と、投資規制、優遇政策との関係を整理します。外資政策の基本となる法律は次の 3 つです。

❶1987 年オムニバス投資法

1987 年オムニバス投資法(The Omnibus Investment Code of 1987)は、優遇措置を伴う投資に関する法律です。

❷1991 年外国投資法

1991 年外国投資法(The Foreign Investment Act of 1991)は、オムニバス投資法に定められていた「優遇措置を伴わない投資」の規定に代わり制定されたもので、優遇措置を伴わない外国投資に関する基本的な法律となっています。

※小売業→小売自由化法案や、物流→公共サービス法など、業種ごとに独自に設定されている法律もあるので注意。

❸1995 年特別経済区法

1995 年特別経済区法(The Special Economic Zone Act of 1995)は、輸出加工区及び特別経済区(Special Economic Zones)に関する総括的な法律であり、特区内に進出する企業に対して優遇措置を付与しています。

優遇措置を受けることができるかどうかは、大きく 2 つの検討事項があります。一つは業種です。これは❶、❷の法律を基に検討します。もう一つは、地域別での優遇です。これは❸を参照します。

まず、業種での優遇政策は、「1987 年オムニバス投資法」を参照し、自社が投資しようとするビジネスが優遇を享受できるかどうかを検討します。

担当政府機関は投資委員会（BOI: Board of Investments）です。BOI が同法に基づいて、投資優先計画（IPP: Investment Priority Plan）を発表しています。この IPP の対象業種に投資する企業には法人税減免などの優遇政策が与えられます。これに該当する場合は、BOI へ投資申請を行うこととなります。

1. 投資規制

1991 年外国投資法（共和国法 7042 号、1996 年改正）に基づいて定期的に更新される「外国投資ネガティブリスト（Foreign Investment Negative List）」によって、外国投資規制分野が規定されます。2022 年 7 月に改訂された第 12 次ネガティブリストが最新版となっています（2023 年 10 月現在）。2018 年 11 月に公表された第 11 次ネガティブリストから約 3 年半ぶりの改定が行われています。

1991 年外国投資法は、アキノ政権下に制定され、1996 年にラモス政権下で改正されました。この法律は、1987 年オムニバス投資法の「奨励措置が適用されない外国投資」を改正したものです。

■禁止分野

以下の業種に該当する場合、外国投資家の参入や外国人の就業が認められていません。

(1) インターネットビジネス及びレコーディングを除くマスメディア
(2) 専門職

・ 放射線・レントゲン技師
・ 犯罪捜査
・ 弁護士
・ 外国人教師(高等教育を除く)
(3)払込資本金が 2500 万ペソ未満の小売業
(4)協同組合
(5)民間警備保障会社
(6)小規模鉱業
(7)群島内・領海内・排他的経済海域内の海洋資源の利用、河川・湖・湾・潟での天然資源の小規模利用
(8)闘鶏場の所有、運営、経営
(9)核兵器の製造、修理、貯蔵、流通
(10)生物・化学・放射線兵器の製造、修理、貯蔵、流通
(11)爆竹その他花火製品の製造

出所:JETRO(『第 12 次外国投資ネガティブリスト』より抜粋)

2. 出資比率による規制

ネガティブリストでは、業種ごとに外国資本の出資比率上限を定めています。ネガティブリストは、リスト A とリスト B に分類されており、リスト A は、「憲法及び法律の定めにより投資が規制される分野」、リストBは「安全保障、防衛、公衆衛生及び公序良俗に対する脅威、中小企業の保護を理由に投資が規制される分野」が記載されています。

リスト A は外資出資比率上限が、25%以下、30%以下、40%以下に分類して規定しています。

2022 年 7 月には約 4 年ぶりに第 12 次ネガティブリストが発行され、更なる投資規制の緩和が進みました。この背景には公共サービス法、小売化自由化法、外国投資法が改正されたことにあります。

【第 12 次ネガティブリスト】

(1) 相互主義を条件として、初等・中等レベルの教育を含む、専門家による指導が認められる。また、専門課程の教育に関する除外規定が削除されたため、現行の法律および規制に従う限り、外国人が

専門課程を教えることが出来るようになった（政府委員会または司法試験も含む）。

（2） 小売企業への外資導入に必要な資本金の要件が引き下げられ、払込資本金が 25,000,000 ペソ以上となった(Republic Act No.1195, Republic Act No.8762; Retail Trade Liberalization Act of 2000)

（3） 一般的に、協同組合では外国人の出資は認められないが、フィリピン出生者による出資は認められるようになった。

（4） Republic Act No.9184(Government Procurement Reform Act)施行規則に基づくインフラプロジェクトの調達(外国投資上限 40%)

（5） 公益事業の運営には、従来通り外国人持ち分の 40%制限があるものの、公共サービス法の改正に伴い、公益事業とみなされる事業が以下のように再定義され、範囲が限定された。
- 配電
- 送電
- 石油・石油製品パイプライン輸送システム
- 上下水道設備および下水道設備
- 海港
- 公共交通機関

（6） 国防省の許可を必要とする製品の製造、修理、保管、および流通は、100%の外国投資が認められるようになった。

（7） 最低資本金 20 万米ドル以下の国内市場向け零細・中小企業(外国投資上限 40%)ただし、以下の要件に該当し、払込資本金が10 万米ドル以上であれば、100%の外国投資が認められる。
- 科学技術省(Department of Science and Technology 以下、「DOST」)が定める先端技術に重視するもの
- 主催機関である貿易産業省、情報通信技術省、DOST が革新的新興企業法に基づき、新興企業または新興企業を支援する企業として承認された企業
- 直接雇用の従業員の過半数がフィリピン人であり、かつ 15 人未満を下回らないこと

(8)　相互主義を前提に外国人がフィリピンで開業できる専門職として、以下のものが追加された。

・犯罪学
・食品技術
・海洋甲板工学
・専門教育
・放射線およびレントゲン
・音声言語病理学

(9)　企業による専門職の外資規制は建築専門職のみとなった。

リストＡ

＜外資保有不可＞

・レコーディングおよびインターネット事業を除くマスメディア
・法が特に定めた場合に所定の条件に従って行う場合を除く、専門職の実践。第 12 次外国投資ネガティブリスト別紙には以下の職業が定められています。
  (a)外国人がフィリピンで開業することが許されない職業(ただし、関連する法律に規定された相互主義の対象となる場合を除く)。
  (b)関連する法律により外国出資が制限されている専門職の企業における実践。
・協同組合(フィリピン出生者の投資を除く)
・私立探偵、監視人、警備員事務所の組織・運営
・小規模採掘
・群島水域、領海、排他的経済水域における海洋資源の利用、および河川、湖沼、湾、潟湖における天然資源の小規模な利用
・コックピットの所有、運用、管理
・核兵器の製造、修理、備蓄および配布
・生物、化学、放射兵器および対人地雷の製造、修理、備蓄、流通
・爆竹およびその他の火工品の製造

＜上限 25％＞

・雇用斡旋(国内、国外雇用を問わない)
・防衛関連施設の建設

＜上限30%＞
・ 広告業

＜上限40%＞
・ 天然資源の探査、開発、利用
・ 土地の所有（フィリピン出身者で契約能力のあるものを除く）
・ 公共事業の運営
  (a) 配電
  (b) 送電
  (c) 石油、石油製品パイプライン輸送システム
  (d) 上下水道設備および下水道設備
  (e) 海港
  (f) 公共交通機関
・ 教育機関（宗教団体や宣教師会外国人外交官とその扶養家族、その他の外国人一時住居者、またはBatas Pambansa No.232第20条で定義された正式な教育システムの一部を形成しない短期的な高度技術開発のために設立されたものを除く）。
・ 米及びとうもろこしの栽培、生産、精米、加工、小売を除く取引、並びに米及びとうもろこし、その副産物の物々交換、購入またはその他の方法による取得（売却期間中におけるものを除く）。
・ 政府関係法人、会社、機関または地方公共団体への材料、商品および商品の供給に関する契約
・ 深海商業漁船の運航
・ マンション住戸の所有権
・ 民間無線通信網

リストB

＜上限40%＞
・ フィリピン国家警察（PNP）の許可を要する品目の製造、修理、保管、流通
  ・ 銃器（拳銃から散弾銃まで）、銃器の部品およびその弾薬、銃器の製造に使用される、または使用することを意図した器具または装置

・火薬
・ダイナマイト
・爆発物
・火薬の製造に使用される成分(例:カリウム、ナトリウムの塩素酸塩、アンモニウム、ナトリウム、バリウム、銅、鉛、カルシウム、亜銅酸塩の硝酸塩、硝酸、ニトロセルロースなど
・伸縮式照準器、スナイパースコープ、その他これらに類する装置
(注:上記の品目の製造または修理は、生産量の
うちフィリピン国家警察長官が定める割合が輸出されることが外資保有の許可条件とされる。)

・危険薬物の製造、流通
・サウナ、スチームバス、マッサージクリニック、その他公衆衛生や風紀に危険を及ぼすとして法律で規制されている類似の行為(ウェルネスセンターを除く)。ただし、以下の要件に該当し、払込資本金が 10 万 US ドル以上であれば、100%の外国投資が認められる。
(i)DOST が定める先端技術を伴うもの
(ii)革新的新興企業法に基づき、主管庁である貿易産業省、情報通信技術省、DOST から新興企業または新興企業を支援する企業として承認されたもの
(iii)直接雇用の従業員の過半数がフィリピン人であり、かつ 15 人未満を下回らないこと

3. アンチダミー法による規制

1936 年に承認された共和国法(C.A108: Commonwealth Act No.108)では、規制業種における、役員の外国人占有比率を、資本規制比率に準じて取扱わなければならない旨が規定されています。ネガティブリストによって、外国資本の出資比率が規制されている場合には、役員の構成でも外国人比率を規制割合以下にする必要があります。

4. 資本金規制

銀行や金融業など、一定の業種は、最低資本金の規制が定められています。

[銀行]
・ ユニバーサルバンク:54 億ペソ
・ 商業銀行:28 億ペソ
・ 貯蓄銀行
  a.本店がマニラ首都圏内:4 億ペソ
  b.本店がマニラ首都圏外:6,400 万ペソ
・ 地方銀行(本店の所在地による):320 万～3,200 万ペソ

[小売業]
2021 年の小売業自由化法の改定により最低資本規定の 250 万 US ドル(約 37.5 億円)が 2,500 万ペソ(約 6,600 万円)に、1店舗あたりの最低投資額も 83 万 US ドルから 1,000 万ペソに引き下げされました。

ネガティブリストにより、払込資本金 250 万 US ドル以下の小売業に対する外国投資は禁止されています。従って、外貨が 1 株でも入る場合、払込資本金が 2,500 万ペソ以上必要になります。その他にも、一店舗あたりの投資は 83 万 US ドル以上必要であることや、高級品もしくは贅沢品に特化した企業の場合には、一店舗あたりの払込資本金は 25 万 US ドル以上必要になります。

その他、業種を問わず、「払込資本金 20 万 US ドル以下の国内市場向け企業」は、ネガティブリストによって、外資の資本比率が 40% 以下に制限されており、最低資本金の規制が加わります。要約すると以下の 3 つに分類されます。

外資が 40%以下の場合
この場合、最低資本金の規制はありません。

外資が 40%超の出資の場合
ネガティブリストに従い、原則として 2500 万ペソが最低資本金となりますが、以下のいずれかに該当する場合は、10 万 US ドルが最低資本金となります。
・ 現地人を 50 名以上直接雇用する場合
・ 先端技術を有する場合

輸出向けに事業を行う会社の場合

主に輸出向けに事業を行う会社の場合、当該最低資本金規制は適用されません。輸出向けに事業を行う会社とは、以下の会社を指します。
・ 製造業で、生産量の 60%以上を輸出する場合
・ 貿易業で、フィリピン国内での購入量の 60%以上を輸出する場合

5. 土地所有規制

ネガティブリストの規制により、外国資本 40%超の会社は、土地を取得することができません。そのため、工場用に土地を利用する場合は、土地の所有者からリースを行うことになります。リース期間は最長 50 年ですが、更新することが可能です。

また、リース以外に、フィリピン人パートナー(弁護士など)と外資40%以下の会社を設立して、土地を取得する方法もあります。

6. 外国為替管理規制

フィリピンの外国為替管理制度は、フィリピン中央銀行(BSP)が管轄し、為替規制は BSP の通貨理事会(Monetary Board)の政策によって決定されます。1992 年に外貨集中義務が撤廃されて、外貨の売買がほぼ自由化されました。しかしながら、貿易取引対価以外の外貨取引については、中央銀行による規制が残っています。中央銀行は、「外国為替売却を一時的に停止、または制限すること」、「居住者またはフィリピンで営業する企業が取得するあらゆる外貨為替を、中央銀行が指定する銀行・代理人に引き渡す」、という制限を課すことができます。

[貿易取引]

輸出にかかわる外貨受取は、中央銀行の定める通貨(USドルなど)で行われなければなりません。信用状に基づく取引など、一定の条件を満たす輸出入決済のための外貨交換については、中央銀行の事前承認なく商業銀行が自由に行うことができます。

[資本取引]

外国投資家が資本、または、資本から発生した配当や利益、収益金について送金を行うために、銀行を通じて外貨を購入する場合、外国投資を中央銀行に事前に登録する必要があります。

登録された外国投資は、登録済外国企業の資本の本国送金または利益の送金は、現行規則で指定された手続及びその他の条件に従って、中央銀行に事前に承認を受けることなく、商業銀行で行うことができます。

[借入]

現地での借入

外資 40%超の会社は土地の所有が認められていないため、土地を担保にすることができません。この場合、親会社の保証を担保にすることになります。また、長期借入については、まだ整備されていないため、ペソ建で長期借入を行うことは現状難しいと考えられます。

外貨借入

原則として、外貨建の借入は中央銀行の許可が必要となります。将来の元利金の支払を外貨建で行う場合には、借入の実行前に中央銀行への届出が必要となります。

V. 投資インセンティブ

1987 年オムニバス投資法(共和国法 226 号)は、アキノ政権下の1987 年に制定されました。国内外問わず、投資優先計画(IPP)に記載された投資について、投資委員会(BOI)に申請、登録すれば優遇置の適用を受けることができます。

1. 投資優先計画に基づく業種別優遇政策

2022年度IPPでは、大きく3つのカテゴリに分けられ全20種類を優先投資分野として指定しており、これらに該当していれば優遇対象となります。

カテゴリ1(ティア1)
2020年のIPPに記載されたすべての活動

(1) 新型コロナウイルスのパンデミック対策に関連するすべての適格な事業

(2) 密集した都市部以外での雇用機会を創出するプログラムを支援する活動への投資

(3) 基準を満たすすべての製造業(農産物加工を含む。ただし、近代化プロジェクトを除き、メトロマニラ外のプロジェクトのみ対象)

a. 工業品の製造または農産物および水産物の加工(ハラルフードおよびコーシャフードを含む)による、[1]半製品/中間品、または[2]完成品もしくは消費財の生産
b. プレハブ住宅用部品、機械および部品を含む装置の製造航空宇宙部品

(4) 農業、漁業および林業(ただし、農業に関する近代化プロジェクトを除き、メトロマニラ外のプロジェクトのみ対象)

(5) 戦略的サービス業
a. 集積回路設計
b. クリエイティブ業界／ナレッジベースサービス
c. 航空機の保守、修理および整備
d. 代替エネルギー自動車用チャージ／燃料補給ステーション
e. 産業廃棄物対応
f. 電気通信事業(ただし、新規参入者のみ対象)
g. 最先端工学、調達および建設

(6) ヘルスケア及び災害リスク軽減管理サービス

(7) 集合住宅(ただし、賃貸用の低コスト都市住宅を除き、メトロマニラ外のプロジェクトのみ対象)

(8) インフラストラクチャーおよび物流(LGU-PPP を含む)

(9) イノベーション・ドライバー

(10) インクルーシブ・ビジネス(IB)モデル

(11) 環境または気候変動関連プロジェクト

(12) エネルギー

カテゴリ2(ティア2)
国内の産業バリューチェーンにおけるギャップを埋める活動

(13) 電気自動車の組立、部品製造などを含むグリーン・エコシステム

(14) 保健省などが定める健康プログラムを支援する製造や医薬品などを含むヘルスケア関連活動

(15) 国防庁が認める防衛関連活動

（16）鉄鋼、繊維、化学、グリーンメタル加工を含む産業バリューチェーンギャップ

（17）農業省などが承認する、有機農家を支援する食品生産・加工活動などの食料安全保障関連活動

カテゴリ3（ティア3）
経済の改革を促進する活動

（18）ロボット工学や人工知能を含む先進デジタル生産技術
（19）高度な技術を要する革新的製品・サービスの製造、生産
（20）研究開発ハブ、科学技術パークなどを含むイノベーション支援施設の設立

上記、優遇政策に該当しない場合に残る選択肢は、優遇措置を伴わない外国投資か、投資禁止業種に該当するかの 2 択です。これを把握するために、「1991 年外国投資法」のネガティブリストを参照します。ネガティブリストには、業種ごとに出資比率が決められています。なお、このネガティブリストに該当していなくても、取得するライセンスの発行機関の規定で 100％の外国投資が認められない場合もあるため注意が必要です。

2. 税制面の優遇措置

BOIに投資申請を行い、許可を受けた場合には、以下のような税制面の優遇措置を受けることができます。
・法人税の免除
　a. パイオニア企業※：6 年
　b. 非パイオニア企業：4 年
　　（a,b 共に特定条件下で対象期間を合計 7 年まで延長可能）
　c. 拡張投資：3 年（拡大規模に比例した分についてのみに限定）
　d. 5 年間、資本設備や予備部品に係る輸入関税の免除
　　（大統領令 70 号）
　e. 埠頭税、輸出税、課徴金などの免除

f. 国内諸税相当額の免除(輸出製品およびその構成部品の製造、加工または生産に使われる原材料、供給品、半製品に限る)
g. 国産繁殖用家畜および遺伝学的材料に対する関税を含む税額控除、または免税輸入
(ただし、登録日から10年間を限度とする)

※パイオニア企業とは、以下の要件を満たす企業をいい、それ以外の企業を非パイオニア企業といいます

・ フィリピンにおいて商業規模で生産されたことのない財または原材料の生産に従事している企業

・ フィリピンにおいて商品生産に実績がなく、試されたことのない新規の設計、製法または工程の利用を行っている企業

・ 石炭などの伝統的資源を利用していない、もしくは非伝統的資源の生産やそれらを利用する設備の製造に従事している企業

・ 非在来燃料の生産またはそれらを燃料として利用する設備の製造を行っている企業

・ 非在来型資源の生産、それらの燃料への転換または利用している企業

・ 農業、林業、鉱業に従事するないしそれらに関するサービス業に従事する企業

3. その他の優遇措置

上記以外にも、外国人の雇用や通関手続の簡略化というように、さまざまな優遇措置があります。
・ 外国人の雇用(登録日から 5 年間(延長可能)、登録企業は統括監督者・技術者・顧問職に外国人を登用できる)
・ 通関手続の簡略化

・ 労務費に関する課税所得からの追加控除(登録から 5 年間の間、資本設備額に対する労働者数比率＞BOI の定める所定の比率、の場合。直接労働の増加に対応する労務費の 50%を追加控除)
・ 委託生産設備の無期限の使用
・ 保税工場・保税倉庫を利用する特権

4. 形態別の優遇措置

■地域統括本部、地域経営統括本部に対する優遇措置

1987 年オムニバス投資法の定めに従い、地域統括会社(RHQ: Regional Headquarters)または地域経営統括会社(ROHQ: Regional Operating Headquarters)として登録している企業は、後述のインセンティブを受けることができます。

RHQ は、アジア太平洋地域における支店や関連会社の監督や調整業務を行います。フィリピン国内での事業活動を源泉とした収益を計上することはできず、フィリピン国内に子会社や支店を有している場合であっても、経営に直接参加することができません。

一方 ROHQ は、フィリピンまたはアジア太平洋において、他の支店、子会社に対して総務／企画、事業計画・調整、財務助言サービス、原材料及びコンポーネントの調達、販売の管理／促進、訓練／人事、物流業務、研究開発／製品開発、技術サポート／メンテナンス、データ処理・通信、事業開発といったサービスを提供する事業拠点です。RHQ とは異なり、フィリピン国内での事業活動を源泉として収益をあげることができます。

要件を簡略化すると次のようになります。
・ RHQ の活動は、地域内の統括・連絡・調整センターとしての役割に限定される
・ ROHQ は、フィリピン国内での事業活動を源泉として収益をあげることができる
・ RHQ は、フィリピン国内の子会社や支店の経営に参加すること、あるいは、本店、支店、関連会社、子会社または他の会社に代わって商品及びサービスの販売を行うことができない

・ RHQを開設する多国籍企業は、フィリピン国内における活動を行うのに必要な金額を、フィリピンに送金することを義務付けられ、その最低金額は、年間5万USドルまたはこれに相当する外貨金額であることが要件である。ROHQについては、20万USドルを一括送金する必要がある

RHQ又はROHQについては、主に税金面の優遇措置が与えられます。

<table>
<tr><th></th><th>RHQ</th><th>ROHQ</th></tr>
<tr><td rowspan="2">減免措置</td><td>・売上、品物や財産のリース、サービスの付与に関しては、付加価値税が免除</td><td>・法人所得税が10%となる >>
2022年1月から通常の25%が適用
・付加価値税税率が10%となる >>
通常の12%が適用</td></tr>
<tr><td colspan="2">・地方税及び手数料が免除される。
・研修や会議に使用する備品の輸入は免税となる
(ただし、備品は国内で調達できないものに限り、
税金や関税の支払いを受けてから2年以内は処理できない。
2年以内で処理した場合は、税金・関税の支払い対象となる)</td></tr>
</table>

また、適用を受けたRHQ、ROHQで雇用される駐在員に対しても、減免措置やビザ取得の便宜の優遇措置が適用されます。

[ビザ]

RHQ及びRHOQに所属する駐在員及びその同伴者・未婚の子女(21歳未満)は有効期間3年のビザが発給されます。(なお、申請すれば追加で3年の延長が可能となる)

[減免措置]

外国人駐在員の個人使用による所持品及び家財が免税輸入となり、また、職員やその扶養家族の旅行税については減免されます。

以前はRHQ及びROHQに所属する駐在員の個人所得税は一律15%と優遇措置が取られていましたが、税制改正法案（共和国法第10963号）により、2018年1月1日よりRHQ及びROHQにおける個人所得税の優遇措置が撤廃されました。以後は一般の駐在員同様、累進課税制により、個人所得税（0%～35%）が適用されます。

5. 特別経済区に付与される投資インセンティブ

1995年特別経済区法（共和国法7916号）に基づき、フィリピン経済区庁（PEZA：Philippine Economic Zone Authority）は、都市部以外の特定の地域に外国投資を誘致するために輸出加工区（エコゾーン）を設置しています。輸出型製造業やサービス供給者に対して投資の促進・サポートをすることで事業運営の簡易化を図っています。PEZA法に基づき、特定の地域に設置された外国企業は、優遇措置を受けることができます。

なお、本法が成立する前から、1987 年オムニバス投資法に基づく優遇措置が付与されていますが、本法の成立により、特別経済区で事業を行う企業に対しては、既存の優遇措置に加え、以下の優遇措置が付与されます。

【PEZA 登録・インセンティブを受けられる対象企業】

	対象企業	概要
❶	輸出製造業	・生産品の少なくとも 70%の輸出を伴う製造・組立・加工活動を行う輸出製造業であることが求められる ・「製造」とは、原材料あるいは半製品が物質的・機械的・電気磁気的もしくは 科学的特定の変化によって新製品に変換されるプロセスを意味している ・「組立」とは、準完成品や原材料をその物質的・機械的・電気磁気的もしくは科学的特性を 本質的に変更せずに、個別の製品を形成するために組み立てられるプロセスを意味している
❷	IT サービス業	・総収益の 70%が海外顧客先から得られる IT サービス活動（付加価値のために IT ソフトウェアあるいはシステムの使用を伴う活動） ・インセンティブの資格を有する IT サービス活動の中には、次のものがある。 BPO ビジネス・コールセンター・ソフトウェア開発・オンライン英会話といった IT 利用サービス輸出型企業
❸	観光業	・スポーツ、レクリエーションセンター、宿泊施設、会議、文化施設の PEZA 観光特別経済特区、及び主要な来賓としての外国人観光客とそれら特別利益団体の誘致活動・施設
❹	医療観光業	・主要な来賓としての海外の患者と保険局により推奨された医療サービス
❺	農業輸出 製造業	・その生産品の輸出における農産物の加工・製造 ・「加工」とは、原料の状態から機械・科学工程を通して物質的・化学変化を起こした中間物あるいは 最終生産品の状態に農産物及び水産物を転化することをいう

❻	農業バイオ燃料製造業	・バイオ燃料などのクリーンエネルギーの生産における専門的な農作物の製造・最終的な商用処理
❼	運送または倉庫業	・PEZA に登録された特別経済区の輸出製造業で保管・保護されている倉庫施設の運営 ・PEZA 認定の輸出製造企業への販売、もしくは、PEZA 認定の輸出企業への積送品や直接輸出するための商標の貼り付けを含む梱包作業や再販売に係る原材料、仕掛品の現地調達や輸入を行う業務。 なお、適格企業は特別刑事物流サービス企業として登録されなければならない
❽	特別経済区開発・運営用	・製造業の特別経済区の開発/運営 インフラ、施設、電力設備・水道供給設備・下水排水設備・汚水管理装置・通信設備・舗装道路ネットワーク・管理棟等の公共施設を含む。輸出製造企業のための特別経済区の開発、運営及び保守 ・IT パークの開発/運営 IT 企業における専門家や労働者が必要とする快適でアクセスが容易な設備と同様、IT 企業によって要求されるインフラと他の支援施設を提供可能なコンビナートエリアの開発、運営及び保守 ・観光特別経済区の開発/運営 道路、上水道設備、配電設備、排水・下水施設及びその他必要なインフラと公共施設を含むスポーツ、レクリエーションセンター、宿泊施設、コンベンションや文化施設、飲食店、商業施設、観光施設や活動を提供する総合リゾートコンビナートの開発、運営及び保守 ・医療観光特別区の開発/運営 健康保険福祉のための支援設備・サービスを必要とするインフラ設備・公共施設を持ち、保健省や環境省の基準に準備した宿泊施設として計画・開発された医療観光公開・センターの開発、運営及び保守 ・農業特別経済区の開発/運営 農業関連の製造設備・処置手続、またインフラ設備・公共施設を必要とする支援設備・サービスを持つことを計画・開発された農業特別経済区の開発、運営及び保守

		・退職者向け特別経済区開発/ 運営 フィリピン退職庁の基準に準拠した宿泊施設として計画・開発され、必要とされるインフラ設備・公共施設を持つ退職者向け特別区公園・センターの開発、運営及び保守
❾	施設提供企業	・製造企業用の施設 PEZA に登録された輸出製造企業へのリースのため、工場建物の所有者/オペレーターとして PEZA 特別経済区内で行われる建築工事 ・IT 企業用の施設 PEZAに登録されたIT 企業にリースされるビルや他の施設の所有者/オペレーターとしてIT パーク内で行われる建築工事 ・退職者用の施設 フィリピン退職庁によって正式に承認されPEZAに登録された企業であり、退職者用特別経済区内の外国人退職者のための施設などの開発、運営及び管理
❿	特別経済区公共事業企業	・特別経済地区内の電力、水道設備及び配給システムの開発、運営及び保守

7. 優遇の内容

優遇措置に関しては、事業の種類などによって異なります。各事業に対応する優遇措置については、以下の通りとなります。

[輸出製造業]…❶

法人所得税免除

法人所得税が以下の期間に渡って100%免除されます。

・ 拡張プロジェクト:3 年間の免除(ただし、所得税免除は、増加した部分の売上高のみに適用)
・ 非パイオニア企業:4 年間の免除
・ パイオニア企業:6 年間の免除

プロジェクトが以下の基準に準拠している場合には、1 つの基準で 1 年間の免除期間が延長されます。それゆえ、免除期間の延長は最大で 2 年間となります。

・ 当該プロジェクトを操業してから最初の 3 年間の純外貨獲得高が、年間平均で 50 万 US ドル以上ある場合
・ 当該プロジェクトにおける労働者に対する資本設備の比率が、直近で既に申請された前年度に 1 万 US ドルを超えていない場合

当該企業の所得税免除期間の満了をもって、5%の総所得※課税が適用されます。

※総所得とは登録活動から得られる総売上高または総収入から販売割引、返品、引当、販売値引、直接費用を差引き、課税期間中に発生する管理費・偶発的な損失を控除する前の額を指します。

その他

・ 輸入された原材料、資本設備、機械、予備部品に対する関税及び租税の免除
・ 埠頭税、輸出税、賦課金または手数料の免除
・ 内国歳入庁(BIR: Bureau of Internal Revenue)と PEZA 要件の遵守を条件とした現地調達における付加価値税(VAT: Value Added Tax)の免除
・ 地方政府の賦課金、手数料、免許及び課税の支払免除(ただし、所得税免除期間中の場合には以下を除き固定資産税を支払う必要がある)

※製造、加工や産業目的のために特別経済区内で導入・運用される機械については、その運転開始から最初の 3 年間についての固定資産税を免除

※不動産に帰属しない生産設備は固定資産税から免除・拡大源泉徴収税の免除

[IT サービス業]…❷

法人所得税免除

法人所得税が以下の期間に渡って 100%免除されます。

- 拡張したプロジェクト:3 年間の免除(ただし、増加した部分の売上高・販売高のみに適応)
- 非パイオニア企業:4 年間の免除・パイオニア企業:6 年間の免除
  プロジェクトが以下の基準に準拠している場合には、1 つの基準で 1 年間の免除期間が延長されます。それゆえ、免除期間の延長は最大で 2 年間となります。
- 当該プロジェクトを操業してから最初の 3 年間の純外貨獲得高が、年間平均で 50 万 US ドル以上ある場合
- 当該プロジェクトにおける労働者に対する資本設備の金額が、直近で既に申請された前年度に 1 万 US ドルを超えていない場合

特別税の適用

当該企業の所得税免除期間の満了をもって、5%の総所得課税が適用されます。

その他

- 輸入された設備と部品に対する関税及び租税の免除
- 設備の輸入貨物に対する埠頭税の免除
- BIR と PEZA 要件の遵守を条件とした通信費、電力費、水道代及び建物のリース料を含んだ現地調達における物品とサービスにおける付加価値税の免除
- 地方政府の賦課金、手数料、免許及び課税の支払免除(ただし、所得税免除期間中の場合には以下を除き固定資産税を支払う必要がある)
  ※製造、加工や産業目的のために特別経済区内で導入・運用される機械については、その運転開始から最初の 3 年間についての固定資産税を免除
  ※不動産に帰属しない生産設備は固定資産税から免除
- 拡大源泉徴収税の免除

[観光業]…❸

法人所得税免除

投資優先計画(IPP)に基づく許可を取得した場合、所得税が 4 年間免除されます。

特別税の適用

当該企業の所得税免除期間の満了をもって、5%の総所得課税が適用されます。

その他

・ 輸入された設備に対する関税及び租税の免除
・ 通信費、電力費、水道代及び建物を含んだ現地調達における物品とサービスにおける付加価値税の免除
・ 拡大源泉徴収税の免除

[医療観光業]…❹

法人所得税免除

外国人患者に対する医療サービスから得られる収入について、所得税が 4 年間免除されます。

特別税の適用

当該企業の所得税免除期間の満了をもって、5%の総所得課税が適用されます。

その他

・ 輸入された医療設備と部品に対する関税及び租税の免除
・ 専門的な技術力と企業の登録活動の運営に必要とされる部品・機器の供給のための医療設備の輸入に対する関税及び租税の免除
・ 通信費、電力費、水道代及び建物を含んだ現地調達における物品とサービスにおける付加価値税の免除
・ 拡大源泉徴収税の免除

[農業関連業]…❺❻

法人所得税免除

法人所得税が４年間免除されます。

特別税の適用

当該企業の所得税免除期間の満了をもって、5%の総所得課税が適用されます。

その他

- 輸入された生産設備・機械、種畜、設備と機械の予備部品や備品を含む農具に対する関税及び租税の免除
- 輸出税、埠頭税、関税及び手数料の免除
- 通信費、電力費、水道代及び建物を含んだ現地調達における物品とサービスにおける付加価値税の免除
- 市長の許可、営業許可証、職業の執行許可、健康証明書、衛生検査料及び廃棄料等の地方自治体の手数料納付の免除

[運送または倉庫業]…❼

PEZA 認定の輸出

製造企業への販売、もしくは、PEZA 認定の輸出企業への積送品や直接輸出するための梱包作業、サイズ変更、仕様変更や再販売に係る原材料、仕掛品に対しての税金及び関税が免除されます。検査、梱包、外観検査、保管及び地方に供給される原材料の付加価値税が免除されます。なお、所得税免除や特別税の適用はありません。また、運送または倉庫業は100%PEZA 企業への売上でなければならない点も注意が必要です。

[特別経済区開発・運営業]… ❽

特別税の適用

製造特別経済区の開発者と運用事業者は、当該企業の所得税免除期間の満了をもって、5%の総所得課税が適用されます。

ITパーク、観光特区などの開発者と運用事業者は、総所得に対して5%の特別税及び開発者の所有する土地に対する固定資産税を除くすべての国税・地方税が免除されます。

その他
- 現地購入品の付加価値税の免除
- 拡大源泉徴収税の免除

[施設提供企業]…❾

特別税の適用
総所得に対して 5%の特別税及び開発者の所有する土地に対する固定資産税を除くすべての国税及び地方税が免除されます。

その他
- 現地購入品の付加価値税の免除
- 拡大源泉徴収税の免除

[特別経済区公共事業企業]…❿

特別税の適用
総所得に対して 5%の特別税及び開発者の所有する土地に対する固定資産税を除くすべての国税及び地方税が免除されます。

その他
- 現地購入品の付加価値税の免除
- 拡大源泉徴収税の免除

8. 工業団地情報

地域の特徴

国内には、フィリピン経済区庁（PEZA）というフィリピンの政府機関が運営母体となった輸出加工区、民間運営の団地を含め、主要な工業団地が多く存在します。いずれの工業団地も空港、港湾からのアクセスが容易であり、また、近年では日本以外のアジア圏との貿易も年々拡大しており、今後工業団地はますます増加すると考えられています。フィリピンのエコノミックゾーン（経済区）と呼ばれている工業団地に進出している外国企業の約 6 割が日系企業であり、現在約 200 社の日系企業が経済区内で活動しています。とりわけカラバルゾン（マニラ南部のカビテ州、ラグナ州、バタンガス州、リサール州、ケソン州）地区への進出が目立っています。

工業団地には、「経済区庁により開発・運営される輸出加工区」、「国家住宅公団により開発・運営される工業団地」、「民間により開発・運営される工業団地」などがあり、政府は、貿易工業省主導で輸出加工区を中心とした工業団地整備に力を入れています。

■日系企業が進出している主な工業団地

［ファーストフィリピン工業団地］

バタンガス州サントトマス市及びタナウナン市に股がる地域に位置し、総開発面積が 457ha です。2024 年時点で入居企業数が 138 社（うち日系企業が 74 社）です。

ASEAN 各国で工業団地を展開する住友商事海外工業団地がフィリピンの有力財閥ロペスグループと共同で開発し、マニラ中心部から 52km、高速道路で約 50 分のところにあります。各種インフラはもちろん、貸工場、和食レストラン、屋内スポーツ施設、物流センターなどの施設も充実し、更に日本人が常駐し管理をしています。

また、すぐに操業可能な貸工場、事務所などの提供も行っています。富士通、住友ベークライト、本田技研工業、YKK などが入居しており、主要な自動車・二輪メーカーや電機メーカーが 60 分圏内に集積しています。また、世界最大のたばこメーカー、フィリップ・モリスが進出し、世界最大規模ともいわれる煙草生産拠点を作ることで話題になっています。

[ラグナテクノパーク]

首都マニラ中心地から南へ 45km に位置し、高速道路で約 1 時間の場所に立地しています。

フィリピンの大手財閥アヤラ・グループ、三菱商事などの合弁で開発し、マニラ中心部から 44km です。120 社を超える企業の製造工場が隣接し、周辺にはショッピングセンターや高級住宅地が立ち並んでいます。日立製作所、東芝、NEC などのコンピュータ会社が多数進出しています。また、本田技研工業、いすゞ自動車などが入居しています。

[クラーク経済特別区]

マニラの北約 80km に位置し、高速道路で約 1 時間、フィリピンのルソン島パンパンガ州にあるアンヘレスに隣接しています。1991 年に米軍クラーク空軍基地が返還された後、フィリピン政府が引継ぎ、1993 年に政府直轄の経済特別区と指定され、軽工業、リゾート、カジノ、国際会議場などがあります。
クラークの約半分のエリアが国際空港であり、韓国などから直行の定期便が飛んでいます。プールやゴルフコースまで歩いていけるなど、住環境も整っており、クラーク開発公社（CDC： Clark Development Corporation）の管理のもとで、治安も良いことで有名です。更に、数々のレストランやホテルがあり、免税店では日用品の購入も可能です。
日系の大手では横浜タイヤの工場が有名であり、他にも中小企業が複数進出しています。

[リマ工業団地]

フィリピン政府が重点工業地域と指定しているカラバルゾンエリアのマニラ首都圏バタンガス州に位置し、マニラ中心部から約 65km、高速道路で約70分。丸紅と現地アルカンタラグループの中核企業であるアルソンズランド社の合弁企業であるリマランド社により開発され、工業用水、電気の安定供給、セキュリティ面での管理も行われています。

リマシティホテルが操業中であり、現在戸建住宅を開発中であり、商業地域の開発計画もあります。セイコーエプソン、日立電線、ヤマハ発動機などが進出済みです。

Ⅵ. 個別業種ごとの設立形態

フィリピンで事業を行う場合において、各業種に必要なライセンス取得については以下の通りとなります。

1. POEA（フィリピン海外雇用庁）ライセンス

送り出し機関としての法人設立や、フィリピン人を国外へ派遣させる場合、「フィリピン海外雇用庁（POEA）」というフィリピンの政府機関から許認可を受ける必要があります。これを一般的に POEA ライセンスと呼びます。このライセンス取得には様々な要件があります。

・ フィリピン資本 75%：外資 25%以下であること
・ 最低資本金 500 万ペソ
（日本人や日本法人だけでの設立はできず、フィリピンのパートナーが必要となります。）
・ 資本金とは別に Escrow Deport（預託金）として 100 万ペソの用意が必要
（運転資金への使用不可）
・ 100 平米以上のオフィス賃貸契約
・ 社長は 4 年以上、人材派遣会社や人事部門での経験がある人であること

また申請の際の必要書類として、取締役の方の過去 2 年間分の確定申告書類や無犯罪証明書（NBI Clearance）の発行が必要となります。このようにフィリピン人パートナーの方の協力が必要な上、日本側での手続きも必要となります。

各種書類のアポスティーユ認証（公証）だけでなく、フィリピン海外労務事務所（POLO）の許認可も必要となります。POEA ライセンス企業を設立する際は、フィリピン側・日本側での強力なパートナーがカギとなります。

2. 輸出入ライセンス

製造に必要な原材料や機械等の輸入、及び製造した製品を輸出するためには輸出入ライセンスを取得する必要があります。輸出入ライセンスの

取得について、PEZA 企業は BIR から輸入業者証明(ICC: Importer Clearance Certificate)の取得を免除されており、Non PEZA 企業より取得プロセスの点で優遇されていると言えます。

輸出入ライセンス取得のプロセス認可を受けている付加価値通信事業者(Value-added Service Provider)の顧客プロフィール登録システム(CPRS: Client profile registration system)上の手続
・ 必要書類の作成
・ CPRS への書類提出、確認メールの受信

税関における手続
・ 申請料(Filing Fee)の支払い
・ 税関の証明書(Bureau of Customs Certificate)の発行

PEZA における手続
・ 申請書類及び Annex A～E 等の提出
・ 提出書類への承認の受領
・ 付加価値通信事業者からのパスワード受信、CPRS の有効化

輸出入ライセンス申請に必要な書類
・ E-konek あるいは Inter Commerce への登録申請書(E-konek or Inter Commerce application Form)
・ BIR 登録書のコピー(Copy of Certificate of Registration in BIR)
・ PEZA 登録書のコピー(Copy of the PEZA Certificate)
・ PEZA 指定の輸出入登録申請書(AEDS(export) and IEDS (import)Application Form of PEZA)
・ 附属添付書類 A:PEZA 地域マネージャーへの申請書(Annex A: Letter Request to Zone Manager)
・ 附属添付書類 B:指定の申請書(Annex B: Proforma Application Letter)
・ 附属添付書類 C:代理署名者の指定書(Annex C: Designation of Alternate Signatory)

・ 附属添付書類 D：規制外輸出入品目リスト（Annex D: List of Unregulated Importables （for import）and Exportables （for Export））
・ 附属添付書類 E：輸出入品目リストの証明書（Annex E: Certification of the List if Importables（import） and Exportables （Export））
・ 輸出入品目リスト（HS コード、量、種類を記載する必要有）（List of Importable and exportable with necessary HS Code, quantity and description）

3. PCAB（建設業者認定委員会）ライセンス

建設業を行うためには、フィリピンにおいて会社登記を行うだけでなく、PCAB（Philippine Contractors Accreditation Board）というフィリピン建設許可委員会より以下のライセンスを取得する必要があります。

・ Regular License
外資が 40％以下のフィリピン内国企業（現地法人）に対して、発給されます。許可が下りた事業を行うことができますが、会社で雇用している技術者が登録されている事業において 3 年以上の経験を有していることがライセンス取得条件となっています。
・ Special License
合弁会社、プロジェクト所有権を持つものを対象に発給されます。海外資金、国際基金、国際入札案件のような単発のプロジェクトまたは個別事業ごとに発給されます。

インドネシア進出

〜外国企業への優遇措置の拡大、
今後の成長が見込める国へ進出方法とは〜

Ⅰ. 進出時の特殊な留意事項一覧

1. インドネシア設立で一番重要なのはKBLIコードの選定

インドネシアで事業を始める際に、まず初めにやるべきことはどのKBLIコードで会社を設立するかを調査することです。KBLIコードとは、インドネシア政府が作成した事業分類のカテゴリであり、業種ごとに細かく設定されています。

業種によっては、信じられないほど細かく細分化されているものもあり、やりたいことをすべて行うにはKBLIコードが3～5個必要になることもあります。

また、インドネシアの投資規制では1つのKBLIコードにつき100億ルピア超の投資が必要とされており、まずこのハードルをどう潜り抜けるかを検討することがインドネシアへの進出の第一歩となります。

2. ライセンスの有無の確認

ライセンスの有無については、KBLIのリスクレベル(低～高)及びその他省庁の規定に基づき取得が必要かどうかを検討する必要があります。商社であれば、輸入ライセンスはKBLIを取得する際に同時に取得できますが、輸入許可や関税番号などは別途取得が必要になるほか、倉庫業、教育業、建設業、フォワーディング業もそれぞれの省庁でライセンスの取得要件などが規定されています。

3. 人事関連の仕事は外国人が関与できないので要注意

インドネシアにおいては、外国人による採用や解雇また昇格・昇進などの人事関連書類へのサインが禁止されています。President Director(代表取締役)やDirector(取締役)であっても違反となり、多額のペナルティーが課せられるほか、すべての書類の作成をやり直しさせられるような事例もあります。しかし、会社設立後一人目の社員への採用書類においては特別にサインすることが可能のため、一人目に採用する社員は必ずHR部門(兼務も可)にて雇用する必要があります。また、ビザ取得の際の労働局内での審査を通過するためには、外国人 1 人につきインドネシア人 10 人の雇用義務もあるため、併せて注意が必要です。

4. 法律と実務の乖離が大きい

インドネシアでは、法律上可能となっていることも政府が作成したシステムで未対応な場合や、現場レベルでは法改正に適応できないことが多々あります。朝令暮改は日常茶飯事で、今日発表された法律が今日施行となり、3 日後には一旦ストップという事もあります。設立プロセスの中でも、先月できたことが、システム改正により今日からできなくなるというケースもあり、最初に準備していたプロセスよりも余計に手間がかかることや、本来必要とされないはずの書類を要求されることもあります。そのため、常に柔軟な対応が取れる体制を取っておくことと、想定の範囲外の不測の事態が発生する可能性があるということを念頭に置いておくのがインドネシアでビジネスをする上では一番大切な考え方となります。

Ⅱ. 各進出形態まとめ

インドネシアで現在有効な会社法は、2007年法律第40号です。また、一部がオムニバス法（2020年法律第11号）で改正されています。当該会社法によれば、会社とは株式会社（PT:Perseroan Terbatas）を指し、「契約行為に基づき設立され、株式の形に分割される授権資本金を持って企業活動を行い、この法律と施行細則に定められた条件を満たしている法人」と定義されています（1条1号）。インドネシアにおいては、日本の会社法上の合名会社、合資会社および合同会社に相当する会社は規定されていません。株式会社は、日本法と同様、間接有限責任の範囲で株主の責任が規定されています。ただし、例外的に、①会社が法人として要件を満たしていない場合、②株主が個人の利益のため、会社を利用する場合、③会社の行った違法行為に個人が関与する場合、④株主が法令に反して会社資産を利用し、債務超過に陥らせた場合には、株主個人に対する責任追及が認められています。

駐在員事務所を含めて、外国資本による事業形態をまとめたものが次の図です。支店の形態もありますが、銀行など業種に制限があるので、株式会社、駐在員事務所の2つの形態が一般的です。

【事業形態の概要】

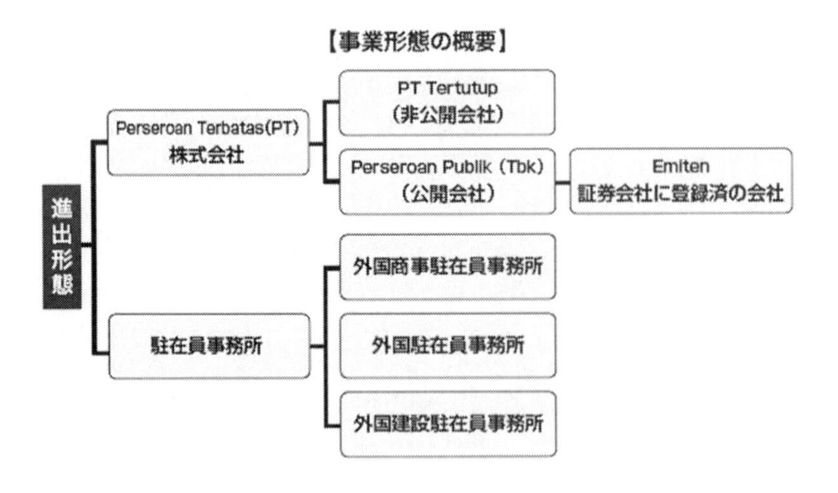

1. 現地法人(独資による設立)

インドネシアにおける現地法人は株式会社の形態を採り、PT(Perseroan Terbatas)と呼ばれます。インドネシアにおいて自由に事業を行いたいのであれば、当該 PT の形態をとることになります。

PT は出資先により 2 種類に分かれ、外国投資企業(PMA:Penanaman Modal Asing)および国内投資企業(Penanaman Modal Dalam Negeri)に大別されます。

■外国企業とその規制

日本企業が進出する場合は必ず PMA の設立となり、外国投資に関する規制が適用されます。2020 年 11 月に施行された UNDANG-UNDANG REPUBLIK INDONESIA NOMOR 11 TAHUN 2020 TENTANG CIPTA KERJA (雇用創出オムニバス法)及び 2021 年 3 月 4 日施行の大統領規程 2021 年第 10 号により、外国企業についてはネガティブリスト形式により進出可能な分野であれば進出は可能ですが、出資比率等で規制の対象となる分野が規定されています。2016 年に発表されたネガティブリストでは 350 業種が規制対象となっていましたが、大統領規程 2021 年第 10 号では 45 分野と多くの業種が規制の対象外となっています。

その他、業態ごとに産業コード(KBLI)が規定されており、さらに産業ごとに規制があります。したがって、業態を確定してから当該 KBLI から規制の内容を確定することが申請手続の第一歩となります。

2. 現地法人の設立(合弁設立)

上記のように、ネガティブリストの多くは廃止されましたが、ローカルパートナーのコネクションや販路開拓を狙って、ローカル企業と合弁を組む会社も少なくありません。時折、合弁解消のニュースが聞かれますが、信頼できるローカル企業選定の成功こそがインドネシア進出の鍵であるといえます。

インドネシアに限らず、ローカル企業の選定にあたっては積極的な理由付けが必要です。インドネシアにおいて、出資をするだけで経営には口を出さないというローカル企業はまず存在しません。その意味で、パートナー関係を結んだ時点で経営上のある程度のリスクを背負うことになると考えた方がよいでしょう。
出資額の一部負担、マーケットシェア、取得困難な事業ライセンスを有しているといった理由と上記の経営上のリスクを天秤にかけて、合弁契約を締結すべきかどうかも含めて本質的な議論をする必要があります。特に、合弁を組む際の条件については撤退の可能性も含めて、最大限リスクヘッジした上での決断が要求されます。

典型的な会社防御の方法を固め、いつでもインドネシア合弁から撤退(合弁解消)が可能な状況を作っておくことが会社の運営上必要です。
一方で合弁は、インドネシア事業において双方で一蓮托生になるため、パートナーとして理想(会社のビジョン)を共有できるか、困難なビジネス環境において助け合えるか、失敗しても後悔しないと言い切れるかどうかを確認する必要があります。

3. 駐在員事務所の設立

駐在員事務所では、母国から派遣された社員が進出先国に事務所を設け、そこを拠点として情報の収集や広報活動を行います。
インドネシアの駐在員事務所は、事業形態やその目的に応じて**外国駐在員事務所**(KPPA:Kantor Perwakilan Perusahaan Asing)、**外国商事駐在員事務所**(PPPA:Perwakilan Perusahaan Perdagangan Asing)、**外国建設駐在員事務所**(PBUJKA:Perwakilan Badan Usaha Jasa Konstruksi Asing)の3つの形態に分類されます。形態ごとに認可の届出先、設立要件、活動内容、制約事項が異なります。

【形態別駐在員事務所の比較】

種類	外国駐在員事務所	外国商事駐在員事務所	外国建設駐在員事務所
申請先	投資庁（BKPM）	商業庁 ※申請はBKPM	公共事業省（LPJK）
役割	・企業間の挑戦 ・設立準備	貿易の円滑化	インドネシアにおける建設サービスの準備
可能業務	・インドネシア子会社の監督、調整 ・投資準備	製品情報の提供、紹介、市場調査	・法人、政府機関との連絡 ・インドネシア国内の建設企業との契約、入札
禁止業務	・子会社、支店などの管理形態への関与 ・収益を上げる行為 ・輸出入業務	・直接取引/販売活動 ・入札/契約締結/苦情処理 ・輸出入業務	公共事業管理課における建設、建設コンサルティング業務以外の業務
留意点	所長はインドネシアに居住必須		外国人労働者と同程度の経営能力、技術を有するインドネシア労働者の雇用義務

出所：インドネシア投資調整庁（BKPM）

これら 3 つの形態は現地法人以外の進出形態として認められていますが、インドネシア会社法上の法人格はなく、外国投資企業（PMA）と比べて活動内容に制限がある上、投資奨励措置が限定されます。インドネシア進出の際は、どの形態で進出するか、その特徴を理解した上で決定する必要があります。日本企業が上記形態の駐在員事務所を設置する理由としては次のようなものがあります。

・ シンガポールなどに現地企業があり、部品、パーツ等の納品は当該企業からのみだが、保守やアフターサービスのため定期的にインドネシアに来る必要がある

・ 最低投資額の増額を検討する際に、現地法人化をするか否かの見極めについて継続的な調査が必要である

定期的にインドネシアを訪問する理由はあるが、現地法人化をするほどのニーズが無いなど、中間的な位置付けとして駐在員事務所を設立するケースが多くなっています。

また、近年ではインドネシアに駐在員事務所がある企業に対して国外の関連企業からインドネシア国内への輸入実績に基づき、みなし課税(PPh15)が行われるような事案が多くなっています。駐在員事務所は営業活動を禁止されてはいるものの、輸入実績があるということは、インドネシア国内において実態として営業活動が行われていると税務署が解釈しているためと考えられます。

建設駐在員事務所は、他の 2 つとは全く性質が異なり、唯一、収益を上げることが可能な形態です。この形態はプロジェクトベースで、状況に応じて連携するローカル企業を選択できるメリットがあることから、実務上、インドネシアに進出しているゼネコン企業は、現地法人と併せて建設駐在員事務所を設立する場合があります。

4. パートナーシップによる進出

外国投資を規定するネガティブリストでは、中小零細企業に留保されている分野ならびに中小零細企業とのパートナーシップによる進出を規定しています。基本的には、ノウハウを提供するのみで、最小限での初期投資で進出することができます。資本を入れる場合は出資規制が適用されるため、フランチャイズや販売代理店契約などでスタートします。また、現地パートナー企業をスポンサーとして日本人を送り出すことも可能ですが、ローカル企業で外国人がビザを取得する場合は最低でも 10 億ルピアの払込資本金が必要となるため、もし、パートナー企業への送り出しを検討の際は現地法人の資本金も確認しておく必要があります。

Ⅲ. 各種設立スケジュール及び必要資料

1. 現地法人

インドネシアにおける現地法人の設立は、会社法によって規定されています。2014 年末より、外国投資を管轄する投資調整庁（BKPM）が、ワンストップサービス（OSS）を設置し、ビザ取得や各種ライセンスに関わる 22 の省庁が BKPM に事業認可の権限を委譲し、職員等も派遣しています。また、基本的にはすべての手続きでオンライン申請が可能になっています。

しかしながら、実際のところ、設立手続の細部の各所において矛盾する規定や取扱いが存在し、一筋縄ではいかないのが実態です。PMA を前提とする場合、事業計画を作成し、社名を確定したのち、投資調整庁に対して申請するところから設立手続を進めます。

■現地法人設立のスケジュール

No	作業内容	1か月					2か月					3か月				
		1	2	3	4	5	1	2	3	4	5	1	2	3	4	5
①	必要書類の受領															
②	必要書類への署名															
③	会社定款の作成															
④	法務人権省からの通知															
⑤	税務番号の登録															
⑥	事業基本番号（NIB）の取得															
⑦	事業許可															
⑧	銀行口座の開設															
⑨	社会保障の登録															

■法律主体としての会社の設立

事業分野および進出形態の検討…①②

インドネシアへ進出するにあたり、投資ネガティブリスト(DNI:Daftar Negative Investasi)を調べます。ネガティブリストには、インドネシアにおいて投資が禁止されている分野、または国営企業や地元企業との合弁や協力、特定地域への進出など、一定要件が必要となる産業分野について詳細に規定されているため十分に注意しなければなりません。

会社定款の作成…③

投資調整庁から原則許可を取得した後、公証人(Notaris)とともに定款(AKTA)を作成します。会社定款は株式会社法に則って作成し、少なくとも以下の項目が記載されていなければなりません(会社法 15 条 1 項)。また、資本金額に関しては、定款上、円での記載ができないため、実際に支払う額を IDR もしくは USD にて確定する必要があります。フォーマットは法務人権省が作成しており、公証人が大きく内容を変更することはありません。したがって、商社や製造業など、100%出資が可能な分野においては、主に会社の機関設計上の情報入力と確認作業を行います。合弁で会社設立をする際は、合弁契約書が定款と整合していなければなりません。

定款の内容に不備がないことを確認した後、発起人または発起人の代理人は公証人の面前で定款の控えに署名をし、公証人は定款を発行、認証します。

【会社定款記載事項】

No	内容
1	社名、住所
2	会社の事業目的と事業内容
3	会社の存続期間
4	授権資本、引受済資本、払込資本の金額
5	株式数、種類株式を発行する場合には種類ごとの株式数、株式に付帯する権利、一株の額面価格
6	取締役会の開催場所と運営方法
7	取締役、監査役の選任、交替、解任に関する手続
8	利益処分、配当に関する手続

[会社名について]

インドネシアの社名については、以下のものを使用してはならないとされています(会社法 16 条 1 項)。社名として許可が下りないことも想定し、2つ以上の候補を挙げておくようにします。また、以下に列挙した条件と共に現在は PT(株式会社)を除く、3 単語以上を使用した社名とする必要があります。

・ 申請した社名がすでに他社により登録されている、またはそれに類似するもの
・ 公序良俗に反するとみなされる可能性があるもの
・ 関係者から合意を得ている場合を除き、国家機関、政府機関、または国際機関の名称と同じ、または類似するもの
・ 会社の設立目的、目標と事業内容にそぐわないもの
・ 目的、目標のみを表すもの
・ 数字または文字の連続だけで意味を成さないもの
・ 会社、法人またはパートナーシップを意味するもの

日本人の感覚からすると、明らかに既存の会社とは別会社であることが予測できるような社名であってもインドネシアにおいては承諾されないことがあり、会社設立の初期段階から難航する可能性もあります。社名を申請する際に複数の候補を考えておくのはそのためです。

一方で、他社が社名登録をしていても、当該会社からの許可を得るか、または新会社からステイトメントレターを法務人権省(Minister of Law and Human Rights)に提出してもらえば承諾されるケースもあります。

社名申請は公証人(Notrais)を通じて、オンラインで手続が行われます。社名の承諾を得るためには、Propinsi(州名)とkedudukan(申請区)が必要であるため、申請時までに住所(プロジェクト場所)が決定していなければなりません。そのため会社設立前(契約の主体がないのに賃貸契約が必要)に住所を決めるという矛盾が生じますが、手続上はやむをえないことです。

社名の登録は公証人(Notaris)を通じて法務人権省で行いますが、公証人が1つの会社のために複数の名前を予約することはできません。申請する社名がすでに登録されている可能性や、類似の社名が予測される場合は、申請候補として挙げる社名に優先順位をつけておいて、使用できるかどうかの判定を待ちます。予定した社名が承諾されなければ次の候補名を申請します。

[資本金及び株式について]

PMAでの投資の際は、最低100億ルピアの払込資本金が必要とされています。また、株主は2名以上必要となり、それぞれの出資比率は任意(外資規制適用の業種の場合は出資比率規制が優先)となります。

また、1株当たりの価格も現在は会社法での規定はありませんが、1,000,000ルピアや10,000,000ルピア等のきりの良い数字で設定することが通例となっています。

株主は、会社法上、原則として1株につき1議決権を有します。なお、定款で規定することで、議決権を有しないとする種類株式を発行することが出来ます。

また、株式の共有も可能ですが、かかる場合には株主としての権利行使は、指名された代表者により行われます。

1株でも株式を保有している株主は「社会的に保証されている権利」として、株主総会における決定事項に対する公平性や適切性に正当性を認めることができず、損害を被った場合は地方裁判所に会社を提訴する権利を有しています。

［取締役・監査役について］

インドネシアでは会社法上、取締役１名、監査役１名が必要となります。２名以上の取締役、監査役を選定する場合、１名を代表取締役、代表監査役として選定します。

また、会社法上で取締役及び監査役の居住性は求められないため非居住者のみで構成することも可能です。一方で、税務署への電子申請登録や各種ライセンス取得の際に取締役のITASやNPWPを要求される場合があるため、最低１名は居住性のある取締役を選定しておくことで会社設立後の運営をスムーズに行うことができます。

以下、株式会社の機関体系となります。

【株式会社の機関の体系】

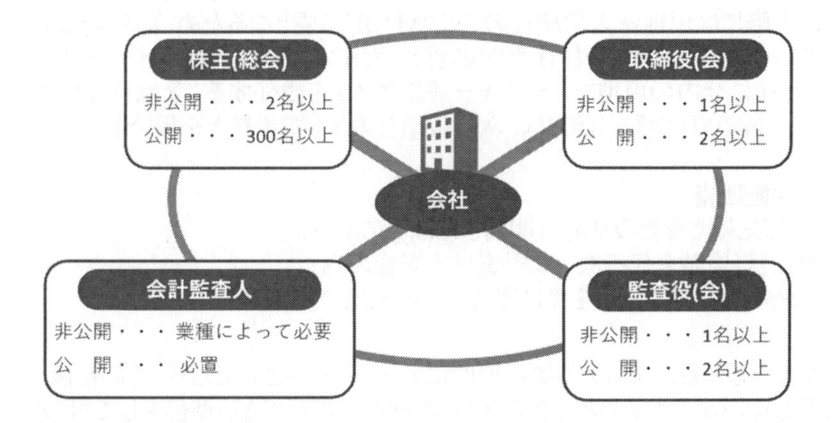

居住証明書（Letter of Domicile）…④

定款認証後、会社が所在する地区から居住証明書（Letter of Domicile）を取得します。（※会社所在地がジャカルタ市内であれば、用意の必要がありません。）会社が所在する地区とは、登記上、会社の住所として登録されているものを指します。この居住証明を取得するためには、事務所の賃貸借契約書もしくはマネジメントオフィスからの証明（Surat Keterangan Domisili）をあらかじめ用意しておかなければなりません。

管轄する事務所により、異なるケースもありますが、一般的に必要となる書類は下記のとおりです。

・ 会社定款
・ 事務所の賃貸契約書またはマネジメントオフィスからの新会社の住所を証する書面（Surat Keterangan Domisili）
・ 現地法人代表者の身分証明書またはパスポート

以上の書類を揃え、申請してから約 1 週間で居住証明書を取得することができます。

納税者番号取得…⑤

納税者番号（NPWP）は 1 週間程度で取得することができます。NPWP 取得後に、税金申告のためのサイナーやオンライン申請登録を行いますが、登録の際には現地法人取締役の NPWP が必要となるため、必然的に取締役のインドネシアでの居住性が必要となります。また、一度サイナー登録をした後に社内の現地マネージャー等にサインを委任することは可能です。法人の NPWP 申請の際には、次の書類を添付して手続きを行います。

・ 居住証明書
・ 現地法人代表者の身分証明書またはパスポート
・ 委任状（申請を代行業者に委託する場合のみ）
・ ワンタイムパスワードを受け取るための現地の携帯番号

また、税務署のシステムは定期的にアップデートされており、その都度、必要な資料が変わることもあるため、柔軟な対応ができる準備をしておくと手続きがスムーズに完了します。

会社登録（NIB / 事業基本番号の取得）…⑥

NPWP の取得が終わった後、OSS で会社登録申請をし、事業基本番号（NIB）を取得します。2017 年 9 月 4 日付商業大臣規定第 37 号により、すべての法人に登録が義務付けられている OSS の事業基本番号（NIB）の発行手順を簡素化し、即日発効できるようになりました。

この際、特別なライセンスが必要とされない事業については無期限の NIB が発行され、ライセンスの取得が必要な場合は一時的な NIB が発行されます。ライセンスの取得後に再度申請を行うことで無期限の NIB を取得することができます。

事業許可…⑦

KBLI コードのリスクレベルごとに追加で事業許可が必要かどうかの以下のような判定が行われます。

・ 低リスク:事業者識別番号(Nomor Induk Berusaha “NIB”)
・ 中・低リスク:NIB と標準証明書
・ 中・高リスク:NIB と標準証明書
・ 高リスク:NIB およびライセンス

PMA 口座開設…⑧

納税者番号(NPWP)を取得した後、銀行で外国投資企業(PMA)口座を開設し、定款の登録から 6 か月以内に資本金を払い込みます。銀行により取扱いが多少異なりますが、PMA 口座を開設する際には、投資調整庁から取得した法務省承認書(SK-Kehakiman)、納税者番号、事業基本番号(NIB)の一連の情報等が必要です。

PMA 口座の開設は、必要書類に不備がなければ 1 週間～2 週間程度で行われます。一般的に、会社定款の認証後または納税者番号取得後に会社口座の開設に対応できる銀行が多いようです(商業省登録は、会社設立の最終フェーズであることから、銀行口座開設後でも認証手続が可能です)。資本金の払込みが完了した後、銀行残高証明または資本金証明を口座開設した銀行に請求します。

法務人権省への設立登記・・・④の追加手続き

銀行で PMA 口座を開設し資本金が払い込まれた後、法務人権省に設立登記の申請をします。設立登記の代理申請は公証人にだけ認められています。

公証人は、④の定款が署名されてから遅くとも 60 日以内に以下の事項を記載した申請フォームを法務人権大臣宛に電子申請します(9 条 1 項)。

・ 社名と住所
・ 会社の存続期間

・ 会社の目的および事業内容
・ 授権資本、引受済資本、払込資本
・ 会社の完全な住所

これらについて、政令に従い特段の不備がなければ、法務人権大臣は即時に電子システム上で登記申請の受理を通知します(10 条 3 項)。書類に不備がある場合には、法務人権大臣は、その旨と理由を記載して電子システム上で不受理を通知します(9 条 4 項)。

設立登記申請を受理する旨の通知があった日から 30 日以内に、必要書類とともに申請書類一式を法務人権大臣に提出しなければなりません。必要書類は以下のとおりです。

・ 定款(AKTA)のコピー
・ 銀行証明書(資本金払込の証明)
・ 納税者番号
・ 官報への会社設立の公告に係る手数料の領収書

これらすべてが承認された場合には、法務人権大臣は、遅くとも 14 日以内に電子システム上で電子署名のなされた法務省承認書を発行しなければなりません(10 条 5 項)。法務人権大臣より設立認可が下りた時点で、法人格を取得することになります。設立認可が下りてから 14 日以内に、法務人権大臣は設立認可に関する事項をインドネシア官報に掲載します。

設立登記は、申請から手続完了まで、通常 3 週間から 1 カ月程度要します。

以上の提出書類に不備があった場合は、法務人権大臣は申請者に対して電子システム上でその旨を通知すると同時に、設立認可も無効になります。ただし、期限内(60 日以内)であれば申請者は再申請することが可能です。この期限内に再申請をしない場合には法務省承認書は無効となり、法人格を持っていない会社は法的に解散され、発起人によってその整理が行われます。

VAT 課税番号取得…⑨

事業基本番号(NIB)の取得が終了した時点で、VAT 課税番号(PKP: Pkppengusaha Kena Pajak)の取得申請をします。申請時には、指定された書類のほか、会社の実態を確認するためにオフィスの写真が必要です。申請手続完了後には、税務当局が事務所確認の検査に来ます。申請から手続完了まで2週間程度を要します。

・申請書
・会社定款
・Director の KTP もしくは NPWP
・会社の NPWP

2. 駐在員事務所

■駐在員事務所の種類

駐在員事務所は、母国から派遣された社員が進出先国に事務所を設け、そこを拠点として情報の収集や広報活動を行う場合に利用される形態です。

インドネシアの駐在員事務所は、事業形態やその目的に応じて外国駐在員事務所(KPPA:Kantor Perwakilan Perusahaan Asing)、外国商事駐在員事務所(PPPA:Perwakilan Perusahaan Perdagangan Asing)、外国建設駐在員事務所(PBUJKA:Perwakilan Badan Usaha Jasa Konstruksi Asing)の3つの形態に分類されます。形態ごとに認可の届出先、設立要件、活動内容、制約事項が異なります。

【形態別駐在員事務所の比較】

種類	外国駐在員事務所	外国商事駐在員事務所	外国建設駐在員事務所
申請先	投資庁（BKPM）	商業庁 ※申請はBKPM	公共事業省（LPJK）
役割	・企業間の挑戦 ・設立準備	貿易の円滑化	インドネシアにおける建設サービスの準備
可能業務	・インドネシア子会社の監督、調整 ・投資準備	製品情報の提供、紹介、市場調査	・法人、政府機関との連絡 ・インドネシア国内の建設企業との契約、入札
禁止業務	・子会社、支店などの管理形態への関与 ・収益を上げる行為 ・輸出入業務	・直接取引/販売活動 ・入札/契約締結/苦情処理 ・輸出入業務	公共事業管理課における建設、建設コンサルティング業務以外の業務
留意点	所長はインドネシアに居住必須		外国人労働者と同程度の経営能力、技術を有するインドネシア労働者の雇用義務

出所：インドネシア投資調整庁（BKPM）

これら 3 つの形態は現地法人以外の進出形態として認められていますが、インドネシア会社法上の法人格はなく、外国投資企業（PMA）と比べて活動内容に制限がある上、投資奨励措置が限定されます。インドネシア進出の際はどの形態で進出するか、その特徴を理解した上で決定する必要があります。

■外国駐在員事務所（KPPA：Kantor Perwakilan Perusahaan Asing）の設立

外国駐在員事務所（KPPA：Kantor Perwakilan Perusahaan Asing）の設立は 2021 年投資調整長官令第 4 号で規定されており、外国企業または外国企業同士の合弁会社から任命された 1 人以上の駐在員によって運営されます。駐在員事務所長はインドネシア人または外国人のいずれでも可能です。外国人の場合は、インドネシアに滞在し、就労のための一時滞在許可証(ITAS:Izin Tinggal Terbatas)と労働許可が必要です。

駐在員事務所の活動は管理・監督、本社との連絡・調整および会社(関連会社を含む)の利益管理に限られており、次の活動は禁止されています。

・ インドネシア資本からの収益を上げる行為(契約・販売および関連企業による物品・サービスの購入)
・ インドネシアにおけるその他の会社、子会社、支店の管理形態への関与

可能な業務としては、本社との連絡や事業案件締結の促進、市場調査の実施、現地パートナーと締結した契約についての履行状況に関する監督業務等があります。駐在員事務所の概念として営業活動および利益を生む活動は禁止されています。

また、駐在員事務所の利点としては以下の 2 つが挙げられます。

・ 時間とコストをかけずに駐在員を常駐させることができる
・ 最低資本金額の制限がない

このため、外国企業の設立前後の手続が簡略化され、株式会社に比べて外国駐在員事務所は容易に進出できるようになっています。

続いて、2015 年投資調整長官令第 15 号よって規定されている外国駐在員事務所設置に際しての許可およびライセンスに関して説明します。外国駐在員事務所設置における必要物は表のとおりです。

OSS を通じて、これらの書類を投資調整庁に提出することで、必要なライセンスを取得することができます。

また、外国駐在員事務所はインドネシア国内の州都(ジャカルタ、バンドン、ジョグジャカルタ、 カリマンタンなど)でのみ設立が可能となり、所在地は、オフィスビル内に限られます。

2015 年投資調整長官令第 15 号によれば、外国駐在員事務所の認可期限は 3 年で、1 年間の期限延長を 2 回にわたって行うことができます。

最初の認可から 5 年経過した後に再び認可を受ける際は、当地での事業目的はそれ以前とは異なるものを要求される場合があります。これは、調査活動をするのに 5 年以上も必要ないという当局の判断によるものです。つまり 5 年以内に現地法人化するか、もしくは撤退するかの選択を迫られることになります。

次に、スケジュールを簡単に表示します。外国駐在員事務所設立に係る一連の手続きは、通常、2 カ月程度を要します。

[スケジュール]

カテゴリー	No	作業内容	営業日	1か月				2か月				3か月			
				1	2	3	4	1	2	3	4	1	2	3	4
駐在員事務所設立	1	申請書の作成	10												
	2	公証認証手続き	10												
	3	大使館からの推薦状取得	10												
	4	OSSシステムへの申請	10												

[必要書類]

必要となる手続き	No	必要書類
在日本大使館での公証認証	1	公証委任状 1部
	2	Declaration 3部
	3	印鑑証明書 1部
	4	登記簿謄本 1部
	5	任命状
	6	意向書
	7	声明書
	8	推薦状（申込書）申請書1部
インドネシア設立書類	9	設立委任状
	10	日本本社の定款英語訳
	11	駐在員事務所長のパスポートコピー
	12	駐在員事務所長の写真
	13	本社代表としてサインされる方のパスポートコピー
	14	登記オフィスの賃貸契約書

■外国商事駐在員事務所（KP3A: Perwakilan Perusahaan Perdagangan Asing）の設立

外国商事駐在員事務所（KP3A: Perwakilan Perusahaan Perdagangan Asing）におけるビジネスライセンスの発行に関する規定は、2006 年商業大臣令第 10 号により定められています。また、先般の 2015 年投資調整長官令第15 号にも改めてその記載があります。

外国商事駐在員事務所における業務は、以下のように定められています。

・インドネシアの企業やユーザーに対し、親会社の製品の紹介とプロモーション、宣伝ならびに情報または使用法および輸入方法を提供
・親会社の製品をインドネシア国内で販売するための市場調査の実施と調査
・（インドネシア国内の会社を指名した）海外の親会社が必要とする品物の市場調査、ならびにインドネシアの会社への輸出条件に関する情報提供
・親会社が輸出目的で指名した、インドネシア国内の会社を代表して契約を締結

外国商事駐在員事務所は、主に貿易の円滑化のために設置される事務所であり、品質検査や輸出入に関する貿易事務を補佐する役割があります。

一方、禁止されている活動としては、インドネシア国内における直接取引や販売活動に従事すること、契約の締結や苦情処理、輸出入業務などが挙げられます。しかし、近年、関係会社からの輸入実績があることを理由に外国商事駐在員事務所に対して実態として営業活動をしているという解釈の元、みなし課税（PPh15）が行われるような事案も多発しています。

外国商事駐在員事務所の設置許可を取得するためには、必要書類を商業大臣宛に送付する必要があります（現在は、外国駐在員事務所と同様に、OSS に申請を行います）。

申請が完了してから本許可証（SIUP3A：SuratIzin Perwakilan Perdagangan Asing）が発行されます。SIUP3A の許可の有効期間は、初回は 1 年で、上限 3 年まで延長が可能です。本許可の申請時には次の書類が必要です。

【外国商事駐在員事務所設置における必要書類】

番号	内容
1	事務所代表者への辞令（Letter of Appointment）
2	商行為を行わないことの声明書（Statement　Letter）
3	在外インドネシア大使館からの照会状（Reference　Letter）
4	事務所代表者の履歴書
5	事務所代表者の最終学歴を証明するもの（学位記など）
6	事務所代表者の写真（パスポートサイズ）
7	労働許可証（IMTA）
8	居住証明書（Letter of Domicile）

※ 1、2については、駐日インドネシア大使館もしくは同領事館の公証が必要

仮許可が下りてから3カ月以内に駐在員事務所所長のビザ取得を行い、本許可申請に添付します。また、ビザ取得のために現地の雇用義務（3人）を満たす必要があります。この間はかなりタイトなスケジュールとなります。

また、外国商事駐在員事務所はいくつかのコンプライアンス上の義務を負います。内容は以下のとおりです。

- SIUP3Aを発行した商業省に対して、半年に1回（1～6月分および7～12月分）の活動報告を行う（提出期限はそれぞれ同年7月31日、翌年1月31日）
- SIUP3Aの公式発行者もしくは大臣によって、活動内容に関して要求された場合、それに関わる報告書およびデータならびに情報を提供しなければならない
- 外国商事駐在員事務所が6カ月間その活動を行わなかった、もしくは閉鎖した場合は、閉鎖事由が記載された報告書およびSIUP3Aを当局に返却しなければならない

保証金に関する制度については規制が緩和されています。従来は、駐在員事務所代表者が外国人の場合は500万ルピア、インドネシア人の場合は100万ルピアの保証金の納付が義務付けられていましたが、2010年6月24日付商業大臣規則第28号の改定により、この規定は廃止されています。

■外国建設駐在員事務所(BUJKA :Perwakilan Badan Usaha Jasa Konstruksi Asing)の設立

外国建設駐在員事務所(BUJKA :Perwakilan Badan Usaha Jasa Konstruksi Asing)の設置に関しては、2019年11月19日付公共事業国民住宅大臣回状2019年第22号にて規定されており、建設事業の実施および監督のコンサルティングを行うとされています。

外国建設駐在員事務所が実際に運営を開始するためには、ライセンスを取得する必要があります。このライセンスは、国内建設企業の事業ライセンスと同等の効力があります。有効期限は3年で、更新することも可能で、同ライセンスの有効期限満了までに更新を行います。

取得に際しては、「外国事業体の能力評価証明」と「能力・分類・クオリティ同等認定証明書のコピー」が必要であり、事前に建設サービス開発機構(LPJK:Lembaga Pengembangan Jasa Konstruksi)の能力・分類・クオリティ同等認定を受けなければなりません。設立にあたり必要となる主な書類は、下記のとおりです。

No	建設駐在員事務所設置の必要書類
1	在インドネシア大使館に認証された外国事業体の能力評価証明と LPJK からの能力・分類・クオリティ同等認定証明書のコピー
2	親会社の建設業のビジネスライセンス
3	親会社の会社案内
4	親会社の定款、謄本
5	駐在員事務所代表者の任命書
6	駐在員事務所の代表者の履歴書ならびにパスポートのコピー
7	申請費用の支払証明
8	居住証明書(Letter of Domicile)

上の表の書類作成時に発生する手数料は、指定の銀行を通して国家に納めます。支払金額は次のとおりです。

（単位：US ドル）

申請内容	金額
建設コンサルティングまたは監督業務	5,000
建設サービス	10,000
EPC（エンジニアリング、設計、施工）	15,000

原則としてインドネシア国籍の者を所長とする（インドネシア国籍の者を任命することが困難な際は、外国人を所長、技術責任者としてインドネシア人を任命する）ことが定められています。

所長・技術責任者は、他の建設業での取締役・監査役・建設駐在員事務所所長・技術責任者を兼任できません。また、インドネシア人従業員は外国人従業員よりも多くなければならないとされています。

また、最近ではインドネシア人の有資格者を雇用することをライセンス更新の際に求められるため、建設業と共に設立のハードルは高くなっています。

3. 就労ビザの取得（C312）

一般的に、インドネシアで就労する場合は C312 ビザを取得することになります。ITAS を取得する場合一時滞在ビザの取得が必須となります。また、取締役を除き就労ビザの取得には大卒以上の学歴が必要となります。

■取得までの流れ
[必要資料]
○パスポート顔写真頁の【見開き】【カラー】の写し（本人）
○顔写真データ（本人）
○インドネシアの所属先企業からのスポンサーレター
○英文卒業証明書（カラーコピー・本人）
○英文履歴書（右上に写真データ貼付・本人）
○ビザ取得予定者の所属先からの推薦状
○日本の保険証コピー（本人）
○役職（本人）
○インドネシア現地滞在先住所（本人）
・ 外国人雇用計画書：RPTKA・・・①

インドネシアにおける法人、駐在員事務所等が外国人労働者を雇用する場合、外国人雇用計画書 RPTKA)を、インドネシア労働省のウェブサイト(http://tka-online.kemnaker.go.id/default.asp)にて、外国人労働者に関する情報を所定のフォーマットに記入し、労働者配置総局長宛に申請しなければなりません。フォームには以下のような情報を入力し、オンライン上でアップロードし、約10営業日後に承認がおりることとなります。

・ 雇用主の名称、住所、氏名
・ 外国人労働者の役職、職務内容、賃金、雇用総数、雇用期間、雇用開始日、労働地
・ インドネシア人の教育プログラム等
　※役職に付き、行う事業内容にて使えるものが限定されます。
　　一般的には Finance Manager , R&D Manager , Marketing Manager などが使用されます。

また、RPTKA の提出時には、以下のような書類も同時に必要となります。

・ 設立証書/事業許認可(NIB や TDP など)
・ 所在地証明書(Domicile)
・ 会社組織図
・ 納税者番号(NPWP)
・ 労務報告(Wajib Lapor)
・ インドネシア人の教育、訓練実施表明書

インドネシアには、他国で見られるようなワークパーミット取得時の最低給与基準の要件はありません。ただし、外国人1人が就労するにあたり、現地法人の場合は現地の人を 10 人以上、商業省直轄の駐在員事務所の場合には、3 人の雇用義務があるため注意が必要です。

・ IMTA notifikasi:雇用通知書・・・②

インドネシアの IMTA notifikasi(雇用通知書)はインドネシア労働省が発行します。申請から発行までの所要日数はおよそ 10 営業日。技術能力開発基金(DKP-TKA)への補償金として、月間 100US ドル、年間で 1,200US ドルを労働省指定銀行に納付する必要があります。RPTKA 同様 、インドネシア労働省のウェブサイト(http://tka-online.kemnaker.go.id/default.asp)から、以下の情報および書類をアップロードし、申請します。

・ 在外公館手続き地の選択(インドネシア国外の大使館等でビザの発給を受けるため)
・ 外国人労働者の氏名、出生地、出生日、性別、婚姻状態、国籍、パスポート番号、パスポート発行日パスポート有効期間、パスポート発行地、学歴、住所、Email アドレス、携帯番号、電話番号、役職名、階級、雇用期間、卒業証明書、職歴証明、カラー証明写真、保険加入証、雇用契約書、パスポートコピー
・ 雇用主の預金通帳/銀行明細書

・ 技術開発基金の支払い(DKPTKA)・・・③

外国人労働者を雇用する使用者は、補償金の支払いを義務付けられています。これはインドネシア人労働者のDKPTKAとして徴収されているもので、外国人労働者 1 人につき月間 100US ドル(1 年間で 1,200US ドル)を政府に前納しなければなりません。補償金の支払いは、外国人労働者の労働許可証取得条件の 1 つとなっています。

この補償金の支払いは、政府機関、外国代表部、国際機関、社会団体、宗教団体、教育機関の特定の役職(外国大使館が管理する教育機関の校長や教師、あるいは海外の高等教育機関との提携で雇用される大学教員および/あるいは研究者)には適用されません。

・ eVISA(暫定居住ビザ)発行・・・④⑤

上記DKPTKAの納付を終えた後、労働省が入国管理総局にVitas発行通知をします。その後、入国管理総局は外国人労働者を雇用する企業に対して、手数料の納付を求めるため、これを支払います。支払いからおよそ 5 営業日で eVISA が発行されます。発給後 90 日以内にインドネシアへの入国が必要となります。

また、パスポートの残存有効期限および空白欄には条件が求められていますので注意が必要です。

・ 空白欄 3 ページ以上
・ 滞在日数 30 日→残存有効期限 6 ヵ月以上
・ 滞在日数 2〜6 ヵ月→残存有効期限 12 ヵ月以上

・ 滞在日数 7～12 ヵ月→残存有効期限 18 ヵ月以上
・ 滞在日数 13～24 ヵ月→残存有効期限 30 ヵ月以上

・ ITAS:暫定居住許可証・・・④

ITAS(暫定居住許可証)とは、インドネシアに連続して入出国する場合に必要な許可証で、Vitasを取得した物は必然的にITASも取得しなければならないと、2018 年 3 月 26 日付大統領令 2018 年第 20 号および 2018 年 6 月 29 日付法務人権大臣規定 2018 年第 16 号において定められています。スカルノハッタ国際空港など法務人権省が定める特定の空港の特別審査カウンターにて、入国時に手続きをすることが可能であり、申請から発給までの所要日数は最短 3 日です。

流れとしては、空港の入国審査の際に、Working Permitのレーンに並ぶと両手の指紋の登録と顔写真の登録が行われますので、この手続きを忘れず行わなければいけません。なお、担当官によっては当該手続きを知らず、受け付けてくれない場合もあるため、その場合は後日、インドネシア入国管理局にて上記の手続きを行う必要があります。ITAS の取得後はインドネシアから出国しても問題ありません。

[ビザ取得後の手続き]

・ STM(所轄警察署報告)

ITAS 発行か 30 日以内に国家警察本部に届け出た後、居住区管轄の警察へ届出(STM)を 行います。申請に 2 週間、申請完了までに約 2 週間の計 1 か月ほどの期間を要します。

・ SKTT(住民登録)

インドネシアで居住を開始する場合、ITAS の発行日から 14 日以内に州の住民・民事登録局もしくは県/市の住民局に届けることが義務付けられています。届けが受理されると、居住地許可書(SKTT)が発行されます。

・ NPWP:納税者番号

NPWP はインドネシアで個人が所得税を納めるために必要な番号となります。納税者番号がない状態で、インドネシア側で給与が発生すると、所得税の納税や申告ができず、PPh26（国外サービスに関する源泉税）の税率（20%）にて源泉徴収額が計算されるため注意が必要です。
　申請は、ITAS 取得後に管轄の税務署へ申請を行い、通常 1 週間程度で取得することができます。
　また、個人でインドネシアの銀行口座の開設をしようとする場合、ITAS と合わせて NPWP の提示を求められる場合があります。

・ BPJS：社会保障機関（Badan Penye lenggara Jaminan Sosial）
　加入者登録は、個人または団体で行うことができます。給与受給者の場合は雇用主がまとめて、BPJS に登録します。加入者が 1,000 人以上の場合はデータ送信により登録を行い、その他の場合は指定の雛形に加入者の情報を記載し、直接 BPJS に持参するか、BPJS が指定した第三者機関（銀行や専門団体など）を通じて登録します。
　また、雇用主が登録しなかった場合は、従業員が個人で登録する権利がありますが、その場合も加入料の納付は規定どおり、雇用主と従業員で行わなければなりません。
　給与を受給していない従業員または従業員以外の加入者は、居住する地域の BPJS にて各人が登録します。
　登録していない場合、個人に税務調査が入るリスクもあるため、忘れないように注意が必要です。

Ⅳ. 外資規制

現在の投資ネガティブリストは、2021 年 2 月 2 日付で投資事業活動に関する大統領規則 2021 年 10 号が成立し、成立から 30 日経過後の 2021 年 3 月 4 日に施行されました。

主な変更点としては禁止分野が 21 分野から、ギャンブル活動、ワシントン条約に含まれる魚類の捕獲、珊瑚の捕獲・採取、化学兵器の製造、オゾン層破壊に影響を及ぼす化学原料製造の6分野に縮小されたことが挙げられます。

これにより外資規制が大きく緩和されたため、これからのインドネシアの投資環境にポジティブな影響を与えると考えられています。

1. 投資不可の分野

インドネシアでは以下の 8 つの分野において投資不可とされています。

農業	・大麻の栽培
林業	・ワシントン条約に記載され魚類捕獲 ・建材・石灰・カルシウム、アクアリウム、土産・装飾品用への天然珊瑚、生きた珊瑚の利用
海洋漁業	・沈没船の積載物に由来する貴重品の引き上げ ・建材/石灰/カルシウム、アクアリウム、土産/装飾品用の自然からの珊瑚礁、及び天然の珊瑚あるいは死んだ珊瑚の利用(採取)

工業	・水銀を含有する物質を用いた塩化アルカリ製造業 ・農薬の有効成分材料産業 ・工業用化学剤産業及びオゾン層破壊物質産業 ・化学兵器として化学剤の利用に関する法律2008年第9号の添付書類に記載の化学兵器会議表1に掲げる化学物質産業 ・アルコールを含有する酒類産業 ・アルコールを含有する飲料産業：ワイン ・麦芽を含有する飲料産業
運輸	・陸上ターミナルの実施と運営 ・積載量計量橋の運営と営業 ・原動機付車両形式試験の運営 ・船舶航行支援通信/設備 ・船舶交通システム（VTIS）
情報通信	・無線周波数及び衛星軌道の監視基地の経営と運営
教育文化	・政府系博物館 ・歴史・古代遺跡（寺院、遺跡など）
観光・創造経済	・賭博/カジノ

2. 出資比率規制のある分野

条件付きで投資が許可されている事業は、外国資本の出資比率に制限がある場合や、特別許可が必要な業種など詳細に規制要件が定められています。一方で、投資事業活動に関する大統領規則 2021 年 10 号により多くの業種が 100%外国資本での進出が可能となったため、現在でも規制が残っているもののうち代表的なものは、建設業は 67%、海上・航空輸送は 49%までとなっています。また、出資比率についての詳しい内容は原文を確認し、どのような制約の下に投資が可能かを判断することが重要です。

3. 内資企業にのみ許可されている業種

インドネシアでは外国企業に開放されていない事業も一部存在しています。インドネシアの伝統産業に係る業種や、小売りなどについては外国企業には解放されていません。

4. 資本金の規制

■資本金に関する規制

製造業・非製造業の区別なく、土地建物を除く投資額の合計は原則5桁の産業分類コード KBLI ごとに 100 億ルピア超、引受資本金と払込資本金は同類で、100 億ルピア以上を満たす必要があります。そのため、どのような業種で進出する場合でも最低 100 億ルピア(約 9,500 万円)の払込資本金が必要となります。なお投資額については以下の例外規定があります。

[2021 年 3 月 29 日付 BKPM 規則 2021 年4号]

- 大規模商業:KBLI の頭から 4 桁ごとに、土地建物を除いて総投資額 100 億ルピア超
- 飲食サービス:KBLI の頭から 2 桁ごとに、土地建物を除いて同 100 億ルピア超
- 建設サービス:KBLI の頭から 4 桁ごと、建設コンサルティングサービス事業、建設施工事業、統合建設事業のいずれか 1 活動において、土地建物を除いて同 100 億ルピア超。建設コンサルティングサービス事業は、

建設施工事業および／あるいは統合建設事業と一緒に行うことはできない。

・ 工業：異なるKBLI 5桁の製品種類を1つの製造ラインにおいて生産する場合は、1ラインで土地建物を除いて同100億ルピア超
・ 不動産開発：ビル全体または統合住宅地の形の不動産の場合は、土地建物を含めて同100億ルピア超。1つのビル全体ではない、または統合住宅地ではない不動産ユニットの場合は、土地建物を除いて同100億ルピア超

引用 「日本貿易振興機構 JETRO」
https://www.jetro.go.jp/world/asia/idn/invest_02.html
2022年4月23日

5. 外国企業の土地利用に関する規制

土地所有権は、インドネシア国民（個人）にのみ認められています。法人は、所有権に代わる権利を得た上で、工場を建てるなどして操業することができます。

【土地利用権の比較表】

	開発権（HGU）	建設権（HGB）	使用権（HP）
意義	5～25haの国有地を農水産、畜産開発のために利用する権利	国有地／個人所有の土地の上に建物を建設し、所有する権利	国有地／個人所有の土地を特定の目的のために使用する権利
使用期間	35年（延長25年可）	30年（延長20年可）	25年（延長20年可）
その他	権利譲渡 担保設定可能	権利譲渡 担保設定可能	権利譲渡 担保設定可能

出所「日本貿易振興機構 JETRO」
https://www.jetro.go.jp/world/asia/idn/invest_02.html
2022年4月20日

バリやロンボックをはじめ、様々な観光地を持つインドネシアですが、観光地では不動産の価格は高騰化する一方です。例えば、ここ数年のバリの

タイ
ベトナム
フィリピン
インドネシア
マレーシア
カンボジア
シンガポール
ミャンマー
ラオス

不動産の価格平均で 20%ほど上昇しており、特に人気のある場所であれば、最大 40%上昇したと言われています。
　このように、不動産投資先としては大変魅力あるインドネシアですが、その反面、外国からの投資に対しては大変厳しい規制があることもまた事実です。以下では、インドネシアにおいて不動産投資をする上で知っておくべき規制と、実際の運用について記載します。

[インドネシアにおける物権の種類]
　インドネシアでは、日本と同様に様々な物権が民法上規定されています。その代表的なもので、次のようなものがあります。
・ 所有権(Hak Milik)
・ 借地権(Hak Pakai)
・ 建物賃借権(Hak Sewa Bangnan)
(※各権利の日本語訳については、民法上最も性質の近いものを適用しています。)

　このうち、土地の所有権については、外国人及び外国法人ともに保有することは出来ません。これはインドネシア憲法上禁止されていますので、将来の法改正を期待することは非常に困難です。一方で、借地権(Hak Pakai)が設定されている土地上に建てられた戸建てとアパートメントについては、2015 年 12 月 22 日に法改正がなされ、外国人及び国内に事務所を有する外国法人に建物の所有が認められることになりました。これはインドネシアにおける不動産投資を行う上で、画期的な法改正だと言えます。

[借地権(Hak Pakai)に関する注意すべき事項]
　借地権とは、土地の上に建物を所有するための権利を言います。 建物を取得する際には、必ずインドネシアのディベロッパーからの購入という形をとることが義務付けられています。さらに、購入後も戸建てとアパートメントの所有が無条件で認められるわけではなく、いくつかの要件を満たす必要があります。
①最長80年の所有となること
②国外に居住地を移す場合には、移転から一年以内に第三者へ譲渡すること
③各州の最低価額を超えていること(付表参照)

6. 外国人の権限について

インドネシアでは外国人が労務に係ることを禁止されています。また、業種によっては外国人が就任できない役職もあるためビザ取得の前に確認しておくことが望ましいです。

また、例外的に最初の雇用契約書へのサインのみ認められているため、最初に採用する社員を HRの社員もしくはHRを兼務させることが実務上必須となります。以下、実際にあった外国人が労務へ関与したと言われた事例になります。

事例①

雇用契約書のサインをすべて外国人取締役が行っていたため、労務監査により少額の罰金とすべての社員の雇用契約書のまき直しを命じられる。

事例②

残業承認の申請書にサインをしていて、残業承認＝給与に関することという理由で労務監査から是正勧告を受ける。

事例③

昇給の決定通知に外国人ダイレクターがサインを行っており、労務へ関与として是正勧告を受ける。

V. 投資インセンティブ

インドネシアでは、優遇措置という形で法人税の一時免税措置等や自由貿易地域などの措置がされています。

タックスホリデー制度	18業種に対し、商業生産の開始から、5年～20年にわたり、投資額に応じて法人税を 50%または 100%の減額。
タックスアローワンス制度	投資優先事業分野に指定された分野のうち、183 分野について、特定の事業分野、特定の地域への既存の投資に対し法人税に関わる便宜が供与。
インベストメントアローワンス制度	投資優先事業分野に指定された分野のうち 45 分野には、労働集約型産業向けの法人税軽減とグロス所得の軽減の便宜が供与。
特定の投資に対する機械・原材料の輸入関税免除措置(マスターリスト)	事業開始・拡大時の機械(設備)・物資・原材料の輸入にかかる関税は免除され、新規／拡張投資にも適用。投資優先事業分野に指定された計 246 分野が対象。
経済特区制度(20 地域)	経済特区における投資について、ネガティブリストの不適用(規制分野に対する外資出資 100%可)、タックスホリデー・タックスアローワンスの優先適用、輸入関税の留保(保税)、輸入にかかる諸税(付加価値税、前払い法人税、奢侈税)の不徴収などの便宜を供与。外資出資規制をはじめとした条件付き投資規定も、経済特区には適用されない。
自由貿易地区	自由貿易築および自由貿易港に指定された地区(指定期間 70 年)では、輸入関税、付加価値税、その他輸入にかかる諸税が免除。

出所「日本貿易振興機構 JETRO 外資に関する奨励 「各種優遇措置」詳細」2023 年 7 月 21 日

マレーシア進出

～IT分野をはじめ、多国籍企業の
活発な投資が進む国への進出方法とは～

Ⅰ. 進出時の特殊な留意事項一覧

1. 最低資本金要件について

マレーシアでは、会社設立は 1 リンギットで設立が可能です。しかし、マレーシアで行うビジネスに沿ったライセンスを取得する際に、最低資本金の要件が設けられています。マレーシアで外資企業として（51％以上が外国資本）会社を設立し、行う事業が、サービス業、小売業に該当する場合はWRTライセンスが必要であり、100 万リンギット（約 3,100 万円）が資本要件として設定されています。WRTライセンスは内資企業として設立する場合には取得の必要はありません。

また、製造業の場合は正社員 75 人以上、もしくは資本金が 250 万リンギット（約 7,500 万円）を超える場合にはマニュファクチュアリングライセンスが必要となります。そのため、ライセンスの取得要件と資本金額の関係には注意が必要です。

また、駐在員のビザを発行するためにも、資本金の最低要件が設けられており、資本金に占めるマレーシア資本の内訳によって金額が決まります。そのため、内資企業・外資企業、取得するライセンス、EPの必要性等を検討の上、資本金の要件を適切に満たす必要があります。

2. WRT ライセンスについて

WRT ライセンスは、サービス・小売・飲食業等を行う企業が、外国資本51％以上の場合取得が必須のライセンスとなり、多くの企業が取得の対象となります。取得のための資本金要件が 100 万リンギット（約 3,100 万円）であり、対象企業にとっては懸念事項の 1 つになります。

マレーシアでは、設立の際に名義貸しを行うことが慣行として多く行われており、資本金要件を満たせない場合、株主の名義貸しを利用しマレーシア人に 51％を保有してもらい WRT ライセンス自体を不要とすることが可能です。

WRT ライセンスは 2023 年時点で、申請より認可が降りるまで約 1 年かかるため、本来必要なライセンス取得までビジネスを稼働させることはできませんが、WRT ライセンス下の事業に関しては、申請が完了次第、稼働ができます。

3. インセンティブの豊富さ

マレーシアは近年、東南アジア統括拠点の設立を検討する企業が増えています。従来はシンガポールが統括拠点の候補筆頭でしたが、コストの高騰を理由にマレーシアの需要が高まっています。

・ **パイオニア・ステータス**

製造業を中心とした業界の会社が申請可能です。5 年間、法人所得税の 70%免除が受けられます。インセンティブを受ける際のカテゴリは細分化されており、MIDA に相談することで実際にどのカテゴリ下でのインセンティブを享受できるか予め把握することができます。

・ **投資税額控除**

これは、適格資本支出(認可を受けるプロジェクトで使用される工場、設備などにかかる支出)の多い会社が恩恵を受けやすい内容です。適格資本支出の 60%を法定所得の最大 70%までと相殺することができます。

例)適格資本支出 50 億リンギット、法定所得 20 億リンギットの場合。
控除可能額:適格資本支出 50 億リンギット×60%=30 億リンギット
法定所得の 70%までは相殺することが可能なので
20 億リンギット×70%=14 億リンギット分を控除、残りの 6 億リンギットが課税対象。
30 億リンギットの控除額の内 14 億リンギットを使ったので、残りの 16 億リンギットは翌年以降に繰り越し。
各年度ごとに控除可能額の計算を行います。

4. イスラム圏

マレーシアはブミプトラと呼ばれるマレー系が人口の約 6 割を占める国であり、彼らの信仰する宗教はイスラム教です。その為、イスラム教徒に配慮することが必要となります。マレーシアでは対象となる商品・サービスがイスラム法に則って生産・提供されたものであることを認証するハラール認証が様々な場面で必要となります。世界中に 300 以上の認証機関がありあますが、世界的な統一基準は定められていないため、国が認証機関を管理するマレーシアでは世界的にもレベルが高く信用度の高いものとされています。そのため、マレーシアでハラール認証を取得しイスラム経済圏への進出のきっかけとする企業も多いです。

5. 長期化する就労ビザ申請

マレーシアの就労ビザの認可基準は次第に厳しくなっており、取得までの期間も他の東南アジアの国々に比べて長いです。就労ビザは、現地法人、支店、駐在員事務所の全ての形態で取得可能です。

マレーシアに就労ビザで駐在できる人数は雇用するマレーシア人の数で判断され、比率は日本人 1 人に対し、マレーシア人 4, 5 人です。就労ビザは、現地法人、支店、駐在員事務所の全ての形態で取得可能です。

マレーシアに就労ビザで駐在できる人数は雇用するマレーシア人の数で判断されます。EP(Employment Pass)を申請する前に、枠取り(プロジェクション)を行う必要がり、雇用している正社員のマレーシア人の数をもとに判断される傾向にあります。

2021 年 1 月より、外国人労働者の就労許可申請に際し、マレーシア政府の求人サイトである「My Future Jobs」ポータルにマレーシア人が当該ポストに応募できるようにする必要があり、掲載期間は 14 日間ですが、以下の場合には免除されます。

- 上級職(CEO や CFO などの C-suite)やキーポスト
- 月給 15,000 リンギット以上
- 雇用主が駐在員事務所や地域事務所の場合
- 企業グループ内の異動、出向、貿易協定に基づく異動
- 雇用主が国際機関の場

2023 年 1 月より、雇用法の改正に基づき労働局長官からの事前の承認を得ることが必要になりました。雇用主は外国人労働者を雇用する場合は、労働局長官から事前の承認を得ることが必要となり、事前の承認を得

た後、労働局長官に対して雇用する外国人労働者の詳細を提出しなければいけません。
2023 年マレーシア入国管理局(ESD)は、「Xpats Gate Way」を導入しました。業界によりさまざまな省庁よりレターの準備が必要だったものを一元化し取得期間の短縮を図りました。

Tier 1～5 に分かれており、ファストトラック扱いになる Tier1、Tier2 および重要分野企業は最短 5 営業日でビザ発給許可証を取得することができます。ノーマルトラック扱いとなる Tier3～Tier5 の企業は 15 営業日程でビザ発給許可証を取得することが可能です。

サポートレターの取得期間が短くなりましたが、全体的には就労ビザの取得難度が上がっており、長期化する傾向にあります。

Ⅱ.各進出形態まとめ

1.現地法人

■株式会社

マレーシア会社法(Companies Act 2016)が定める現地法人の形態は以下のとおり株式有限責任会社、保証有限責任会社、無限責任会社の3つです(10条)

【現地法人の形態】

会社形態	特徴
株式有限責任会社 (Company Limited by Shares)	・株式を引受けた金額まで株主が債務返済に責任を負う ・外国企業としては最も一般的な進出形態
保証有限責任会社 (Company Limited by Guarantee)	・慈善事業等、非営利事業を行う際に利用される ・株主は通常出資しない ・引受けた金額により株主が債務の返済に責任を負う
無限責任会社 (Unlimited Company)	・株主がすべての債務の返済に責任を負う

このうち、もっとも一般的なのは株式有限責任会社であり、一般に「株式会社」と言えばこの形態の現地法人を指します。

さらに、株式の取扱により、法人は以下のように区分されます。

【株式の取扱による法人の区分】

法人区分	特徴
非公開会社 (Private Company)	・株式の譲渡が制限される ・株主の数は 50 人以下 ・居住取締役の数は 1 名以上 ・株式、社債、その他金銭預託の公募は不可
公開会社 (Public Company)	・上記非公開会社以外の会社 ・居住取締役の数は 2 名以上
上場会社 (Listed Company)	・マレーシア証券取引所(ブルサ・マレーシア:Bursa Malaysia)に上場している公開会社

なお、上記現地法人の形態のひとつである保証有限責任会社については、公開会社としての設立のみ認められています(会社法11条)

公開会社は同時に上場会社である場合が多く見られますが、非上場の公開会社(Unlisted Public Company)もあります。

いずれの形態も株主が1名以上であり、非公開会社の場合はマレーシアに居住する取締役が1名以上、公開会社の場合は2名以上必要です(196条)。

[法人設立の要件]

それぞれの形態の現地法人設立に必要な要件は、以下のとおりです。

(1)株式有限責任会社

出資者の責任が引受株式の金額までと定められ、外国企業にとっては最も一般的な進出形態です。

公開会社には社名の末尾に"Berhad"またはその略称Bhd.という語がつけられ、非公開会社の末尾には"Sendirian Berhad"またはその略称Sdn. Bhd.という語がつけられます(25条1項)。

なお、マレーシア語の"Berhad""Sendirian Berhad"はそれぞれ、企業(Corporation)、民間企業(Privately Owned Corporation)を意味します。

定款(Constitution)については、作成が義務付けられていません。定款が作成されていても記載がない項目、作成されない場合はすべて会社法に従うと規定されています(31条)。

マレーシア国内に本店(Registered Office)を有している必要があり、設立時に賃貸契約を結んでいないような場合は、登録用住所貸しサービスを提供している会社秘書役業務提供会社(Corporate Secretarial Service Provider)などを利用します。

居住取締役が1名以上(公開会社なら2名以上)必要であるほか、会社秘書役(Corporate Secretary)が1名以上必要になります(235条)。

通常、会社秘書役には、マレーシア会社登記所(CCM:Companies Commission of Malaysia)にライセンス登録された、会社秘書役業務提供会社の秘書を利用します。

法人設立後、30 日以内に指名を行い、通常は毎年一定の報酬を支払いながら、登記事項の管理、財務報告書の提出などのコンプライアンス業務を委託することになります。

当面マレーシアに人員を置けない場合、または取締役権限を親会社の人間に限定したい場合など、居住取締役を確保することが難しい場合には、マレーシアに 183 日以上居住する居住者に名義貸しサービスの提供を受け、名義取締役(Nominee Director)として登記することが考えられます。

この名義取締役は会社法にも明記された合法的な対応であり、マレーシアでは一般的な慣行と言えます(217 条)。

(2)保証有限責任会社

出資者の責任を、あらかじめ基本定款で定めた各出資者の出資限度額以内とし、その限度内で債務を返済しきれない場合には、不足額を 支払保証することを定款に定めた会社を言います。

定款への記載が根拠となるため、他の形態と異なり定款の作成は義務とされています(38 条)。

事業目的が以下のいずれかに該当する場合は、保証有限責任会社を設立する必要があります(45 条 1 項)。

・ 娯楽
・ 商工会
・ 芸術振興会
・ 科学振興会
・ 宗教推進
・ 慈善活動
・ 年金基金
・ その他国や地域に資する活動

公開会社に当たるため、社名の末尾には通常 Berhad またはその略称である Bhd. がつけられますが、当局に申請して許可を得れば、この部分を社名から外すことも可能です(45 条 3 項)。

事業所と 1 名以上の会社秘書役の設置が義務付けられるほか、公開会社に当たるため、居住取締役を 2 名以上置く必要があります。

(3)無限責任会社

出資者の責任範囲に制限がなく、清算時にはその債務をすべて負担する必要のある会社です。

この形態の会社の社名の末尾には Sendirian またはその略称である Sdn. がつけられます(25条1項)。

すべての責任を負うため、資本金が少なくても設立可能である、などの特色がありましたが、現在は有限責任会社の条件と差がなくなっており、ほとんど採用されることのない形態です。

2. 駐在員事務所・地域事務所

駐在員事務所と地域事務所は法人格を有しないため、その活動は
・ 市場調査
・ 研究開発
・ 無償のアフターサービス
などの非営利活動に限定されます。

また、マレーシア政府が駐在員事務所の設置を国に有益と考えられる業種に限定する意向であるため、駐在員事務所の設置が認められるケースは、マレーシアの奨励する製造業の進出準備、建設プロジェクトの業務連絡等で事務所が不可欠な場合に限られています。販売会社の駐在員事務所は、1998年以降、申請却下が続いています。

駐在員事務所の開設には、本社の会計報告書、申請会社の登記簿謄本、会社案内、所轄官庁の認可書等をマレーシア投資開発庁(MIDA:Malaysian Investment Development Authority)に提出して、認可を取得する必要があります。

また、年次で活動報告書を作成提出する必要があり、更新時期には報告書に基づいて更新の可否が判断されます。

[駐在員事務所と地域事務所の税務上の違い]

定義上役割の異なる駐在員事務所と地域事務所ですが、もっとも大きな違いは駐在員を置いた場合の個人所得税の扱いです。

駐在員事務所については、駐在員は原則管理者の立場に置かれ、通常の居住者として、基本的にはその収入全部に対して所得税が課税されます。一方、地域事務所の駐在員は、その役割がマレーシア国内ではなく周辺各国での活動にあるため、個人所得税は当該駐在員がマレーシア国内に滞在していた日数で所得を按分した金額にのみ課税されます。

3. 支店

外国法人として登記を行い、支店を設置すれば、通常は営業活動が可能になります。

ただし、卸売業、小売業については支店での進出が認められておらず、現地法人を設立する必要があります。

政府または政府関係機関との合同プロジェトクトに参加する場合は、支店の設立が認められる可能性があります。近年、外国法人の支店の設置が緩和されつつありますが、支店を設置するメリットが少ないため、申請案件は少ないのが現状です。

支店の開設には、支店名の許可申請、本社の登記簿謄本および定款の提出等の手続が必要となります。

4. その他の形態について

上記以外の進出方法としては、有限責任組合、企業買収・業務提携などの選択肢があります。

［有限責任組合］

2012 年有限責任組合法（Limited Liability Partnership Act 2012）により認められた、会社と組合の中間形態です。

会社定款によらず、契約により有限の責任で事業を開始できる点で、柔軟な組織設計が可能と考えられます。株式を発行して出資者を募る性質のものではないため小規模であることが多く、弁護士同士や IT 事業者間などでグループを作る際に用いられます。

成立要件としては、2 名以上の組合員（Partner）がいることに加え、会社秘書役に相当する、コンプライアンス・オフィサー（Compliance Officer）を設ける必要があります。

コンプライアンス・オフィサーはマレーシアの市民権、または永住権保持者であり、かつ居住者であって初めて任命を受けることができます。

[企業買収と業務提携]

上場企業、非上場企業の株式を購入することで、既存企業への出資と運営が可能になります。

要件としては、資本市場・サービス法(CMSA：Capital Markets and Services Act 2007)、および買収・合弁コード(Malaysian Code on Take-overs and Mergers 2016)に則っていることが挙げられますが、買収する企業のライセンスなどにより、詳細な要件は異なります。

たとえば、政策によってライセンスの新規発行が凍結されているような業種に参入したい場合に、すでに当該ライセンスを持っている現地法人を買収することが考えられます。

このようなケースでは、外資の出資割合に制限があることが多いので、管轄官庁への確認が必要です。

投資を行わなくても、業務提携によって、自社のサービスや商品を マレーシアで販売したり、製品製造だけをマレーシアで行うことにより事業を拡大することが可能です。その際の手続としては、業務提携先の法人との間で販売代理店契約や生産提携(OEM：Original Equipment Manufacturing)契約書を取交わすことになります。

自社の法的実体を持たないため、就労ビザなどを発行することができず、駐在員を派遣することができない点に注意が必要です。

Ⅲ. 各種設立スケジュール及び必要資料

1. マレーシア法人としての現地法人設立及び必要資料リスト

■スケジュール

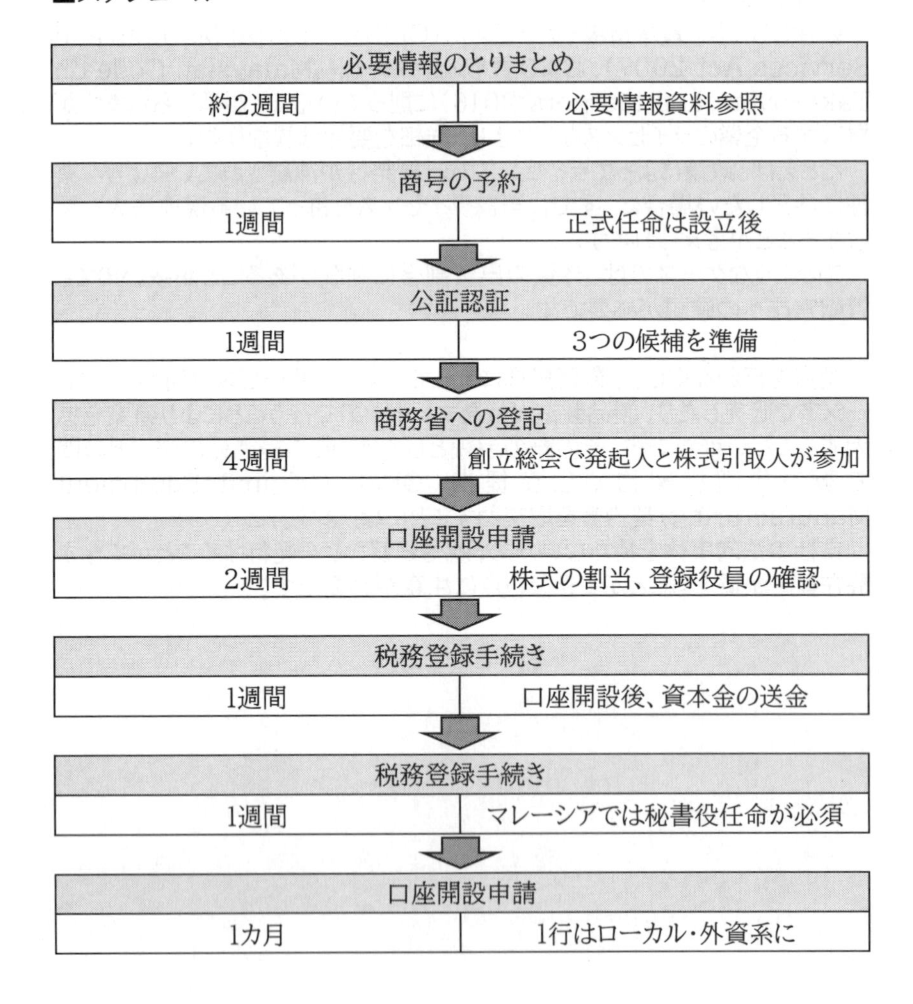

■必要書類

設立登記申請:SSM	
No	必要資料
1	申請書
2	定款作成必要情報(定款は任意) (社名・住所・資本構成・発起人・事業目的・取締役・監査人・会計期間・付属定款等)
3	代表者様のパスポートコピー、(WP コピー)※WP は、もしあれば
4	(外国企業が株主の場合) 登記簿謄本・印鑑証明書
5	発起人様のパスポートコピー、(WP コピー)※WP は、もしあれば
6	オフィスの住居登録証(タビアンバーン)

VAT 登録: 歳入局	
No	必要資料
1	申請書
2	賃貸契約書のコピー
3	住居登録証(タビアンバーン)
4	登記住所オーナーからの同意書
5	パスポートのコピー (写真のページ・ビザのページ・最新の入国スタンプのページ・出国カード)
6	アフィダビット(会社登記簿謄本)のコピー

7	委任状
口座開設：銀行	
No	必要資料
1	申請書
2	登記関連書類
3	口座開設にかかる取締役会議事録

外国企業が法人を設立する場合は、株式有限責任会社を選択するのが一般的です。

特に、国内取引・協同組合・消費者省（MDTCC：Ministry of Domestic Trade, Co-operatives & Consumerism）が公表した「マレーシア流通取引サービスへの外国資本参入に関するガイドライン（The Guideline on Foreign Participation in the Distributive Trade Services Malaysia）」は、「外国資本の流通取引業者は会社法に基づく現地法人でなければならない」と定めています。

現地法人の設立手続は、マレーシア会社登記所（CCM：Companies Commission of Malaysia、マレーシア語表記では SSM：Suruhanjaya Syarikat Malaysia）のウェブサイトにアクセスし、MyCoID（Malaysia Corporate Identity）と呼ばれる事業登録システムを使用し、オンライン上で行うことが義務付けられています。MyCoIDではスーパー・フォームと呼ばれる書式を用いて、社名の使用許可申請（ネームサーチ）、および社名使用許可後の設立登記書の提出を行います。

会社登記申請の前に確定しておくべき事項としては、以下の項目が挙げられます。

・ 会社秘書役の選定
・ 会社名
・ 発行株式・資本金額
・ 取締役(Director)
・ 発起人(Promoter)
・ 定款(Constitution)の有無

■秘書役の選定

マレーシアの会社は、必ず1名以上、会社秘書役を起用する必要があります。

国に登録された有資格者である必要があることから、一般的には会社秘書役業務提供会社に依頼します。会社秘書役は会社の登記、会社情報変更の届出などに加えて、年次報告書の届出など、各種手続を行います。以下の手続も、基本的に会社秘書役の指示に従って書類等準備を行います。設立手続きに必要な書類の準備も秘書役に頼むことができます。

コンサルティング会社に頼む場合は、コンサルティング会社が秘書役業務提供会社を兼ねている場合が多く別途選定の必要はありません。

■商号の申請と保全

会社設立に際し、まずは MyCoID 上で希望する社名の候補を複数挙げて、社名の検索を行います。そこでマレーシアで使用しても問題ない社名かどうか、すでに使用している企業、社名が類似している会社がないかを調査します。手数料は50リンギットです。

マレーシア国内にすでに同一の社名を使っている会社がある場合は 使用できず、また州や政府機関を連想させるようなもの、王国や国王等を連想させるもの、ハイフンやドットが入った社名は使用が認められません。また、マレーシアを社名に入れる際は()を使い、(Malaysia)、(M)とする必要があります。会社名は50字未満である必要があります。

問題なければ CCM からその旨が通知され、申請により30日間、申請した名前が保全されます。保全期間は一度につき50リンギット支払うことで30日ずつ、最大180日まで延長することができます。

■会社登記の申請
申請はすべてMyCoID上で行いますが、下記の書類が必要です。

スーパー・フォーム
2016年会社法発効以前に存在していた各種フォームを統合、整理して編纂された申請用紙であり、以下の情報の記載が必要です。

- 会社名
- ビジネスの詳細（資本金額、事業目的など）
- 公開・非公開会社の区分
- 本店の住所
- 会社秘書役、取締役、発起人の情報（氏名、国籍、ID番号、現住所）

本店の住所については、通常は法人設立時にオフィス賃貸契約などの締結が困難なことから、会社秘書役業務提供会社の住所を借りて登録を行います。
また、すべての会社には1名以上、マレーシア居住者である取締役がいる必要があります。実際にはほとんどのケースで設立時にマレーシア居住者がいないため、会社設立業者などに名義貸しを依頼して登記を行うことが一般的です。

宣誓書
宣誓書（Notice of Declaration）は発起人、および取締役の全員が会社運営に資することを保証する書類です。
原則として、登記を行う会社秘書役の前で直筆の署名を行うものとされていますが、マレーシアまで来ることが困難な場合は、代わりに署名証人（Witness）となるマレーシア居住者、または国の機関としての公証人による署名の認証が必要です。
日本の公証人を利用する場合、ハーグ条約（正式名は「外国公文書の認証を不要とする条約」）締約国であればアポスティーユ（Apostille）を利用できますが、マレーシアは非締約国であるため、公証人役場、日本国外務省、在日マレーシア大使館・領事館の認証過程をすべて経る必要があります。

身分証明書

会社秘書役、取締役、発起人の全員に関して、身分証明書のコピーおよび住所証明書類の提出が必要です。

マレーシア国民であれば、国民登録証明カード(NRIC:National Registration Identity Card)という身分証を、外国人であればパスポートの顔写真ページをスキャンした画像を提出します。

パスポートは顔写真ページに署名がされており、それ自体が国籍証明兼サイン証明書として認識されるため、日本の印鑑登録証明書と同様の重要な意味を持ちます。したがって、パスポートのサインとマレーシアの会社関係書類や、銀行など各種機関の公式サインを一本化しておくと、手続がスムーズになります。

住所証明書類には、通話料金や電気代といった各種支払明細書、免許証(表面)のコピー、クレジットカードの利用明細などが該当します。仮に取締役がマレーシア国外にいる場合であっても、上記資料は必要です。

申請料

株式有限責任会社の登記申請料は、1,000 リンギットです。MyCoID 上で支払を行いますが、会社秘書役業務提供会社に前払、または立替払を依頼して行うこともできます。

設立申請後、CCM から査問を受けることがありますが、質問に回答すれば設立が却下されることはほとんどありません。

[会社定款の作成]

2016 年会社法の施行前は、基本定款(Memorandum of Association)と附属定款(Articles of Association)の作成が義務付けられていましたが、現在、この2つを統合した定款の作成は任意とされています。

定款を作成する場合には、その旨を臨時株主総会の特別決議(Special Resolution)で採択する必要があり、会社秘書役が作成した書類に署名して、原本を提出します。

CCMは定款作成のためのモデル定款を用意しており、会社の基本情報を入力すれば、基本的な体裁を備えた定款が作成されるようになっています。

モデル定款のURL:
http://www.ssm.com.my/Pages/Legal_Framework/PDF%20Tab%202/sample_ clbg_constitution.pdf

定款の登録(Lodging Constitution)は会社秘書役の役目とされており、MyCoID上で30リンギットを支払って行います。

カンパニーシール(会社印の作成)

社印(Common Seal)は、以前は設立時に作成が求められていましたが、2016年会社法により任意になりました。

ただし、実際には地域のライセンス取得申請時や、他国の政府機関、国際取引の契約書などで、署名と合わせて社印が求められることが多いため、作成が推奨されます。

マレーシア都市部では印章作成業者が多く、インターネットなどでデザインを指定し、会社名と会社登録番号を伝えればおおむね数時間で作成されます。

資本金の設定

マレーシアでは1リンギットの資本金で設立することが可能ですが、多くの場合、登記完了後事業ライセンの取得及び就労ビザの申請に資本金要件があるため、予め要件を満たす額を設定することが求められます。

増資の手続きを踏む場合は、書類の作成から振り込みを経て、資本金の着金のレターを得るまで3週間ほどかかります。

株式の払込

口座開設後、資本金を払込み、銀行が発行する着金証明をもって秘書役に依頼することで、資本金の登録手続を取ります。

外国人資本100%の会社の場合、就労ビザ(EP:Employment Pass)の取得に最低でも50万リンギットの資本金が必要である状況が続いているため、資本金の金額は確認が必要です。

取締役会の開催

取締役会の開催を行い、株式の割当、取締役、株主、会社秘書役の名簿の確認を行います。なお、取締役会は、書面決議で完結することが可能です。

秘書役の任命

登記完了から30日以内に、会社秘書役を正式に選任する通知書（Notification of Appointment）を発行し、選任の日から14日以内にCCMに登記を行います。

この場合の第一会社秘書役は必ず政府登録業者（Professional User）から選ぶ必要があり、通常、会社秘書役自身が自ら作成した書類に署名することになります。

事業用ライセンス取得

事業内容や就労ビザ取得の必要の有無に従って、各省庁からのライセンスを申請・取得します。

主な例としては、ビジネスライセンス（Business Premises License）、販売業者ライセンス（WRT：Wholesales Retail Trade License）などがあります。

自社の事業にどのライセンスが必要になるか、設立業者などに確認を行うことが肝要です。

ビジネスライセンスは、オフィスのある自治体より、販売業者ライセンス等や製造業者ライセンス（Manufacturing License）等は、国の担当省庁より取得します。

各種登録

企業コンプライアンス遵守のため、税務、労務上の各種登録を行います。代表的なものは以下のとおりです。

- 売上税・サービス税（SST：Sales and Services Tax 2018年9月より導入された消費税の一種）
- 法人所得税（CIT：Corporate Income Tax）
- 従業員積立基金（EPF：Employees Provident Fund）

・従業員社会保障制度(SOCSO:Social Security Organization / PERKESO:Pertubuhan Keselamatan Sosial)

その他コンプライアンス

法人登記後は、以下のような義務があります。

・本店所在地(Registered Office)の変更(実際にオフィス契約を締結した後)
・会計年度(Financial Year End)の決定(設立後18ヵ月以内に会計報告書(Audit Report)が提出できるよう設定)
・外部監査人の選任、監査の実施(設立後18ヵ月以内、その後は会計年度末後6ヵ月以内)
・CCMへ年次報告書を提出(毎年設立日から30日以内)

なお、2016年会社法により、定款にその定めがなければ、年次株主総会(Annual General Meeting)の開催は必要なくなりました。

上記の「年次報告書(Annual Return)」は会計報告書とは異なり、毎年、設立日から30日以内に提出することが義務付けられています。内容として、以下の事項が記載されていなければなりません。

・登記上の本店住所
・事業内容
・支店を含む実際に事業が行われている住所
・株主名簿が保管されている住所(登記上の本店住所に保管されていない場合)
・財務諸表が保管されている住所(登記上の本店住所に保管されていない場合)
・株式、社債の保有形態
・負債総額
・取締役、会社秘書役、監査人の概要
・株主の名簿
・その他必要とされる事項

2. 駐在員事務所の設立及び必要書類リスト

■スケジュール

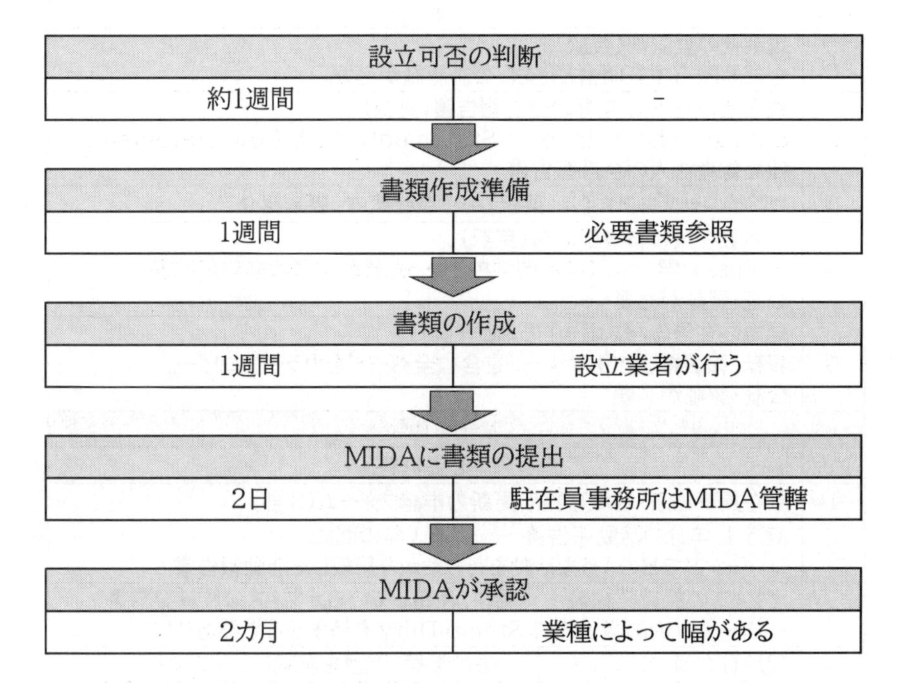

■必要書類

日本側	
No.	必要資料
1	親会社の登記簿(英訳) 全部履歴事項証明書と定款。公証認証が必要。
2	親会社の過去 2 年分の会計報告書(英訳) Balance Sheet, Income Statement, Cash flow Statement, 独立監査法人の会計報告書
3	カンパニープロファイル(英訳) … 会社案内、事業紹介
4	現地駐在員の卒業証明書(英訳) 大学院、大学、もしくは専門学校といった最終学歴の卒業証明書。 公証・認証が必要
5	現地駐在員のパスポートのコピー … 表紙、裏表紙、空白のページを含む全ページをカラーでコピー。 公証・認証が必要
マレーシア側	
No.	必要資料
1	駐在員事務所・地域事務所更新の申請フォーム(3 部)
2	直近 1 年分の活動報告書 … 直近 1 年の間に、 マレーシアでどのような活動を行ったかを記載した活動報告書
3	オフィスの賃貸契約書 … 現在、使用しているオフィスの賃貸契約書 (マレーシア内国歳入庁で Stamp Duty を済ませる必要あり)
4	現地駐在員のレジュメ … 過去の学歴、職歴を記載したレジュメ
5	パスポートのコピー (写真のページ・ビザのページ・最新の入国スタンプのページ・出国カード)

■駐在員事務所および地域事務所の設立手続き

駐在員事務所および地域事務所の定義は、以下のとおりです。

駐在員事務所(Representative Office)

マレーシアにおける、サービス部門や製造部門に関する情報収集や、マレーシアの貿易促進に関する投資機会の情報を収集する目的で設立される事務所。

地域事務所(Regional Office)
　東南アジアやアジア・太平洋地域において、特定の活動に関する責任を持ち、当該地域の代表事務所として運営されている事務所。

　いずれの場合も、設立が許可される条件として、以下の2 つが挙げられます。

・ 年間の費用支出が 30 万リンギット以上となること
　30 万リンギットについては、駐在員の給与やオフィスの賃料等も含まれるため、決して高いハードルではありません。
・ 資金はすべてマレーシア国外から賄われること

　駐在員事務所および地域事務所の設立手続は以下のとおりです。
※販売会社の駐在員事務所は、1998 年以降、申請却下が続いています。

■設立業者の選定と業務契約の締結
　駐在員事務所・地域事務所設立の手続は、通常設立業者に委託します。契約を締結した時点で必要情報の提供が行われ、業者を通して政府当局により設立の可否の判断がなされます
　マレーシア政府が駐在員事務所の設置を国に有益と考えられる業種に限定する意向であるため、駐在員事務所の設置が認められるケースは、マレーシアの奨励する製造業の進出準備、建設プロジェクトの業務連絡等で事務所が不可欠な場合に限られています。
　2020 年ごろより、規制は緩くなっていますが、MIDA に問い合わせの上判断を仰ぐのが最善です。日本にも管理当局 MIDA のオフィスがあります。比較的簡単にオフィサーとの面談の場を設けることができるため、会社概要や、マレーシアでのビジネス計画をもって直接説明することが望ましいです。

■必要書類のチェック
通常は設立業者が必要書類の確認を行いますが、設立申請先であるMIDA もチェックリストを公開しており、漏れがなければ自ら申請することも可能です。

■MIDA への書類提出
駐在員事務所・地域事務所については、CCM への登記は必要とされておらず、MIDA に対して申請を行います。

加えて、銀行業、および観光業はそれぞれ、マレーシア中央銀行(Bank Negara Malaysia)、およびマレーシア観光、芸術、文化省(Ministry of Tourism, Arts and Culture Malaysia)の認可を受ける必要があり、個別に連絡を行います。

■MIDA が認可
書類提出から認可取得までの所要期間は約 2 ヵ月であり、業種や活動内容によって幅が見られます。業種によって異なりますが、通常 2～3 年間の事務所の活動認可がおります。

■認可取得後の手続き
設立が完了した時点で、事務所のオフィス契約、駐在員の就労許可申請、銀行口座開設など必要な申請、許可取得に進みます。詳細は法人設立、支店設立時と同様です。

認められた活動期間(一般に 2～3 年)が経過した時点で、駐在員事務所・地域事務所の延長の是非を検討します。
延長が可能な場合もありますが、必要性を立証できず延長を拒否されるケースも多くあります。
将来の工場建設の事前調査、その他マレーシアにとって有益と認められる活動を目的とした非営利活動に関しては、認可される傾向にあります。

駐在員事務所・地域事務所の延長認可の条件としては、以下が挙げられます。

- 活動内容は、マレーシアにおける投資や原材料・部品調達に関する情報収集、事業企画、研究開発、関係会社間のコーディネート、および本社への報告とし、直接商取引に結びつくような営業活動を行ってはならない。
- 認可期間の駐在員の就労には、マレーシア出入国管理局から正式 に就労ビザ(Employment Pass)を得る必要がある。
- 独立した事務所を構え、設立後 14 日以内に事務所の住所を MIDA に通知する。
- 駐在員事務所・地域事務所であることを明示した看板の掲示をする。
- 毎年、活動報告書を MIDA に提出する。

■更新フロー

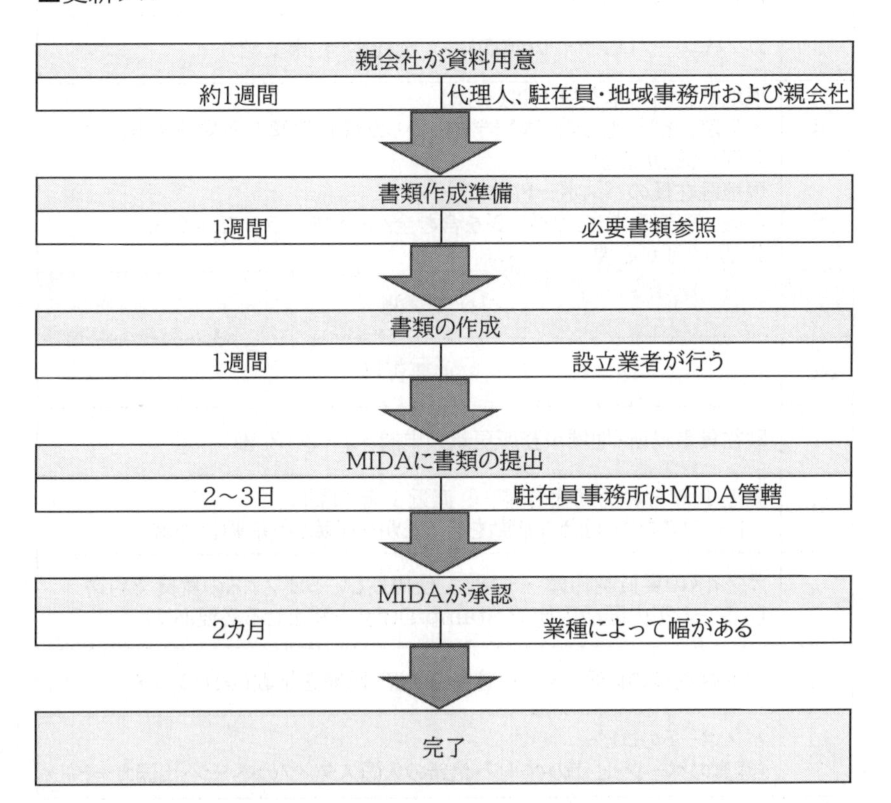

■必要書類

日本側	
No.	必要資料
1	親会社の登記簿（英訳） 履歴事項全部証明書と定款、公証認証が必要
2	親会社の過去２年分の会計報告書（英訳） Balance Sheet, Income Statement, Cash flow Statement, 独立監査人の監査報告書
3	カンパニープロファイル（英訳）…　会社案内、事業紹介
4	現地駐在員の卒業証明書（英訳） 大学院、大学、もしくは専門学校といった最終学歴の卒業証明書、 公証・認証が必要
5	現地駐在員のパスポートのコピー … 表紙、裏表紙、空白のページを含む全ページをカラーでコピー、 公証・認証が必要
マレーシア側	
No.	必要資料
1	駐在員事務所・地域事務所更新の申請フォーム（3 部）
2	直近１ 年分の活動報告書 … 直近１ 年の間に、 マレーシアでどのような活動を行ったかを記載した活動報告書
3	オフィスの賃貸契約書 … 現在、使用しているオフィスの賃貸契約書 （マレーシア内国歳入庁で Stamp Duty を済ませる必要あり）
4	現地駐在員のレジュメ … 過去の学歴、職歴を記載したレジュメ
5	パスポートのコピー （写真のページ・ビザのページ・最新の入国スタンプのページ・出国カード）

[MIDAが資料を確認し駐在員事務所を評価]… ❹
評価される主な内容は以下のとおりです。

・ 駐在員の個人所得税支払の有無
・ 年間の支出額が30万リンギット以上であるか否か

[Committee Meeting(正式名称はJPPD Meeting)を開催]… ❺
Committee Meetingは必ずしも定期的に行われることがないため、本来であれば1〜1.5ヵ月で完了する手続も長引く可能性があります。したがって、3ヵ月以上前から資料準備を始め、3ヵ月前からは更新手続を開始できるよう、余裕を持って進める必要があります。

[Approval Letterを発行]… ❻
Commitee Meetingにて可決を得られた後、MIDA当局長より押印がされたApproval Letterが発行されます。
この時点で、いわゆる"登記完了"の状態となりますので、マレーシア国内においての賃貸契約や雇用契約を、事務所名をもって行うことができます。

3. 支店の設立及び必要資料リスト

■スケジュール

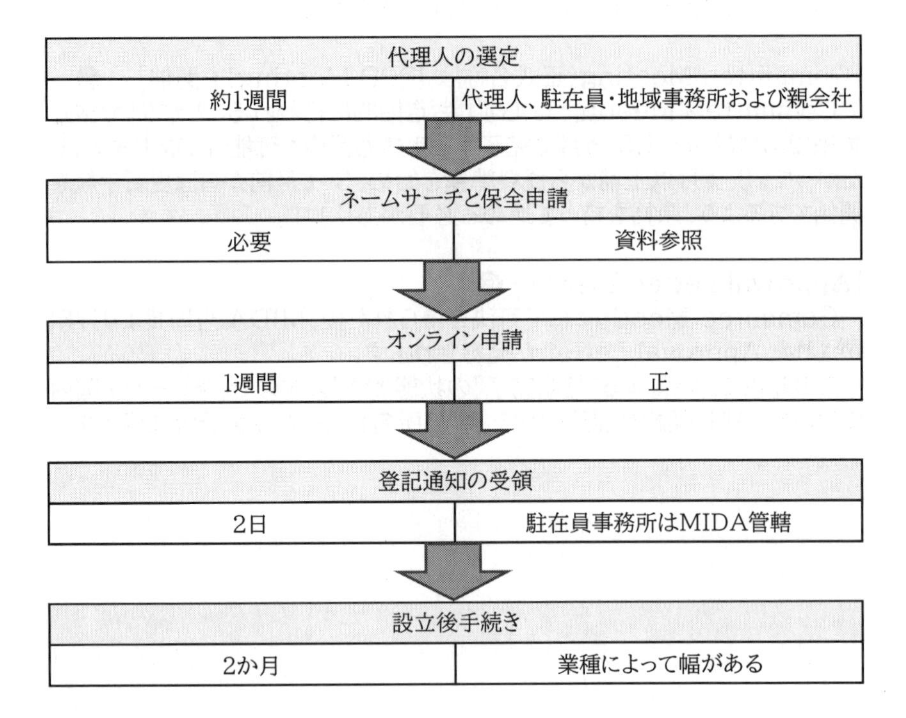

【設立フロー】

[代理人の選定]… ❶

通常は法人設立業者から代理人を選定し、契約書を締結して依頼します。

代理人を変更する場合、CCMに届出を行わなければなりません。

[ネームサーチと保全申請]… ❷

支店設立に際して、本店と同一名という前提においてMyCoID上でネームサーチを行う必要があります。これによりマレーシアで運営しても問題ない社名か、すでに使用している企業、社名が類似している会社がないかを調査します。手数料は50リンギットです。

マレーシア国内ですでに同一の社名を使っている会社があった場合は使用できず、また州や政府機関を連想させるようなものや王国や国王等を連想させるもの、ハイフンやドットが入った社名は使用が認められません。また、50字以上の会社名は申請できません。

問題なければCCMからその旨が通知され、申請により30日間申請した名前が保全(Reservation)されます。

保全期間は一度につき50リンギット支払うことで30日ずつ、最大180日まで延長することができます。

[オンライン申請]… ❸

外国法人支店の登記申請は、MyCoID上で行います。申請には下記の書類が必要となります。

- 外国法人の登記簿謄本(日本国外ならCertificate of Incorporationなど)
- 外国法人の会社定款
- 外国法人の株主および取締役名簿(株主が500人以上の場合は上位20名のリストと500人以上であることの証明書)
- 発行済株式の内容および株式数
- 代理人の氏名および住所
- 代理人選任に関する宣誓書および選任書

以上の書類は、マレー語または英語で書かれたものしか受け付けられないため、日本語のものは英訳が必要です。

代理人選任の宣誓書および選任書

通常は代理人自身が英文で作成し、外国法人の側が署名を行って提出します。

原則として証人が署名を認証する必要があるため、署名者がマレーシアに来ることが難しい場合、日本で公証人による認証を受けることになります。

登録料

外国法人の支店登記には、本店の資本金の金額に応じた登記料がかかります。

具体的には以下の表のとおりです。

（単位：リンギット）

資本金額	登記料
0 ～ 1,000,000	5,000
1,000,001 ～ 10,000,000	20,000
10,000,001 ～ 50,000,000	40,000
50,000,001 ～ 100,000,000	60,000
100,000,001 ～	70,000

※株式資本を有しない会社に関しては、一律最高額 7 万リンギットの登記料がかかります。

［登記通知受領］… ❹

❸で解説した書類、金額を CCM に提出すれば、おおむね 1～2 日で登記通知（Notice of Registration）が発行され、外国法人としての登記が完了し、支店設立が可能になります。

［設立後の手続］… ❺

外国法人登記後、以下の対応が必要となります。

登記住所の通知

登記完了から1ヵ月以内に事務所のオフィス契約を締結し、住所を登録します(566条2項)。

事業用ライセンス取得・各種登録

法人に準じ、事業内容に応じて、各省庁からライセンスを取得し、その他の企業コンプライアンス上の各種登録を行います。

銀行口座開設

支店には独自の資本金という概念はありませんが、政府機関への納税、リンギット建ての支払など、事業運営を考慮して、地場の銀行に口座を開設する必要があります。

口座開設の条件等は法人の場合に準じ、当該銀行の口座を保有している個人または会社の紹介が必要です。

その他コンプライアンス

支店のコンプライアンスは現地法人と少し異なり、登記後は以下のような義務があります。

・ 監査の実施 … 会計監査および税務申告
・ CCM への年次報告書の提出 … 本店財務諸表とともに、年次株主総会後 2 ヵ月以内に提出
・ 登記内容変更の届出 … 変更後 14 日以内に通知を行う。授権資本の引上げ・増資等は変更後 30 日以内に通知

支店の会計年度(Financial Year End)は本店と同一でなければならず、CCM に提出する財務諸表は、監査を受け、公式に英訳されたものである必要があります。

2016 年会社法で、「外国法人(Foreign Company)とは、マレーシア国外で設立された会社、またはそれに準ずる法人で、設立場所の法律に従って訴訟を起こし起こされる存在を言う」とされています(会社法 2 条)。

外国法人としてマレーシア国内で事業を行うには、CCM で外国会社の登記(Registration of Foreign Company)を行うことになります。これが、一般に支店の設置と呼ばれる手続になります。

支店は名前が本店と同一である必要があり、かつ本店が行っている事業活動しか行うことができません。また、マレーシア国内で外国法人がそのマレーシア支店に対して提供した役務に対しては、対価の支払に際して源泉徴収税が課せられる点にも注意が必要です。

登記の書類や申請手順は、現地法人の設立方法と共通する部分が多くあります。
特徴的なのは、現地法人の場合の会社秘書役と同様、当該外国法人に代わって書類等のやり取りを行う、マレーシア居住者の代理人(Agent)を最低1名選任する必要がある点です。

選任された代理人は、会社法に規定されるすべての事項について報告の義務があり、裁判所において責任がないと判断された場合を除いて、当該外国法人の会社法違反に対してすべての責任を負います。

Ⅳ. 外資規制

1. 投資規制

マレーシアはマレー系、中国系、インド系の人々が住む多民族国家であり、民族間の経済格差が問題となっていました。

連邦憲法に定義されているマレーシア系先住民のことを、ブミプトラと言います。ブミプトラを優遇・保護するための政策全般は「ブミプトラ政策」と呼ばれ、ブミプトラの経済格差是正だけでなく、外資規制としても機能してきました。ブミプトラ政策の目的は、ブミプトラ企業への支援や、ブミプトラの教育環境の向上および就労の支援とされてきました。

しかし、ブミプトラ政策に基づく外国資本の企業設立に対する規制は大幅に緩和されており、製造業などほとんどの業種で 100%外国資本による出資が認められています。ただし、サービス業、とりわけコンビニエンスストアなどの卸・小売業分野では規制が残っています。

2. 禁止業種

2010 年に公表された「マレーシア流通取引・サービスへの外国資本参入に関するガイドライン(Guidelines on Foreign Participation in the Distributive Trade Services Malaysia)」で、流通業・小売・卸業について、外資参入の禁止業種が定められていましたが、2020 年 2 月にガイドラインの改訂版が発行され、コンビニエンスストアの外資参入禁止が緩和されています。同ガイドラインが適用される流通業の範囲は広く、販売会社やサービス業が広くカバーされています。

- スーパーマーケット/ミニマーケット(販売フロア面積が 3,000 平方メートル未満)
- 食料品店/一般販売店
- 新聞販売店、雑貨品の販売店
- 薬局(伝統的なハーブや漢方薬を取り扱う薬局)
- ガソリンスタンド
- 常設の市場(ウェットマーケット)や歩道店舗

- 国家戦略的利益に関与する事業
- 布地屋、飲食店（高級店でない）、宝石店など

3. 出資比率・資本金規制

禁止業種のほか、出資比率規制や最低払込資本金についての規制が、業種ごとに設けられています。

［国家権益に関わる事業］
国家権益に関わる事業（水、エネルギー・電力供給、放送、防衛、保安等の国益に関わる分野）では、外資参入が30%または49%に制限されています。

［製造業］
製造業では、ほとんどの業種で100%外資参入が認められており、資本金条件も課されていません。ただし、製造業を営む場合には、国際貿易産業省（MITI：Ministry of Investment Trade and Industry）が発行するライセンスが必要となり、マレーシア投資開発庁（MIDA：Malaysian Investment Development Authority）に申請を行います。このライセンスの取得は、株主資本が 250 万リンギット以上、または従業員が 75 名以上いる製造業の株式会社に対して義務付けられています。
また、新規取得に際してフルタイムの常勤雇用者の80%がマレーシア人であること（80-20 ルール）が要件となっており、既にライセンスを取得している企業についても 2024 年 12 月 31 日以降までに要件を充足することが求められています。

［サービス業］
物流業、卸・小売業、その他別途法律で規定されている商品およびサービス（石油製品、医薬品、有害物質など）を取扱う会社を除く、その他のさまざまな販売形態のサービス業については、最低払込資本金が 100 万リンギットと定められています。
サービス業についての管轄は国内取引・消費者省（Ministry of Domestic Trade and Consumer Affairs）です。

以下、各業種について詳しく述べていきます。

[物流業]

陸運業のライセンスは、クラス A(貨物)、クラス B(コンテナ)、クラス C(会社所有の物品の輸送)の 3 つに分かれています。また、空輸業のライセンスはクラス A(マレーシア国内・海外)、クラス B(マレーシア国内・インバウンド)クラス C(特定区域)に分かれています。

物流業は規制が特に厳しく、業種によって資本規制が以下のとおり定められています。

分類	ライセンス管轄省庁	根拠法令	小分類	資本要件
陸運業	陸路 公共交通 委員会 (SPAD)	1987 年 商業車両 ライセンス 委員会 (Commercial Vehicles Licensing Board 1987)	クラス A (貨物)	マレーシア国籍 (30%はブミプトラ資本)の 資本が51%以上、 最低払込資本金 25万リンギット、 運転資金として、 ライセンスを取得する 車両の価格の30%
			クラス A (コンテナ)	現在ライセンスの発給を 行っていない。
			クラス C (会社所有の物品の輸送)	最低払込資本金 25万リンギット、 運転資金として、 ライセンスを 取得する車両の価格の30%
海運業	運輸省 (MOT)	1952年 商業船舶法令 Merchant Shipping Ordinance 1952	マレーシア 船籍	(ライセンス期間2年の場合) 30%以上の ブミプトラ資本および 取締役会を構成する 船員の75%がマレーシア人 船齢10年未満である
			外国船籍	最長の認可期間が3ヵ月で、 資本条件はなし

空輸業 (航空宅配便参入の場合)	マレーシア通信・マルチメディア委員会 (MCMC)	1991年郵便サービス法 (Postal Service Act 1991)	クラス A (マレーシア国内・海外)	最低払込資本金 100万リンギット
			クラス B (マレーシア国内・インバウンド)	最低払込資本金 50万リンギット
			クラス C (特定区域)	最低払込資本金 10万リンギット

[卸・小売業]

卸・小売業については、以下の様に資本要件が販売形態ごとに異なります。

なお、ハイパーマーケットとは販売床面積が 5,000 ㎡以上の販売店、スーパーマーケットとは 3,000 ㎡以上 4,999 ㎡以下の販売店のことを指します。

分類	資本要件等
ハイパーマーケット	・30%以上のブミプトラ資本の出資、最低払込資本金 5,000万リンギット ・各店舗の陳列スペースのうち、30%以上にブミプトラの中小企業製の商品を配置する
スーパーマーケット	・30%以上のブミプトラ資本の出資、 ・最低払込資本金 2,500万リンギット
コンビニエンスストア	・24時間営業で、回転の速い品目を販売する、180平方メートル以下の店舗である。 ・外資の保有は30%まで可能。 ・資本の30%以上はブミプトラまたはマレー系が保有しなければならない。 ・外資はフランチャイズ方式で参入しなければならないが、全体の30%までは直営店が認められる。
デパート	・最低払込資本金 2,000万リンギット
専門店	・最低払込資本金 100万リンギット
上記および禁止業種を除くその他の卸・小売業	・最低払込資本金 100万リンギット

V. 投資インセンティブ

1. 投資インセンティブの概要

マレーシアには外国投資を奨励するために、多種多様な投資インセンティブが用意されています。産業別優遇策、税制上の優遇措置、保税優遇措置、資本財輸入時の関税減免等の優遇措置です。投資優遇措置の柱としては、パイオニア・ステータス(Pioneer Status)と投資税額控除(ITA: Investment Tax Allowance)が挙げられます。いずれも製造業、農業、ホテル業および観光業、研究開発事業、ヘルスケア事業、その他の事業といった、マレーシア政府が定める「促進事業」に該当する事業を行う会社、および「促進製品」を製造する会社に与えられる投資優遇措置です。

[パイオニア・ステータス]

パイオニア・ステータスは、1986 年投資促進法およびその他の法律で定められた制度です。認可されるかどうかは、付加価値のレベル、使用される技術の高さ、産業間連携強化への寄与等を考慮して判断されます。

認可を受けた企業は「生産開始日(生産レベルが生産能力の 30%に達したと認められた日)」から５年間の法定所得(総収益から収益的支出と資本控除を差し引いた後に算出される所得)の 30%のみが課税対象となります。また、課税対象とならない所得から分配される配当金についても本措置は適用されます。

パイオニア・ステータス期間中に発生する未控除の資本控除および累積損失は繰越すことができ、パイオニア・ステータス期間後に発生した所得からも控除することができます。

[投資税額控除]

パイオニア・ステータスに代わる手段として、企業は投資税額控除を申請することができます。投資税額控除が認められた企業は、最初に適格資本的支出(認可プロジェクトで使用される工場、プラント、機械、その他の設備に対する支出)が発生した日から 5 年以内に発生した適格資本的支出に対して、60%の税額控除が得られます。この控除で各年度の法定所得の 70%を相殺することができ、未利用の控除枠は全額が利用されるまで、翌年以降に繰越すことができます。

[パイオニア・ステータスと投資税額控除の選択]

上記のとおり、主要な優遇措置には、パイオニア・ステータスと投資税額控除がありますが、どちらの優遇措置を受けるかは、進出企業が現地法人設立許可申請のためにMIDAに提出する製造ライセンス認可申請書の冒頭で選択します。

パイオニア・ステータスを認められる企業の中心は製造業ですが、農業、観光業(ホテルも含む)、認可サービス業、研究開発、研修ほか、環境保護活動などに対する投資企業も認められます。製造業において初期投資額が大きく、操業開始後の数年間は設備償却費等がかさみ、赤字が続く場合は、パイオニア・ステータスの「当初 5 年間の所得税の一部免除」の恩恵は、事実上ほとんど享受できません。このような工場設備に多額の資金を投資する企業は、パイオニア・ステータスでなく、「投資税額控除」を選ぶのが賢明です。「投資税額控除」を認められた一般製造企業は、「適格資本的支出(認可プロジェクトで使用される工場、プラント、機械、その他の設備への支出)」が最初に発生した日から5年以内に発生した「適格資本的支出」の総額の60%に相当する控除枠が与えられ、この控除枠を毎年の法定所得の 70%と相殺できます。未利用の控除枠は、全額利用されるまで、翌年以降に繰越して使用することができ、企業はその間、控除枠で相殺された残りに対してだけ、法人税を払うことになります。

パイオニア・ステータス期間内に発生した未利用の資本控除枠は、累積損失とともに繰越すことができ、さらにはパイオニア・ステータス期間後の収益から控除することができます。

以下、業種別にパイオニア・ステータスと投資税額控除の適用について解説します。

2. 製造業部門におけるインセンティブ

製造業部門における奨励業種は、以下のように区分されます。

・ハイテク産業
・戦略的プロジェクト
・中小企業(製造業)
・特定の機械機器製造産業
・高付加価値の自動車部品製造産業・ハイブリッド車製造産業
・パーム油バイオマスを活用して製造を行なう産業
・造船・船舶修理業を行う産業

[ハイテク産業]
ハイテク産業の業種は下記のとおり定義されます。

・コンピュータ産業の開発およびデザイン
・医療機器、化学機器の開発およびデザイン
・バイオテクノロジー
・先端材料(ポリマー、生体高分子、ナノ粒子
・代替エネルギー技術
・鉄鋼

さらに、優遇措置を受けるためには、以下の条件を満たす必要があります。

・マレーシア国内における総売上のうち、研究開発費の割合が少なくとも年間 1%以上あること
(この条件を満たすまで事業開始から 3 年間の猶予がある)
・全従業員数のうち、大学卒業資格あるいはディプロマ(短大・専 門学校卒)を取得し、かつ関連分野で 5 年以上の経験を有する化学・技術系のスタッフが、少なくとも全従業員数の 15%以上在籍していること

これらの条件を満たす場合、下記の内容のパイオニア・ステータスか、投資税額控除を受けることができます。

【ハイテク産業の優遇措置】

優遇の種類	優遇措置の内容	申請先
パイオニア・ステータス	5年間の法定所得の100%について法人税免除	MIDA
投資税額控除	5年間発生した適格資本的支出の60%に対する投資税額控除	MIDA

なお、パイオニア・ステータスについては、未利用の資本控除枠と累積損失は繰越が可能であり、投資税額控除については未利用の控除枠を全額利用するまで翌年以降に繰越が可能です。

[戦略的プロジェクト]

戦略的プロジェクトは、「一般的には、長期の投資計画と多額の資本支出、高度な技術を伴い、総合的で広範囲な産業が連携し、経済に重要な影響を与えるプロジェクトのことで、国家全体にとって重要な活動」と定義されています。

戦略的プロジェクトに該当する場合、以下のパイオニア・ステータスか投資税額控除を選択して受けることができます。

【戦略的プロジェクトの優遇措置】

優遇の種類	優遇措置の内容	申請先
パイオニア・ステータス	10年間の法定所得の100%について法人税免除	MIDA
投資税額控除	5年間発生した適格資本的支出の100%に対する投資税額控除	MIDA

なお、パイオニア・ステータスについては、未利用の資本控除枠と累積損失は繰越が可能であり、投資税額控除については未利用の控除枠を全額利用するまで翌年以降に繰越が可能です。

[中小企業]

中小企業は、マレーシアの資本が60%以上で払込資本金が50万リンギット以下の企業、またはマレーシア資本100%で払込資本金が50万リンギット超250万リンギット以下の企業と定義されています。

製造業部門の場合、以下の業種に従事し製造に関わっている必要があります。

【MIDAのインセンティブ対象となる中小企業業種】

1	農業
2	農業その他製品の加工(穀物、野菜、コーヒー豆、青果など)
3	林業製品
4	ゴム製品の製造
5	パーム油製品およびその派生製品の製造
6	化学製品およびその医薬品の製造
7	木材製品の製造(木材成形品、建具)
8	紙・板紙製品の製造
9	繊維・繊維製品の製造
10	粘土製品、砂製品、その他非金属鉱物製品の製造
11	鉄鋼製品、非金属鉱物製品の製造
12	製品やサービスのサポート業(金属プレス加工、シール材)
13	輸送部品の製造
14	機械および備品の部品の製造
15	電気・電子製品、コンポーネント、部品の製造(家庭用、工業用製品)
16	家具やその関連部品の製造
17	ゲームおよびその付属品の製造
18	記念品の製造
19	プラスチック製品の製造

出所:MIDA

製造業部門の中小企業に該当する場合、以下のパイオニア・ステータスか投資税額控除を選択して受けることができます。

【製造部門中小企業の投資税優遇措置】

優遇の種類	優遇措置の内容	申請先
パイオニア・ステータス	5年間の法定所得の100%について法人税免除	MIDA
投資税額控除	5年間発生した適格資本的支出の60%に対する投資税額控除	MIDA

なお、パイオニア・ステータスについては、未利用の資本控除枠と累積損失は繰越が可能であり、投資税額控除については未利用の控除枠を全額利用するまで翌年以降に繰越が可能です。

この優遇措置は、個人企業やパートナーシップの場合であっても新規に非公開有限会社または有限会社を設立することにより、引継いで受けることができます。その際の条件は以下のとおりです。

・ 付加価値が少なくとも 25%あること
・ 経営、技術、管理に従事する者の全従業員に占める割合が少なくとも 20%であること

中小企業であれば、上記表記載の優遇措置に加えて、課税対象所得のうち 50 万リンギットについて 20%の軽減法人税率、残りの所得については 25%の法人税率が適用されます。

[特定の機械機器製造産業]
機械機器製造産業については、優遇措置を受けられる業種が特定されています。
対象となる業種は以下のとおりです。

・ 機械装置(工作機械、マテハン機器など)
・ 特定の器具および備品(梱包用機械など)

・ パーム油バイオマス装置
・ 再生可能エネルギー機器
・ 省エネルギー機器の製造

上記の条件を満たす機械機器製造産業は、以下のパイオニア・ステータスか投資全額控除を選択して受けることができます。

優遇の種類	優遇措置の内容	申請先
パイオニア・ステータス	10年間の法定所得の100%について法人税免除	MIDA
投資税額控除	5年間発生した適格資本的支出の100%に対する投資税額控除	MIDA

なお、パイオニア・ステータスについては、未利用の資本控除枠と累積損失は繰越が可能であり、投資税額控除については未利用の控除枠を全額利用するまで翌年以降に繰越が可能です。

[高付加価値の自動車部品製造産業・ハイブリッド車製造産業]
特定の重要かつ付加価値の高い自動車部品およびコンポーネントを製造する企業は、優遇措置を受けることができます。
優遇措置の対象となる自動車部品は以下のとおりです。

・ トランスミッション・システム
・ ブレーキ・システム
・ エアバック・システム
・ ステアリング・システム

優遇措置の対象となるハイブリッド車および電気自動車部品は以下のとおりです。

・ 電気モーター
・ 電気バッテリー
・ バッテリー・マネジメント・システム
・ インバーター

・ 電気エアコン
・ エア・コンプレッサー

対象の部品を製造する企業は、以下のパイオニア・ステータスか投資税額控除を選択して受けることができます。

優遇の種類	優遇措置の内容	申請先
パイオニア・ステータス	10年間の法定所得の100%について法人税免除	MIDA
投資税額控除	5年間発生した適格資本的支出の100%に対する投資税額控除	MIDA

なお、パイオニア・ステータスについては、未利用の資本控除枠と累積損失は繰越が可能であり、投資税額控除については未利用の控除枠を全額利用するまで翌年以降に繰越が可能です。

この優遇措置は、ハイブリッド車や電気自動車の組立や製造を行なう企業でも同様に受けることが可能であることに加え、マレーシア国内で組立て・製造された車両や産業調整基金の支給に課される物品税が50%免除されます。

[パーム油バイオマスを活用して製造を行なう産業]
パーム油バイオマスを活用して、パーチクル・ボード、MDF ボード、合板、パルプや紙などの付加価値のある製品を製造する企業の場合、以下の優遇措置を選択可能です。

優遇の種類	優遇措置の内容	申請先
パイオニア・ステータス	10年間の法定所得の100%について法人税免除	MIDA
投資税額控除	5年間発生した適格資本的支出の100%に対する投資税額控除	MIDA

なお、パイオニア・ステータスについては、未利用の資本控除枠と累積損失は繰越が可能であり、投資税額控除については未利用の控除枠を全額利用するまで翌年以降に繰越が可能です。

[造船・船舶修理業を行う産業]

法定所得の 70%が免税となるパイオニア・ステータス、または最初に発生日から 5 年以内に発生した適格資本的支出に対して 60%の控除が得られる投資税額控除を受けることが可能です。
また、既存の会社でも投資税額控除が受けられます。

■追加的優遇措置(製造業)

パイオニア・ステータスや投資税額控除の適用期間終了後も、以下のように一定の条件を満たす場合には追加的優遇措置を受けることができます。

[再投資控除]

既存のビジネスについての自動化、近代化、多角化を目的とした追加投資を行う場合には、再投資控除(RA:Reinvestment Allowance)を受けることができます。マレーシア国税局に対して申請を提出することにより、適格資本的支出の 60%の投資税額が控除されます。

再投資控除の対象として 36 ヵ月以上の操業が条件とされており、再投資の日から 15 年間にわたり認められています。再投資控除の対象となった資産は、再投資から 5 年以内は処分できません。

[加速減価償却]

再投資控除の対象期間経過後でも、奨励製品製造企業は、さらに税 制度上の加速減価償却を受けることが可能です。マレーシア国税局に対して申請を行うことで、資本的支出について、申請初年度は40%の控除、それ以降は年次 20%控除の 3 年以内償却が認められます。

同様に、設置している機器により、以下の適用が認められています。

設置機器	償却期間
電力安定化機器	2 年以内
セキュリティーシステム機器	1 年以内
工業用ビルシステム機器	3 年以内

[グループ控除]

マレーシアで設立されたすべての居住会社に対して、グループ控除が適用されます。同一グループ内の所得について、グループの他の企業で発生した当年度の未控除損失を、50%から 70%まで相殺することが可能です。

本グループ控除を受けるためには以下の基準を満たす必要があります。

・ 受給企業と引渡企業が、それぞれ 250 万リンギット以上の普通株の払込資本金を保持していること
・ 受給企業と引渡企業が、同じ会計期間であること
・ グループによる受給企業と引渡企業の直接または間接的な株式保有が、70%を下回らないこと
・ 70%の株式保有は、前年度と当該年度を通じて継続的なものであること
・ 所有権や外国企業の買収による損失は、グループ控除の対象にならない

ただし、下記の優遇措置の適用を受けている企業は、グループ控除が適用されません。

・ パイオニア・ステータス
・ 投資税額控除
・ 再投資控除
・ 船積み利益に対する免除
・ 1967 年所得税法の 127 条に基づく所得税免除
・ 投資優遇企業

3. サービス業部門への主な投資優遇措置

サービス業に対しても、各種投資優遇措置が設けられています。MIDAで優遇措置を配備している主要な業種は、次の①～④です。

[観光業]… ①

観光業にはエコ・ツーリズムやアグロ・ツーリズムなどが含まれ、奨励業種には、ホテル業、ホリデーキャンプ場の建設、屋内外のテーマパーク、レクリエーション事業、コンベンションセンターの建設および運用（3,000 名の参加者を収容できるもの）が含まれています。それぞれ申請書はビジネスを開始する前に MIDA に申請する必要がありますが、新規設備投資を行う 4 つ星、5 つ星ホテルは、さまざまな優遇措置を受けることができます。

[環境マネジメント]… ②

MIDA では、環境マネジメント事業として、次の4つの業種に対して奨励し優遇措置を設けています。

- 森林プランテーション事業（戦略的プロジェクトとしての位置づけ）
- 危険廃棄物の貯蔵・処理・処分事業（関連施設の設立を促進するため）
- エネルギー保存サービス産業（環境保護の促進に繋がるため）
- 廃棄物リサイクル事業（環境保護の促進に繋がるため。
  農業廃棄物や農業副産物、化学物質のリサイクル、再生木材製造が含まれる）

主な優遇措置は以下のとおりです。

優遇の種類	奨励業種	優遇措置の内容	申請先
パイオニア・ステータス	森林プランテーション事業	10年間の法定所得の100%について法人税免除	MIDA
	危険廃棄物の貯蔵・処理・処分	5年間の法定所得の70%について法人税免除	
	エネルギー保存サービス産業	10年間の法定所得の100%について法人税免除	
	廃棄物リサイクル事業	5年間の法定所得の70%について法人税免除	
投資税額控除	森林プランテーション事業	5年間発生した適格資本的支出の100%投資税額控除	MIDA
	危険廃棄物の貯蔵・処理・処分	5年間発生した適格資本的支出の60%投資税額控除	
	エネルギー保存サービス産業	5年間発生した適格資本的支出の100%投資税額控除	
	廃棄物リサイクル事業	5年間発生した適格資本的支出の60%投資税額控除	

なお、エネルギー保存サービス産業では、自社内でエネルギー保存事業を実施している会社に対しても優遇措置を与えています。

[研究開発]… ③

研究開発とは、科学技術分野における体系的な調査で、成果として、材料・装置・製品・生産物・加工品の生産や改善を目的とする活動を指します。

主な優遇措置は以下のとおりです。

優遇の種類	奨励業種	優遇措置の内容	申請先
パイオニア・ステータス	研究開発業(請負)	5年間の法定所得の100%について法人税免除	MIDA
	公的研究機関の商業化した事業	(商業化した事業に従事する子会社)10年間の法定所得の100%について法人税免除	
	医療機器試験施設の新設	5年間の法定所得の100%について法人税免除	
投資税額控除	研究開発業(請負)	10年間発生した適格資本的支出の100%投資税額控除	MIDA
	研究開発業	10年間発生した適格資本的支出の100%投資税額控除	
	公的研究機関の商業化した事業	(投資した企業)子会社投資相当額の投資税額控除	
	医療機器試験施設の新設	5年間発生した適格資本的支出の60%投資税額控除	

優遇措置を受けるためには、以下の条件を満たす必要があります。

・実施される研究が経済的に国益をもたらすものであること
・収益の70%以上がこの研究活動によってもたらされるものであること
・製造業関連である場合には、全従業員の 50%以上が技術職として適切な資格を保有していること
・農業関連である場合には、全従業員の 5%以上が技術職として適切な資格を保有していること

ただし、以下の活動は含まれません。

・製品の品質管理、材料、装置、製品、生産物の定期的に行なう検査
・人文科学や社会科学系の調査
・定期的な資料収集
・効率性の調査および経営研究
・マーケティング調査および販促活動

研究開発については、財務省から認可を受けた事業について、研究開発に要した収益的支出を二重控除することが可能です。
この対象となるのは、以下の費用です。

・ 承認研究機関に対する支払
・ 請負研究開発会社から提供されたサービスに対する支払
・ マレーシア人のトレーニング費用

また、価値創造を集中的に行う研究を請け負った研究者は、5 年間の研究結果による商業的収入の 50%に当たる税額控除を受けることができます。

[研修]… ④
人材開発機関で、優遇措置を受けられる対象の科目は以下のとおりです。

バイオテクノロジー	医療と保健に関するバイオテクノロジー
	植物バイオテクノロジー
	食品バイオテクノロジー
	工業および環境バイオテクノロジー
	製薬バイオテクノロジー
	バイオインフォマティクス・バイオテクノロジー
医療と保健の科学	老年学の医療科学
	臨床研究の医療科学
	メディカルバイオサイエンス
	生化学遺伝学
	環境衛生
	地域医療

分子生物学	免疫学
	免疫遺伝学
	免疫生物学
材料科学と技術	
食品科学と技術	

VI. 業種ごとの設立形態

1. 事業形態ごとに見る進出スキームの検討

前述したように、外国企業がマレーシアで事業を行う場合、外資規制や投資奨励業種やインセンティブ、各種設立形態の検討をする必要があります。

2. 製造会社を設立する場合

外資規制はなく、そのため、外資100%での設立が可能です。

製造業の企業は多くの場合は、現地法人の設立が多く、もしくは、駐在員事務所を設立したのちに現地法人に切り替える企業が多くあります。生産ラインを持つ場合にはセランゴール、ペナン、ジョホールバルを企業が多く、理由は工業団地が整備されており港に近く物流面で利点があります。

製造業の場合、MIDA が管轄になります。MIDA にはミーティングを申し込むことが可能です。日本にもオフィスがあるため、マレーシア側、日本側どちらでもスケジュールやインセンティブの可否についてアドバイスを求めることができます。

取得が必要なライセンスはマニュファクチュアリングライセンスであり、取得までには約6ヵ月かかります。また、工場を建設する際には、工場用地の環境アセスメント調査を行う必要があります。そのため、EIA もしくは EESIM を行う政府承認された機関に委託する必要があります。また、工場建設の際には、自治体の許認可、など各工程で必要な作業が多くあり、設立代行業者やディベロッパーに相談するのが望ましいです。

3. 販売業の場合

販売業者は駐在員事務所と支店の設立が却下される可能性が高く、現地法人設立が主な手段になります。また、現地法人設立前に、マレーシアの企業と事業提携を結び自社の商品を販売してもらい、需要の再確認、販売戦略を立てたのちに現地法人を設立することもあります。

必要なライセンスは WRT ライセンスで、外資企業(外資 51%以上)の場合には取得が必須です。そのため、合弁や名義貸しで内資企業とすることで WRT ライセンスの取得必要性をなくすことも選択肢の 1 つになります。

4. サービス業の場合

サービス業の場合、駐在員事務所と支店の設立の申請が却下される可能性が高く、現地法人の設立が主な手段となります。外資企業として設立する場合、販売業と同じく WRT ライセンスの取得が必要です。WRT ライセンス取得のための資本金要件 100 万リンギット(約 3,100 万円/2024 年 1 月時点)のため、株主名義貸しを利用しマレーシア人が 51%を保有する形にすると、内資企業となり WRT ライセンの取得が必要ないため検討する企業が多数あります。

また、マレーシアで行うビジネスにより必要なライセンス、自治体の許認可が増える場合もあるため、設立業者等を利用し確認することが望ましいです。多くの企業がクアラルンプールでの設立を行います。

※クアラルンプールでは一部のサービス業の外資資本での開業が禁止されています。

[illegible]

4. サービス業の場合

[illegible]

[illegible]

カンボジア進出

〜若い労働力が増え続け、立地的にも
今後のASEAN戦略に重要な国への進出方法とは〜

I. 進出時の特殊な留意事項一覧

1. 制度上の最低資本金

会社法上、定款に特別の定めがない限り、株式は1株当たり額面4千リエル(約1USドル)以上で、最低1千株を発行しなければならないとされており、全額の払込が完了するまで株式を発行してはならないと規定されています。また、適格投資プロジェクト(QIP)の申請を行う場合には、別途最低投資額の規制があります。最低400万リエル(約1千USドル)の払込が求められることとなりますが、最低額面金額以上であれば、1万リエルや10万リエル等、きりの良い金額を設定するのが一般的です。また、設立後の資金繰りを考慮した場合には5,000USD程度(商業省推奨)での設立が望ましいです。

2. Quota(外国人労働者割当)の取得

企業は、外国人従業員数がカンボジア人従業員の10%を超える場合、労働省における従業員割当申請の際に、特例許可に関する手続きを取る必要があります。この申請の際には、雇用主は雇用している現地従業員及び外国人従業員の給与や職務内容等に関する情報を所定の申請において記入し、労働省に対して提出する必要があります。また、省令第352号2条によると、外国人従業員を雇用している投資家、企業は、オンラインシステムを通じて外国人従業員に関する従業員割当の申請を行わななければならないと規定されています。

3. 優遇措置:経済特区(SEZ)と適格投資プロジェクト(QIP)

カンボジアには経済特区(SEZ: Special Economic Zone)が数多くあり、その地域内に工業団地があります。工場をバランスよく配置するために分譲された団地内には、工業用エリアの他に道路、排水路、中央排水処理施設、供水防止システム、電気、水道、電話等の公共施設やインフラが整備されています。カンボジアの工業団地の歴史はまだ浅く、2006年6月にサンコーポイペト経済特区が第１号として認可され、2008年８月にはプノンペン経済特区が稼働しました。

カンボジアは東南アジアの中心にあることから、タイやベトナムへのアクセスの利便性から南部経済回廊の活用が期待され、開発途中のものをあわせると2023年時点で54の経済特区（SEZ）があります。経済特区は、税制上の優遇措置、インフラの改善、カンボジア国内での簡略化された運営方法を提供することにより、主に製造業分野への投資を奨励し、カンボジア経済の成長を刺激しています。

適格投資プロジェクト（QIP：Qualified Investment Project）制度は、雇用創出及び産業育成を目的とした制度であり、外資誘致政策の一つです。QIPの適用を受けるためには、カンボジア開発評議会（CDC: The Counsil for the Development of Cambodia）へ申請を行い、認可を受けなければなりません。認可により法人税の免除等の優遇措置を受けることができるため、進出に当たっては、ほとんどの企業が検討することになります。

4. パテントとライセンスの違い

「パテント」とは、税務局で取り扱う「パテント税（事業登録税、Patent Tax）」のことをいいます。事業活動を開始し、毎月の税務申告をしていく上で税務局にて事業登録を行っておく必要があり、毎年更新しなければなりません。また原則、毎年３月末までに納税をし、申告する必要があるため、初年度の設立、税務局での登記時期に関わらず、翌年1～3月にはその年のパテント税を納付、証明証の取得を行わなければなりません。納税額は、会社の規模によって異なり、毎年40万リエル～50万リエル（約100ドル～約1,250ドル）程で、事業内容や地域ごとに課せられます。2016年よりカンボジアの課税制度は申告納税方式に一元化され、納税者は後述の大規模納税者、中規模納税者、小規模納税者の３つに区分に分けられています。

事業ライセンスの取得は、業種や業態により各担当省庁から個別で取得が必要になる場合があります。個別にライセンス取得が必要な業種や業態の判断基準や手続き等は、各省庁発行の省令、通達等に準じて行っていくこととなります。

Ⅱ. 各進出形態まとめ

1. 現地法人

現地法人としての会社形態は、以下の通りとなります。

■有限責任会社(LLC:Limited Liability Company)

有限責任会社は、すべての株主が間接有限責任を負う形態で、非公開会社と公開会社に分けることができます(会社法 85 条 以下、特に明記のない限り、同法によるものとします)。カンボジアでの LLC は株主による有限責任を定義しており、日本での株式会社に該当します。

・非公開会社(Private Limited Company)
・公開会社(Public Limited Company)

非公開会社は、2 名以上 30 名以下の株主で設立される会社であり、株式の譲渡について制限がある会社をいいます。株主が1名の場合は、単独株主有限責任会社(Single Member Limited Company)となります。単独株主有限責任会社と非公開会社の違いは、株主相互間の関係を除き、ほぼ同じ扱いとなります(86 条)。

これに対して公開会社は、株式の上場を前提としており、株式の募集は証券取引所を通じて行い、公衆から株主を募集する形で資本調達を行います。

非公開会社と公開会社の大きな違いは以下の通りです。

【非公開会社と公開会社の比較】

主に異なる項目	非公開会社	公開会社
株主の人数	1～30人※	規定なし
株式の公募	不可	可能
業務の制限	融資、銀行、保険業務不可	なし

※ 1名の場合は単独株主有限責任会社となる。

カンボジアにおいては、外国人または外国企業の100%出資により有限責任会社を設立することができ(283 条)、有限責任会社への出資比率には、100%カンボジア資本と、100%外国資本、そしてカンボジアと外国資本の合弁の3種類が存在します。

外国人又は外国法人が 51%以上の出資を行っている場合は、「外国法人」、51%未満の場合には「内国法人」と定義されます(101 条、283 条)。実情においては、ほとんどの場合100%外国出資の形態をとっています。

2. 支店

支店(Branch)は、本社や本店から離れた地域において、本店と同様の営業活動を行うために設立される事務所となります。カンボジアの法律によって外国人又は外国法人に対して禁止されている業務を除き、定期的な物品の販売やサービスの提供が認められ、製造・加工・建設に従事することも可能です(278 条)。

支店の資産は本店の資産であり、本店は支店の債務に対して責任を負います(279 条)。また、カンボジア国内で設立された会社と同様の法的責任や納税義務を有します。支店については、QIP の適用はありません。

3. 駐在員事務所

駐在員事務所は、商務代表事務所(Commercial Representative Office)、商務連絡事務所(Commercial Relations Office)及び代理店(Agency)の形態があります。

主として情報収集等の限られた「非営利活動を行うことを目的として登録される事務所であり、カンボジア国内において商品の売買やサービス提供、生産・建設活動などを行うことはできません。

駐在員事務所の業務は、市場調査の実施、展示会の開催などに限定されており、現地従業員との雇用契約、賃貸借契約、水道光熱費の契約等を除く契約の主体になることはできません(274 条)。そのため、多くの場合は親会社への情報収集のために設立されます。

商務代表事務所および商務連絡事務所は次の活動を行うことができます(274 条)。
- 親会社への紹介を目的とする顧客との接触
- 親会社への提供を目的とする商業情報の調査
- 市場調査
- 展示会での物品の販売、事務所又は展示会でのサンプルや商品の展示
- 展示会のための物品の購入や保管
- 事務所の賃借や現地職員の雇用
- 親会社の代理として行う現地顧客との契約(契約の履行は親会社が行う)

また、駐在員事務所は課税対象となる事業活動が認められていないので、法人税の対象とはなりませんが、従業員給与に対する給与税、源泉徴収税等の課税は行われるため注意が必要です。その他、駐在員事務所では QIP の適用はありません。

Ⅲ. 各種設立スケジュール及び必要資料

1. 概要

事業拠点の設立は、その採用した事業形態により手続が異なるため注意が必要です。会社登記に際しては、2020 年より、商業省、税務総局、労働職業訓練省の申請手続きをワンストップで行えるオンラインシステムが導入されました。これにより、申請から会社設立までの時間が大幅に短縮されました。事業開始までの流れは以下の図の通りで、経済特区内の QIP 案件、それ以外の場所での QIP 案件、QIP とならない通常の案件の3種類があり、それぞれ対応する機関が異なります。

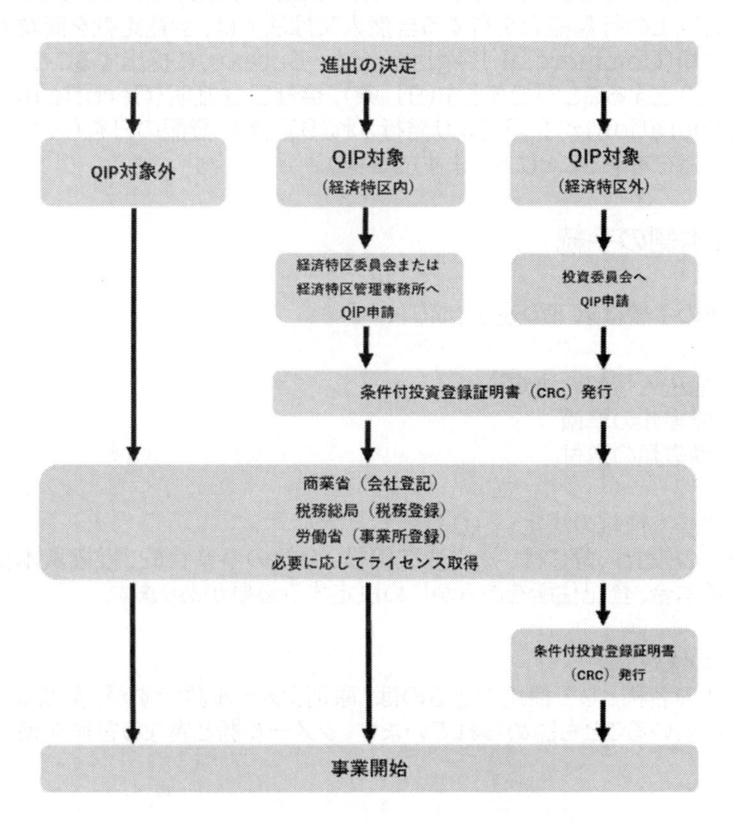

以下では、日本企業がカンボジアに拠点を設ける際に、最も多く採用されている QIP とならない非公開会社、支店、パートナーシップ及び個人事業の登記手続を説明します。

商業省での登録にかかる申請期間は通常 3 週間から 1 カ月程度となっていますが、祝日、政治状況、署名権限者の配置換え、手続き、必要書類の変更等の状況により、通常の期間よりも大幅に伸びる可能性があります。実際に手続きに 3 カ月以上かかるケースも存在するため、カンボジア特有の事情を考慮し、余裕を持って手続を行うことが必要です。

ここでは、日系企業に多い非公開会社の設立手続を説明します。会社設立の手続は、日本側とカンボジア側に分かれ、日本側においては現地法人情報の決定と必要書類の準備となり、カンボジア側の手続は、各種申請や資本金の払込等となります。

1 名以上の行為能力を有する自然人又は法人は、会社定款を商業省商業登記局(Commercial Registration Bureau)に提出することにより会社を設立することができます(91 条)。会社設立証明(Certificate of Incorporation)が登記局より発行され(97 条)、登記の日をもって会社は法人格を有することになります(98 条)。

2. 日本側の手続

日本側の手続は以下の通りとなります。

① 現地法人情報の決定
② 必要書類の準備
③ 準備書類の送付

■現地法人情報の決定・・・①

法人の設立の際には、株主や取締役、会社の事業目的、授権資本金や払込資本金、登記住所をあらかじめ決定する必要があります。

[商号の決定]

会社の名称として使用できるのは、原則クメール語ですが、英語などの言語を用いることも認められています。クメール語と異なる言語を使用する場合、同じ音声で発音するクメール名を会社名の上側により大きな文字で配置しなければなりません。
なお、会社名の末尾には、「Private Limited Company（非公開会社）」、「Public Limited Company（公開会社）」又は適切な略称を付けることが義務付けられています（92条）。

[資本金の決定]
会社法において、最低資本金は400万リエルと規定されています。定款に特別の定めがない限り、株式は1株あたり額面4,000リエル以上で、最低1,000株を発行しなければなりません（144条）。最低額面金額以上であれば、10,000リエルや100,000リエルなど、きりの良い数値を設定するのが一般的です。

[機関設計の決定]
会社の機関設計は会社法に規定されており、非公開会社の場合、株主、取締役が必置の機関となります。
株主は1名以上いれば良く、個人や法人の区別もありません。そのため、特段苦慮すべき事項はありません。
取締役は、非公開会社の場合1名以上必要です。国籍や居住性の要件は、会社法に規定はありませんので、日本の親会社の役員などが就任することが可能です。
以上のように、カンボジア会社法は比較的簡易な機関設計を容認しています。ただし、会計監査法により、一定の要件を満たす会社には、外部の独立した公認会計士による会計監査を受ける義務が定められています。

■必要書類の準備・・・②
[親会社からの必要書類]
申請に際して、申請書類の記入にクメール語が用いられることや、手続の煩雑さを鑑みると、コンサルタント、法律事務所や会計事務所による代行サービスを利用するのが通常です。サービスには定款の作成サポートや翻訳業務、現地当局への申請書類の提出代行等が含まれています。
会社設立代行を依頼する場合、以下の書類を用意します。
・ 親会社定款（日本語・英語）
・ 親会社登記簿謄本（日本語・英語）

・ 親会社代表取締役のパスポートの写し
・ 現地法人取締役全員のパスポートの写し
・ 設立委任状、公証・認証委任状、宣誓書
・ 現地法人代表者任命状（親会社による新会社設立及び現地代表者選任に関する取締役会議事録）

親会社の定款、登記簿謄本、及び取締役会議事録については、取得から３カ月以内のものである必要があり、公証役場の認証が必要となります。また、親会社代表取締役及び現地法人代表取締役のパスポートの写しは、青のインクによる直筆の署名及び拇印を付したものでなければなりません。

［新会社の書類作成］

新会社が準備すべき書類としては、定款及び設立委任状があります。委任状は日本での公証・認証及び現地で会社設立のための委任状が必要です。以下、定款作成について説明します。

定款記載事項

登記の申請には、下記の内容を記載した新会社の基本定款を作成する必要があります。基本定款はカンボジア語で作成する必要がありますが、英語版も併せて申請が可能です。基本定款は、全ページに全株主の署名を入れなければなりません（95 条）。基本定款へ最低限記載すべき事項は下記のとおりです（Ministry of Commerce No. 141 MoC/SM 2006）。

・ 会社の商号
・ カンボジア国内の登録住所地
・ 会社の目的と事業の範囲
・ 資本金総額
・ 株式の種類、発行可能株式総数、1株あたりの額面価格およびその他株式に関する情報
・ 各株主の氏名と住所
・ 取締役の人数、またはその最大・最低人数

なお、付属定款は届出の必要はなく公文書ではありませんが、通常、最初の取締役会での採択により作成されます。

定款は商業省からはサンプルが提供されますが、担当者によって内容が異なるということがあり、また会社にとって不利な内容が含まれていることもあるので、専門家に確認されることをお勧めします。また商業省との交渉により、自社で作成した定款の承認を得ることも可能です。ただし、商業省の事務処理能力の事情から、定款の承認を受けるのに相当な時間を要することがあるため注意が必要です。

[必要書類の公証、認証]

上記で用意した書類のうち、以下に掲げる書類は、公証役場にて公証・認証を受けなければなりません。この手続が行われていない場合には、カンボジアでの登記申請時に受理してもらえないため、注意が必要です。

・ 親会社定款(日本語・英語)
・ 親会社登記簿謄本(日本語・英語)
・ 親会社代表取締役のパスポートの写し(青のインクによる直筆の署名及び拇印を付したもの)
・ 現地法人代表取締役のパスポートの写し(青のインクによる直筆の署名及び拇印を付したもの)
・ 設立委任状
・ 現地法人代表者任命状
・ 親会社による取締役会議事録(新会社設立、現地代表者選任)

■準備書類の送付・・・③

上記における認証処理が終了次第、これらの書類をカンボジアへ郵送し、以降のプロセスはすべてカンボジアで行います。

3. カンボジア側の手続き

カンボジアでの手続きは、以下の流れで行われます。

【カンボジア進出手順】

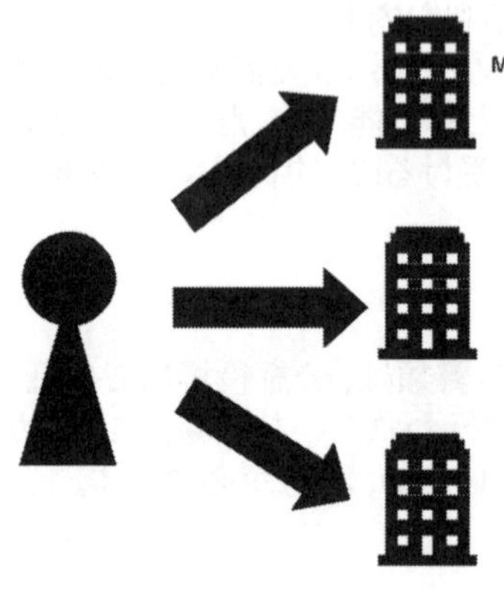

■現地法人設立手続き
① 商号の予約
② 銀行口座開設・資本金の払込
③ 必要書類の準備
④ 会社登記の申請
⑤ 登記費用の支払
⑥ 商業登記証明書の発行

カンボジアでの登記手続は、欧米の影響を受けており、日本の商業登記とは異なります。申請に関しては、登記申請書をそのままファイリングするファイリング方式が採用されていましたが、2016年1月4日より商業省の登記用のオンラインシステムにおいて登記を行うことが義務付けられています。そのため、すべての法人、支店、駐在員事務所、個人事業またはその代理店を有する個人及び法人は、商業省のホームページにてオンラインによる商業登記を行う必要があります。

ユーザー設定は、商号確認、予約及び登記のための最初のステップです。会社等の設立、登記をする者は、下記の商業省ホームページにおいてユーザー設定のための情報を記入し、会社固有のユーザー設定を行う必要があります。
(www.businessregistration.moc.gov.kh)

① 商号の予約

商業省のホームページにおいて、登記申請を開始する前に、類似した商号がないか等、希望する商号が使用可能かどうかを確認します。商号の予約を行うには、商業省のホームページにて Reserve a Company Name を選択し、会社の種類等の選択、商号のクメール語表記及び英語表記を記入し、確認を行う必要があります。

商業省に出向いての必要書類の提出は基本的に不要ですが、要求される場合もあります。利用したい商号が既に存在する場合は、それに代わる商号を提示する必要があります。商業省は、既に使われている商号、類似する商号、公序良俗に反する商号、その他不適切な商号の登記を拒否することができます(92 条)。

a) ONLINE SERVICE メニューより、Reserve a Company Name を選択

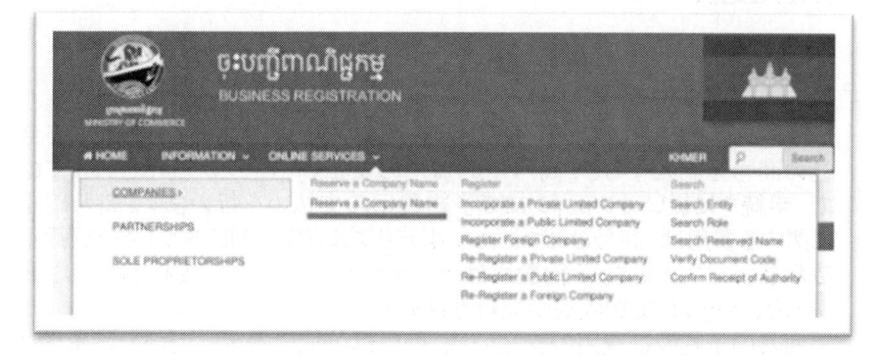

b）必要事項の記載

Reserve a Company Name

Company Name

Reserved Date 18-Feb-2019

Expiry Date 18-May-2019

Company Type * -- Please Select --

Proposed Name (In Khmer) * Validate Name

Proposed Name (In English) * Validate Name

Supporting Documents Upload

Cancel Submit

Company Type より、Private Limited Company（非公開有限責任会社）を選択

商号の予約においては予約費用が必要になります。ホームページにて会社の商号を記入すると、商号予約費用の支払いページが表示されますので、手続きに従いオンラインにて予約費用の支払いを行います。商号確認に関する費用は、商号ひとつあたり 4 万リエル（約 10US ドル）及び銀行手数料となっています。予約費用はオンラインシステムにて支払われる必要があり、メールにて領収書が発行されます。

商号の予約及び費用の支払い後、商号は公式に商業省内部で審査されるまで予約済みとみなされることになるため、この期間中は第三者に同様の商号を登録されることはありません。商号予約申請の承認を受けると、承認日から 3 ヶ月間予約されるものとされ、2 回目の商号予約費用を支払えば、さらに 3 ヵ月間延長することができます。

商号予約に要する期間は特に定められていませんが、実務的には 1 週間程度で完了します。

② 銀行口座開設・資本金の払込

カンボジア会社法では、会社設立前に資本金の払込を完了することが要求されています。

ただし、カンボジアでの銀行の実務慣行として、設立予定のカンボジア法人名義での口座開設をすることができません。そのため、実務上は取締等の個人名義で開設をするか、代行業者の口座に一時的に資本金相当額を払い込み、銀行残高証明を発行する必要があります。

最近では法人開設前に法人の仮口座の開設に応じる銀行も出てきています。 具体的な手続や詳細は、銀行に個別に問い合わせる必要があります。払込資本額は、最低資本金額の400万リエル(約1,000USドル)や、定款記載の総資本金額の25%など、商業省担当者により見解が異なっていますので、申請時に商業省の担当者又は外部専門家に照会することが望ましいです。

登記申請が受理された後に法人名義の口座を開設し、資本金の移動を行いますが、商業省による払い込みのチェック等は行われていません。

③ 必要書類の準備

現地法人の登記にあたり必要となる書類は、日本側で準備した書類も含め、以下の通りとなります。

- 現地法人の定款
- 賃貸契約書、水道光熱費の明細書、郵便書類等の住所確認書類
- 商事、民事又は刑事事件において罰則が課せられたことがないことに関する取締役の宣誓書
- 株主及び取締役全員の写真(35mm×45mm、裏面に署名)
- 株主及び取締役全員のパスポート(又は身分証明書)の写し(青のインクによる直筆の署名及び拇印を付したもの)
- カンボジア公認銀行発行の銀行残高証明

法人が株主の場合、以下の書類もあわせて必要となります。

- 認証された親会社の定款写し
- 認証された親会社の登記簿謄本写し
- 各株主法人代表者による、親会社における株主代表者の任命に関する決議書

④ 会社登記の申請

商業省のホームページにおいて商号予約の際に使用したアカウントにてログインし、ホームページの会社登録ページよりIncorporate a Private Limited Companyを選択し、示されているステップの通り、会社の一般情報、住所及び連絡先、取締役情報、株式及び株主情報を入力し、③で準備した書類を提出することで登記の申請ができます。

a）ONLINE SERVICE メニューより、Incorporate a Private Limited Companyを選択

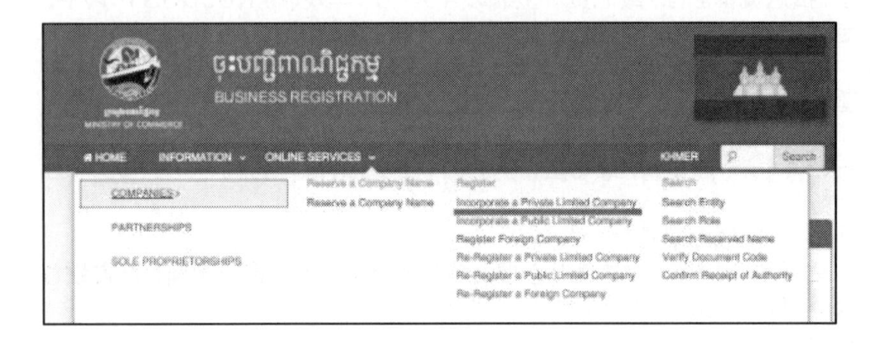

b）予約した商号、事業活動等の一般情報の記入及び書類アップロード

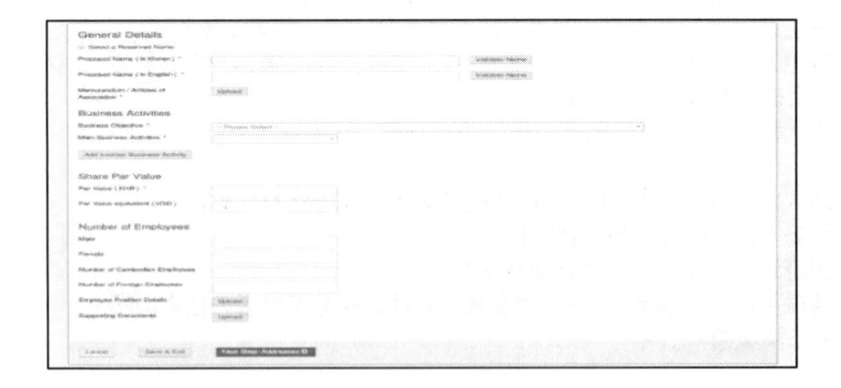

c）住所及び連絡先の記入

Addresses

Registered Office Address

Physical Registered Office Address

House Number *

Street Name (Number) *

Country

Cambodia

Province / City *

-- Select your region --

District *

Commune *

Village *

Postal Code

Proof of Address *

Upload

Postal Registered Office Address

Postal Address is the same as the Registered Office Address

Contact Email *

Confirm Email *

Contact Telephone Number

Country

Area Code

Number

+855

Cancel

Save & Exit

Next Step: Directors

d）取締役情報の記入（1 人以上の取締役を設定することも可能）

Directors

Add Me as Director

Full Name (Khmer)

Last Name (Khmer) *

Middle Name (Khmer)

First Name (Khmer) *

Full Name (English)

Last Name (English) *

Middle Name (English)

First Name (English) *

Postal Registered Office Address

PO Box Number

Street Name (Number) *

Country *

Cambodia

Province / City *

-- Select your region --

District *

Commune *

Village *

Postal Code

e）株主情報の記入（株主が法人の場合）

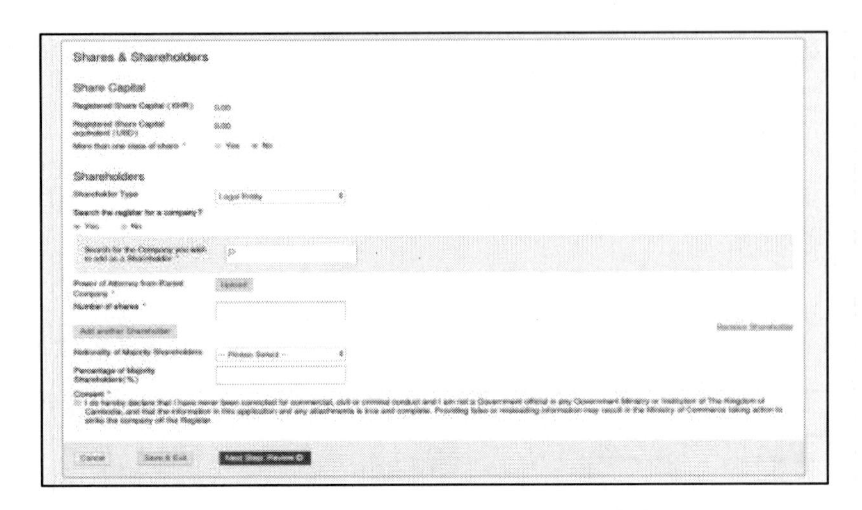

f）記載した株主が個人の場合は、個人情報の記載が必要となります。

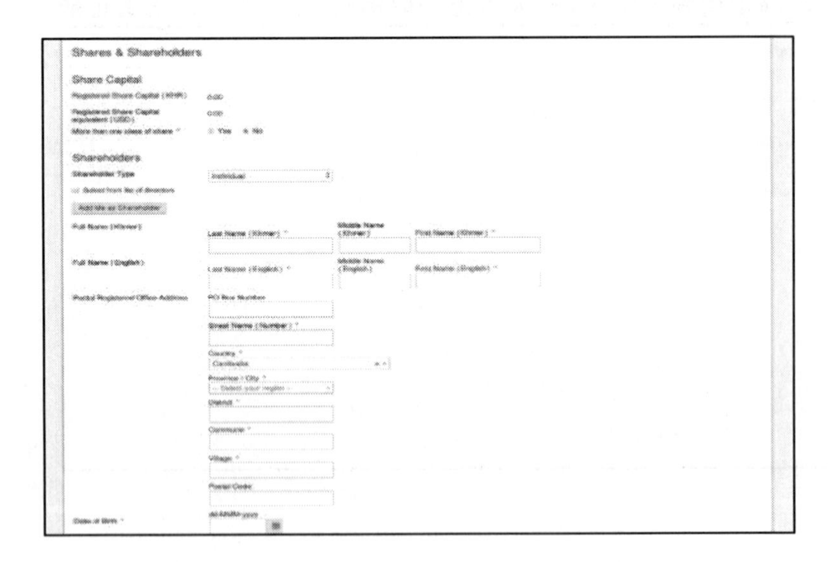

⑤ 登記費用の支払い

上記の手続が完了し、すべての情報及び書類を提出した後、登記費用支払いのページが表示され、オンラインにて支払いを行います。登記費用は168万リエル(約420USドル)となっています。登記費用に対する領収書はオンラインにて発行されます。登記費用の支払い後、商業省において登記申請が審査されます。

⑥ 商業登記証明書の発行

①から⑤の手続きを完了後に、登記申請が承認された後、商業登記証明書が発行され、営業を開始することができます。ただし、登記完了後に、税務登録など必要な手続を行わなければなりません。

商業登記証明書は、オンラインシステムにおいて請求を行えば、登録したメールアドレスに送信され、簡易に入手することができます。

登記申請が完了し、登記証明書を取得した場合は、商業省の承認済みデザインにしたがって社印の作成が可能になります。

4. 支店及び駐在員事務所の登記手続き

支店及び駐在員事務所は、現地法人とほとんど同様の手続きにて登記することができます。支店及び駐在員事務所の登記手続きは以下の通りとなります。

① 商号の予約
② 必要書類の準備
③ 会社登記の申請
④ 登記費用の支払
⑤ 商業登記証明書の発行

① 商号の予約

現地法人と同様、商業省のホームページにおいて、登記申請を開始する前に、類似した商号がないか等、希望する商号が使用可能かどうかを確認する必要があります。商号に関わる費用も同様に商号ひとつあたり4万リエル(約10USドル)及び銀行手数料となっています。予約費用はオンラインシステムにて支払われる必要があり、メールにて領収書が発行されます。

商号の予約及び費用の支払い後、商号は公式に商業省内部で審査されるまで予約済みとみなされることになるため、この期間中は第三者に同様の商号を登録されることはありません。商号予約申請の承認を受けると、承認日から３ヶ月間予約されるものとされ、２回目の商号予約費用を支払えば、さらに３ヵ月間延長することができます。

原則として、支店の場合は親会社名の前に「Branch of」という名称、駐在員事務所の場合は「Representative Office of」という文言が付されます。以前はLiaison Officeや末尾にCambodiaといった文言を追記することが交渉により認められていましたが、現在はシステム上このような記載は認められていません。

商号予約に要する期間は特に定められていませんが、実務的には１週間程度で完了します。

a）ONLINE SERVICEメニューより、Reserve a Company Nameを選択

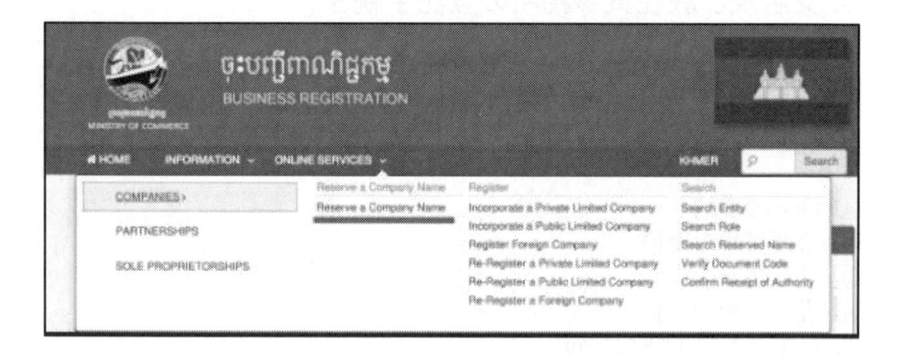

b）必要事項の記載

Company Typeより、Foreign Company（支店又は駐在員事務所）を選択

Reserve a Company Name

Company Name

Reserved Date 18-Feb-2019

Expiry Date 18-May-2019

Company Type * -- Please Select --

Proposed Name (in Khmer) * Validate Name

Proposed Name (in English) * Validate Name

Supporting Documents Upload

Cancel Submit

② 必要書類の準備

支店及び駐在員事務所の登記に当たり必要となる書類は、以下の通りとなります。

- 賃貸契約書、水道光熱費の明細書、郵便書類等の住所確認書類
- 認証された親会社又は本店の定款写し
- 認証された親会社又は本店の登記簿謄本写し
- 支店又は駐在員事務所の設立及び代表任命に関する決議書
- 代表者の写真(35mm×45mm、裏面に署名)
- 支店又は駐在員事務所代表者のパスポート(又は身分証明書)の写し(青のインクによる直筆の署名及び拇印を付したもの)
- 商事、民事又は刑事事件において罰則が課せられたことがないことに関する取締役の宣誓書

③ 会社登記の申請

商業省のホームページにおいて商号予約の際に使用したアカウントにてログインし、ホームページの会社登録ページより Register Foreign Company を選択し、示されているステップの通り、支店または駐在員事務所の一般情報、親会社の情報、住所及び連絡先、取締役情報を入力し、②で準備した書類を提出することで登記の申請ができます。

a) ONLINE SERVICEメニューより、Register Foreign Companyを選択

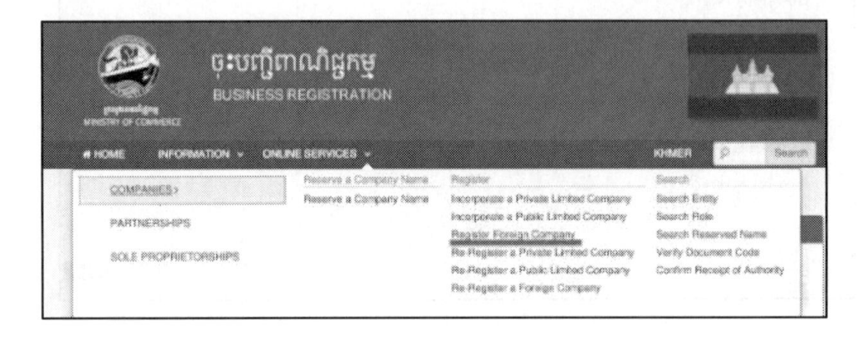

b) 予約した商号、事業活動等の一般情報の記入及び書類アップロード

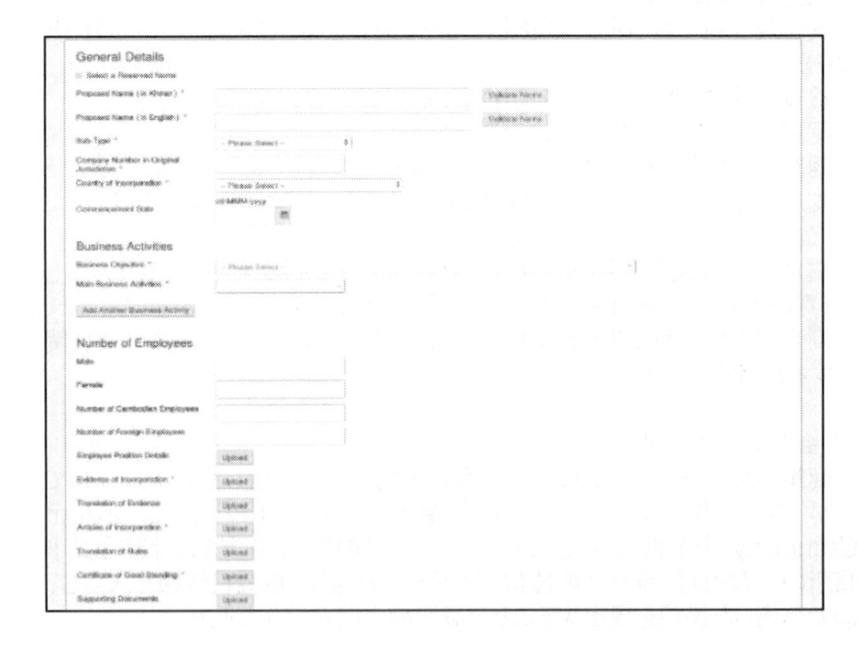

c）親会社情報の記入

Parent Company

Full Name of Parent Company *

Address of Parent Company
PO Box Number
Street Name *
Country *
-- Please Select --
Town/City *
Suburb
Postal Code

Commercial Registration Number of Parent Company *

Date of Registration of Parent Company *
dd-MMM-yyyy

Country of Registration of Parent Company *
-- Please Select --

Further Details of Jurisdiction of Parent Company

Power of Attorney appointing Representative Director or Branch Director *
Upload

Legal business registration of Parent Company *
Upload

Supporting Documents
Upload

* I do hereby declare that I have never been convicted for commercial, civil or criminal conduct and I am not a Government official or any Government Ministry or Institution of The Kingdom of Cambodia, and that the information in this application and any attachments is true and complete. Providing false or misleading information may result in the Ministry of Commerce taking action to strike the company off the Register.

d）住所及び連絡先の記入

Addresses

Registered Office Address
House Number *
Street Name (Number) *
Country
Cambodia
Province / City *
-- Select your region --
District *
Commune *
Village *
Postal Code

Proof of Address *
Upload

Postal Registered Office Address
Postal Address is the same as the Principal Place of Business

Contact Email *

Confirm Email *

Contact Telephone Number
Country　Area Code　Number
+855

e）代表者情報の記入（1 人以上の取締役を設定することも可能）

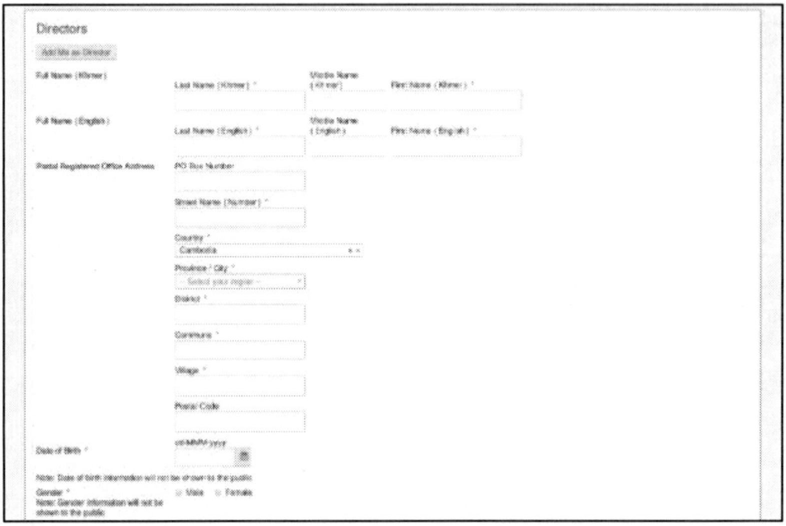

f）記載した情報の確認、提出

④ 登記費用の支払い

上記の手続が完了し、すべての情報及び書類を提出した後、登記費用支払いのページが表示され、オンラインにて支払いを行います。登記費用は 168 万リエル（約 420US ドル）となっています。登記費用に対する領収書はオンラインにて発行されます。登記費用の支払い後、商業省において登記申請が審査されます。

⑤ 商業登記証明書の発行

①から④の手続きを完了後に、登記申請が承認された後、商業登記証明書が発行され、営業を開始することができます。ただし、登記完了後に、税務登録など必要な手続を行わなければなりません。

商業登記証明書は、オンラインシステムにおいて請求を行えば、登録したメールアドレスに送信され、簡易に入手することができます。

5. 設立後の手続き

CNSW を通じて、会社は商業省、税務局における税務登録及び労働省における事業所開設の申請を同時に行う事ができ、商業省・税務局・労働省での事業登録及び設立後の手続きは以前に比べて大幅に簡素化されました。各種登録にかかる申請期間は通常下記の通りですが、政治状況や署名権限者の配置換え等の状況により、通用の期間よりも大幅に伸びる可能性も大いにありますので、カンボジアの政府状況を念頭に置いた上で余裕を持った手続きを行う必要があります。
・ 税務局での申請：通常 5 日～7 日程度
・ 労働職業訓練省での申請：通常 1 日～2 日程度

税務局における税務登録

2016 年 1 月 1 日から施行された財政法により、これまでの納税制度が大きく改正され、個人事業主を含む、納税者に該当するすべての会社は、税務局にて税務登録を行う必要があります。さらに、税務登録を申請する際に、税務局もしくは会社所在地を管轄する所轄税務支局にパテント税（Patent Tax）及び付加価値税（VAT）の納税者登録を実施し、パテント証明書及び税務登録番号（VAT TIN 番号）を入手しなければなりません。

この新納税制度下においては、個人事業主も実質的に法人等と同様の税制をとることになり、会計の記帳を行い、正確な記帳に基づいて申告納税を行うこととなりました。

カンボジアにおける税務登録申請書類や納税金額は、課税制度の分類によって異なります。カンボジアにおける課税制度は、申告納税方式及び推定課税方式に分類されましたが、2016 年の財政管理に関する法律第 10 条に基づき申告納税方式に一元化されました。現在、申告納税方式下での納税者は、小規模納税者、中規模納税者及び大規模納税者の 3 種類に分類されています。税務登録申請書類及び納税金額は、各納税者の種類によって異なります。

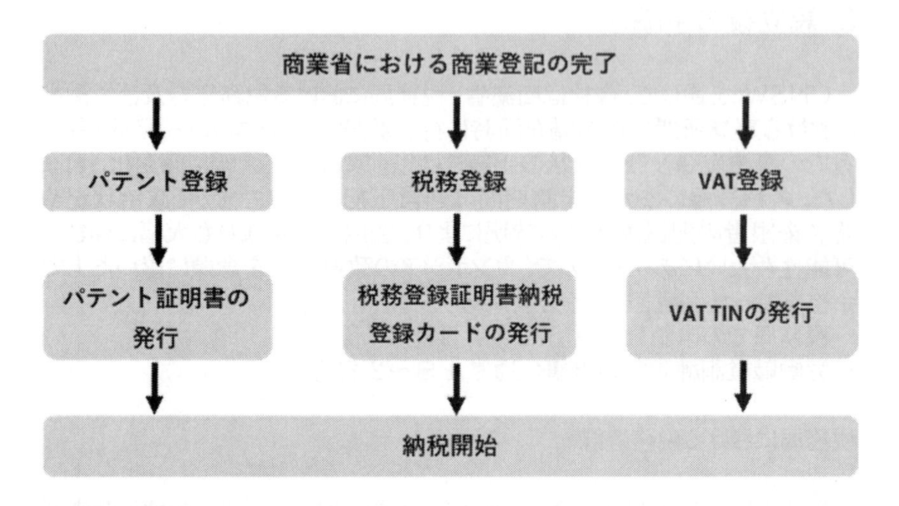

[納税者の種類]

2016 年よりカンボジアの課税制度は申告納税方式に一元化され、納税者は、小規模納税者、中規模納税者及び大規模納税者の 3 種類に分類され、具体的には以下の通りとなります。

小規模納税者(Small Scale Taxpayer)

個人事業主またはパートナーシップであり、以下のいずれかを満たすもの

- 農業、サービス業、商業部門:年間売上高が 2 億 5 千万リエル(約 62,500 米ドル)を超え、10 億リエル(約 250,000 米ドル)以下
- 産業部門:産業部門:年間売上高が 2 億 5,000 万リエル(約 6 万 2,500 米ドル)を超え、16 億リエル(約 40 万米ドル)以下
- 3ヵ月間の売上高基準:翌月以降 3 カ月の総売上高が 6,000 万リエル(約 1 万 5,000 米ドル)超

中規模納税者 (Medium Taxpayer)

下記のいずれかを満たすもの

- 法人として登記されている企業
- 地方政府、商工会、協会、非政府組織等

・ 農業部門：年間売上高が10億リエル(約25万米ドル)以上、40億リエル(約100万米ドル)以下
・ サービス・商業部門：年間売上高が10億リエル(約25万米ドル)以上、60億リエル(約150万米ドル)以下
・ 産業部門：年間売上高が16億リエル(約40万米ドル)を以上、80億リエル(約200万米ドル)以下

大規模納税者（Large Taxpayer）

下記のいずれかを満たすもの

・ 外国法人の支店及び駐在員事務所
・ QIP認定企業
・ 年間売上高が40億リエル(約100万USドル)超
・ 外国の大使館及び領事館、政府機関、国際機関及びその代理機関等

[税務登録]

申告課税方式における小規模納税者、中規模納税者及び大規模納税者に該当するすべての会社、パートナーシップ及び個人事業主は、商業登記関連書類を税務当局に提出し、税務登録を行う必要があります。

税務登録義務を有するすべて者は、所定の税務登録申請書及び必要書類を、直接税務当局において申請を行うか、オンラインにて登録申請を行うことができます。実務上はオンラインにおいて登録申請を行ったとしても、直接税務当局に必要書類等を提出する必要があり、また取締役会や事業主の税務当局への出頭が必要となっているため、オンラインでの申請は行わず、直接税務当局にて登録申請を行うことが一般的です。

税務登録の申請手続きについては、以下の通りとなります。

① 代表者の税務当局への出頭
② 必要書類の準備
③ 必要書類の提出及び納税
④ 税務登録証明書の発行

① 代表者の税務当局への出頭

定款上の取締役会会長、会社のオーナーもしくは組織の代表者が税務登録のために税務当局に出向き、顔写真の撮影及び指紋登録を行う必要があります。外国人である取締役会会長や会社のオーナーがカンボジア国

外に住居し、出頭することが困難な場合、取締役会のその他の者に委任することが可能となっています。

出頭による手続が完了されなければ、パテント証明書、VAT 証明書、税務登録証明書等の書類が発行されないため、注意が必要です。税務当局に出頭する際は事前予約等必要なく、所要時間は、税務当局の混雑具合によりますが、通常１時間程度で完了します。

② 必要書類の準備

税務登録に関して必要となる書類は以下の通りです。

・ 所定の申請書
・ 商業登記証明書等の各種証明書類の原本
・ カンボジア公認銀行の銀行残高証明書
・ 代表者のパスポート及びビジネスビザの写し（青のインクによる直筆の署名及び拇印を付したもの）
・ 代表者の写真（35mm×45mm、裏面に署名）
・ 代表者の居住証明書の原本
・ 事務所賃貸契約書の写し
・ 事務所オーナーが支払っている固定資産税の納税証明書の写し

税務登録に必要となる所定の申請書には、下記の情報を記載する必要があります。

[株主及び取締役の情報]

a） 親会社代表のメールアドレス
b） カンボジア国内の住所
c） 会社からの給与額
d） 個人のメールアドレス及び電話番号
e） 代表者住所の毎月の資料

・ 登録事務所情報

a） 事務所の電話番号
b） 代表者の電話番号
c） 事務所の代表メールアドレス
d） 事務所の毎月の資料

・ 従業員情報

a） 従業員の総数

b）従業員の賃金総額
・銀行情報
a）銀行名
b）銀行口座名
c）銀行口座情報
・売上に関する情報
a）最初の販売又はサービス提供日
b）過去 3 カ月及び 12 カ月の売上実績(リエル)
c）今後 3 カ月及び 12 カ月の売上実績(リエル)

代表者がカンボジア国外に住居しており、現地における居住証明書を取得できない場合は、カンボジア国外に居住している旨を記載した文書を事業者が作成し、税務当局に提出することにより居住証明書と認められます。

また、アパートやマンションなどの住宅の一室を登記住所とすることは認められていますが、商業省又は税務当局において登録が拒否されるということが稀に発生します。また、アパートやマンションを登記住所として使用すると、アパートやマンションのオーナー側に源泉徴収税などの税負担が発生するため、登記住所とすることを好まず、税負担の分だけ賃貸料を増額し、企業側のコスト増となるケースもあります。

③ 必要書類の提出及び納税

代表者の出頭や必要書類の準備を完了した後、税務当局の納税窓口にて納税を行います。新規登録の際には、40 万リエル(約 100US ドル)を納付する必要があります。

加えて、税務当局に印紙税(Stamp Tax)の納付が必要です。印紙税は 100 万リエル(約 250US ドル)となっており、税務当局から領収書が発行されます。また、定款や商業登記証明書等の各種商業省発行書類にステッカーが貼られ、ステッカー費用として 1 万 5 千リエル(約 3.75US ドル)を支払う必要があります。

④ 納税登録証明書の発行

税務当局へ出頭し、写真撮影及び指紋採取が完了ており、税務登録に関するすべての必要書類が提出された後、約 10 営業日で税務登録が完了します。しかし、実際は 1 カ月から 2 カ月程度の期間が必要となります。

また、税務登録が完了した後、税務当局の担当者が会社現地を調査し、場所の写真撮影及び住所のGPSデータを取得する必要があり、その際に税務登録完了後のすべての正式書類を届けるものしています。

税務登録を完了し、後述するパテント登録及び VAT 登録の完了後に、以下の正式書類が発行されます。

- 税務登録証明書（納税登録カード）
- 税務申告に関する通知
- パテント証明書
- VAT 登録証明書

[パテント登録]

新規に税務登録を行うすべての法人、パートナーシップ及び個人事業主は、パテントの登録及び納付を行い、パテント証明書を入手しなければなりません。パテント税は、納税者の種類に基づいて、事業活動に対して課税される税金です。

パテント税は以下の要件に基づいて納税されます。

- 複数の事業活動を有する納税者は、それぞれの事業活動に対してパテント税を支払う必要があります。
- 異なる複数の市や県などの場所において、同じ事業活動を行う支店、倉庫、工場などを有する納税者は、それぞれの市または県においてパテント税を支払わなければなりません。同じ市または県内において複数の支店、倉庫、または工場を有する場合については、別途パテント税を支払う必要はありません。

パテントの登録及び納税の申請手続きは、まず税務当局に税務登録申請書提出し、パテント税を納付する必要があります。基本的には新規税務登録申請と同時に行われます。

パテント税の納付金額は納税者の種類及び事業活動の数により異なりますが、各事業活動に対する納付金額は以下のとおりです。また、パテント証明書は毎年更新する必要があり、上記納税額は毎年発生します。

[VAT 登録]

パテント登録に加え、申告納税方式において納税者に該当するすべての事業者は VAT の登録を行わなければなりません。対象事業者は、業務開始時点もしくは納税者が課税対象者となってから30日以内にVAT登録を行う必要があります。VAT の登録申請手続きに関しては、税務当局へ所定の税務登録申請書を提出する必要があります。
VAT 証明書は、通常、税務登録手続が完了し、税務登録証明書等と同時に発行されます。

6. 労働職業訓練省における事業所開設申請

カンボジア労働法が適用されるすべての事業者は、企業又は事業所を開設する前に労働職業訓練省(Ministry of Labor and Vocational Training、以下「労働省」)にCNSWを通して、事業所開設申告を行う必要があります(労働法17条1項)。

また例外として、常時8人以上の労働者を雇用するわけではなく、かつ、機械設備を使用していない事業者は、 企業又は事業所の実際の開設日から30日以内に、労働省に申請書を提出する必要があります(労働法17条2項)。

労働省での申請は、通常1日から2日程度必要となりますが、祝日が重なる時期や、省内の局長等の人事変更、申請手続、必要書類の変更が実施された場合などに、完了までの期間が長期化する可能性があります。

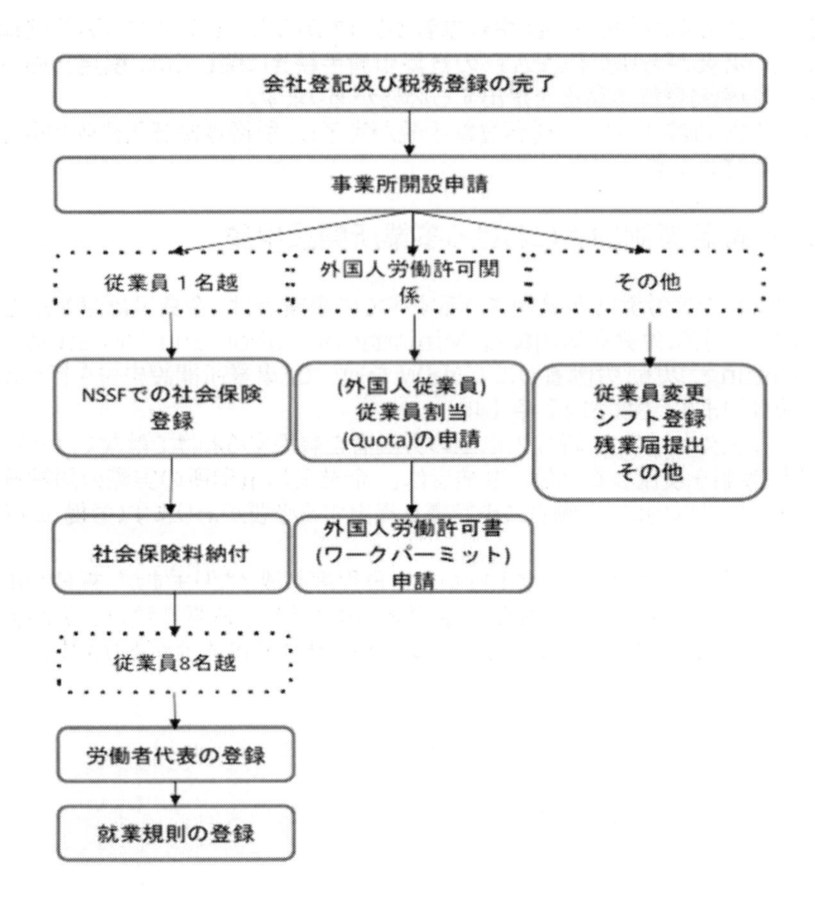

［所轄担当窓口の特定］

事業所の場所及び従業員数により、申請を行う窓口が異なります。申請窓口は以下の通りになります。

【事業所開設申請の担当窓口】

特別経済区(SEZ)入居企業	特別経済区内の労働省窓口
従業員数100名以下	所轄地区の労働省窓口
従業員数100名超	労働省本局

[申請書類の準備]

労働省への手続きは、以下の3つの申請を行う必要があります。

① 事業所開設申告(Registration for Opening of Enterprise、従業員登録を含む)
事業所の開設、従業員の採用を労働省に届け出る手続き
② 会社台帳登録(Registration of Enterprise Ledger)
労働省からの監査の際、監査内容を記載する台帳発行の手続き
③ 従業員給与台帳登録(Registration of Payroll)に関する申請
従業員の給与を記載する台帳を発行する手続き
※会計システムや勤怠管理システムなどを使用し管理する場合、別途許可を得る手続きが必要

なお、申請書類はすべてカンボジアで記載される必要があります。

[申請費用の納付]

労働省に支払う申請費用は、省令にて正式な費用が記載されています。申請費用は従業員数により異なりますので、注意が必要です。

【従業員数が7名以下の事業所】

申請手続き	費用	期間
事業所開設申告	2万リエル(約5USドル)	日数:15日
会社台帳発行	2万リエル(約5USドル)	日数:7日
従業員給与台帳発行	4万リエル(約10USドル)	日数:7日

【従業員数が 8 名以上 100 名以下の事業所】

申請手続き	費用	期間
事業所開設申告	3 万リエル(約 7.5US ドル)	日数:15 日
会社台帳発行	4 万リエル(約 10US ドル)	日数:7 日
従業員給与台帳発行	6 万リエル(約 15US ドル)	日数:7 日

【従業員数が 101 名以上 500 名以下の事業所】

申請手続き	費用	期間
事業所開設申告	10 万リエル(約 25US ドル)	日数:15 日
会社台帳発行	8 万リエル(約 20US ドル)	日数:7 日
従業員給与台帳発行	12 万リエル(約 30US ドル)	日数:7 日

【従業員数が 501 名以上の事業所】

申請手続き	費用	期間
事業所開設申告	20 万リエル(約 50US ドル)	日数:15 日
会社台帳発行	8 万リエル(約 20US ドル)	日数:7 日
従業員給与台帳発行	12 万リエル(約 30US ドル)	日数:7 日

[証明書類等の発行]

事務所開設の申請後、労働省所轄から以下の認証を受けた証明書類が発行されます。

・ 事業所開設証明書
・ 従業員登録証明書
・ 会社台帳
・ 給与台帳(又は他システムにおける給与処理承認証明書)

■労働職業訓練省におけるその他の登録事項

[外国人労働許可関係]

外国人の雇用に関して、カンボジア人に資格及び専門知識を有する者がいないときには、必要な資格及び専門知識を有するカンボジア人以外の外国人を雇用することがでます。カンボジア人従業員を雇用する場合、人数制限等はありません。外国人を雇用する際、下記の要件を満たす必要があります。

・ 合法的にカンボジアに入国している
・ 労働許可証を保有している

・ 有効な居住許可を有している
・ 有効なパスポートを保持している
・ 適切な評価と規律を有している
・ 自らの職業を為し得るだけ健康で、伝染病を有していない

また外国人の雇用は、原則としてカンボジア人従業員数の 10%以下でなければいけません。10%の内訳は以下のとおりです。
・ 外国人オフィススタッフ 3%
・ 専門知識を有する外国人従業員 6%
・ 通常外国人従業員 1%

ただし、人数の少ない事務所では外国人従業員数がカンボジア人従業員数の 10%を超える場合も多くあり、従業員割当申請の際に、外国人従業員の役割、専門知識、会社にとっての重要性を明確に証明することで、労働省に対して特例許可の手続をとることができます。
従業員割当及び労働許可の手続きにかかる期間は 8 日間となっていますが、労働省担当者によると従業員割当は 9 日間、労働許可の取得には 15 日間必要であるとされています。実務上は、15 日間を超える場合が多くなっており、特に申請が集中する時期(毎年 3 月頃)は、労働許可の取得まで数ヶ月かかる場合もあります。

労働許可取得の手続きは、以下の通りとなります。
① 従業員割当申請(Quota)
② 労働許可証、雇用カードの申請
③ 申請費用の支払い
④ 申請完了

Ⅳ. 外資規制

1. 禁止業種

カンボジアでは、政府発行の政令によって、投資不適格リストが規定されており、下記の事業については、外国企業による投資が禁止されています。

- 向精神剤及び麻薬物質の製造・加工
- 国際規則または世界保健機関により禁じられた有害性化学物質、農用殺虫剤、化学物質を使用したその他の商品で、公衆衛生、環境に影響を及ぼすものの製造
- 外国から輸入する廃棄物を使った電力の加工及び生産
- 森林法により禁止されている森林開発事業

2. 外国企業の土地所有に関する規制

外国企業及び外国人は土地を保有できないことが明記されています。そのため、外国企業は下記の方法により土地を利用することになります。なお、アパートやコンドミニアムなどの集合住宅など、土地以外の不動産については、2 階より上層階部分について外国企業又は個人の所有が認められます。

- カンボジア国籍企業からの賃借
  土地の賃借は、15 年以上 50 年以内で賃借が可能となっており、賃借権は更新することができます。
- カンボジア国籍企業と合弁会社を設立
  合弁会社名義で土地を購入することになるが、外国資本の出資比率は49%までに限られます。
- 特別経済区への入居
  特別経済区開発会社と長期賃借契約を締結することで、最長 99 年の契約期間に渡り土地を使用することができます。
- カンボジア政府からの賃借
  農業開発などを目的とした経済的土地コンセッションに対しては、1 万ヘクタールまでの土地を最長 99 年間賃借することができます。

・カンボジア国籍の取得
土地の購入権は、カンボジアへ移住してから 7 年後に取得することができます。
・カンボジア人との結婚
配偶者名義で土地を取得することができます。

3. 外国人の雇用上限

カンボジア国民の雇用を守るため、外国企業は原則としてカンボジア国民の雇用を優先させなければなりません。ただし、カンボジア国内で人材の獲得ができない場合には、外国人管理者、技術者または専門家を雇用することができます。その上限は総従業員の 10％までとされていますが、10％を超えて外国人を雇用する場合は、個別に労働職業訓練省から許可を取得する必要があります。

4. 外国為替規制

外国為替法において、公認銀行を通じたものであれば外国為替取引に対しては制限しないという旨が規定されています。

V. 投資インセンティブ

カンボジアは、他のアジア諸国のように出資比率に関する規制はありません。前項の不適格リスト以外の業種では外国資本 100%の現地法人設立が原則として認められています。また、投資優遇措置として、適格投資プロジェクト(QIP:Qualified Investment Project)による優遇措置、特別経済区制度及び特定分野に対する優遇措置など、さまざまな制度が用意されています。

1. 適格投資プロジェクトへの投資優遇措置

適格投資プロジェクト制度は、雇用創出及び産業育成を目的とした外資誘致政策の一つで、認可を取得することができれば、下記に記載している法人税の免税など、種々の優遇措置を受けることができます。

・ ワンストップ・サービス

継続的な投資促進サービスの向上のために、CDC 内にカンボジア特別経済区委員会が設立されています。カンボジア特別経済区委員会の管理の下、投資プロジェクトの登録から日々の輸出入許可に至るまでワンストップ・サービスを提供することになっています。

・ 法人税免税または特別償却の優遇措置

企業は通常20%の法人税を納めなければなりませんが、QIPの免税措置を受けた場合は、最長 9 年間の法人税免税を受けることができます。その内訳は、始動期間、その後の 3 年間、優先期間からなります。始動期間とは、「最終登録証明書発行の日から利益を計上するまでの年」、または、「最初に売上を計上してから3年間」のいずれか短い方となります。優先期間(最長3年)は、投資業種と投資金額により認められる延長期間のことであり、個別案件ごとに当局が決定します。デメリットとしては、法人税免税を受けるために、毎年「義務履行証明書」を取得する必要があり、財務状況などの開示をしなければなりませんので、間接コストがかさむという点があげられます。

それでも、上記の通り最長 9 年間免税されることから、投資の際に是非活用したい優遇措置の一つといえるでしょう。また、法人税の免税適用を受けない場合は、固定資産の 40%の特別償却が認められ、製造・加工工程において使用される新品または中古の有形固定資産価額の 40%について特別償却することができます。

・ 輸入関税免税の優遇措置

QIP の優遇制度の目玉のもう一つが輸入関税の免税です。すべての QIP に共通するものは、生産用設備、建設用資材の輸入免税です。

国内志向型 QIP(Domestically oriented QIPs)は、生産設備、建設資材及び輸出品生産のための生産投入材に対して輸入関税が免除されます。国内志向型 QIP は生産投入材について、申告ベースで輸入関税の還付を受けることができます。つまり、輸入の時点では課税されますが、直接輸出、または輸出産業に供給した場合は、輸出した商品の生産に用いた生産資材の数量に応じて、四半期報告書の審査を経て関税免除される、という仕組みになります。

輸出志向型 QIP(Export Oriented QIPs)については、生産設備と建設資材の他に、原材料、中間財、副資材の輸入関税が免除されます。輸出志向型 QIP は、何%以上を輸出しなければならない等、具体的基準は定められていません。

裾野産業 QIP(Supporting Industry QIPs)は、生産設備、建設資材、原材料、中間財、生産投入用副資材の輸入関税が免除されます。なお、製品を 100%輸出企業に提供しなかった場合や輸出できなかった場合は、その部分について輸入関税及びその他の税金が課されます。

2. 優遇措置を受けるための最低投資額

投資法改正により、投資優遇措置の対象が拡大、更に最低必要投資額の引下げが実施されました。これにより、中小企業でも、QIP による優遇措置の恩恵を受けることができるようになりました。業種ごとの最低投資額は、以下の表の通りです。

【投資優遇措置を受けるための最低投資額】

最低投資額	業種
10 万 US ドル以上	輸出産業に製品のすべてを供給する裾野産業
20 万 US ドル以上	動物の餌の製造
30 万 US ドル以上	皮革及び関連製品、金属製品、電気・電子機器、事務用品、玩具、スポーツ用品、自動二輪社及び部品、アクセサリー、陶磁器の製造
50 万 US ドル以上	繊維、履物、帽子、繊維産業のための製品、電気を使用しない家具・美品、紙及び紙製品、ゴム製品、プラスチック製品、伝統薬、輸出用水産物、穀物、作物製品の冷凍及び加工、食品、飲料の清算、上水道の供給
100 万 US ドル以上	化学品、セメント、農業雨用肥料、石油化学製品、現代訳の製造
200 万 US ドル以上	近代的なマーケットや貿易センターの建設（1 万 ha 以上の敷地を有し、かつ充分な駐車場用地が必要）
400 万 US ドル以上	産業、農業、観光、インフラ、環境、工業技術、科学その他のサービスに関する技能開発、技術もしくはポリテクノロジーのための訓練を行う教育機関
800 万 US ドル以上	国際貿易博覧会センター、会議場

3. 優遇措置不適格プロジェクト

下記のプロジェクトについては、優遇措置を受けることができません。

- 各種の商業活動（輸入、輸出、卸売、小売、免税店）
- レストラン、カラオケ、バー、ナイトクラブ、マッサージ店、フィットネスセンター
- カジノ、賭博、観光、専門的サービス
- 銀行、金融機関、保険会社、金融仲介業の通貨・金融サービス
- 三ツ星を下回るホテル
- 不動産開発、倉庫設備、駐車場
- 新聞、メディアに関する活動（ラジオ、テレビ、報道、雑誌、映画、ビデオ製造等）
- 水路、道路、空路による運輸サービス（鉄道分野への投資を除く）
- タバコの製造
- 自然林の木材を使用した木製品の製造・加工
- 50ha 未満の複合娯楽施設（ホテル、テーマパーク、スポーツ施設、動物園等を含む）

4. 特別経済区における優遇措置

現在カンボジアには開発途中のものをあわせると 54の特別経済区があり、製造業のためにインフラが整備されています。特別経済区に入居している企業は、QIP と同様の優遇措置に加え、付加価値税（VAT：Value Added Tax）の免除を受けることができます。

その他、投資申請やビザ取得手続の代行や、労務問題などトラブルの対応相談を行うことができます。

Ⅵ. 業種ごとの設立形態

事業活動の業種や業態によっては、各担当省庁から個別にライセンスを取得する必要がある業種や業態があります。個別にライセンス取得が必要な業種や業態の判断基準や手続等は、各省庁発行の省令、通達等において定められています。

【個別にライセンスが必要となる業種の例】

業種	担当省庁	備考
飲食店	観光省	審査あり
ゲストハウス・ホテル	観光省	審査あり
ホテル	観光省	審査あり
旅行代理店	観光省	保証金の支払いが必要
不動産サービス業	経済財政省	無犯罪証明書の提出が必要
通関業	関税・消費税総局	通関に関する専門家が必要
運送業	公共事業運輸省	トラック等の登録も必要
診療所、病院	保健省	代表者はカンボジア国籍である必要あり
薬局	保健省	医薬品や化粧品の調査あり
海外人材派遣業	労働職業訓練省	代表者はカンボジア国籍である必要あり
教育機関	教育・青少年・スポーツ省	審査あり

実際の手続等については、法律と運用との間に乖離があるため、ライセンス取得の際には、関連省庁又は外部専門家に問い合わせることが望ましいです

シンガポール進出

～アジアのハブとなる国への進出方法とは～

Ⅰ. 進出時の特殊な留意事項一覧

1. 資本金要件がなく、1シンガポールドルから出資可能

シンガポールでは、会社設立の際に最低資本金の要件がなく、設立時に資本金額及び、割当株数を自由に設定することができます。そのため、理論上は、資本金1シンガポールドルから会社を設立することができます。また、払込資本通貨、及び基軸通貨の設定も自由に行うことができ、シンガポールドル以外にも、日本円、米ドル等を会社の基軸通貨として設定することも可能です。

2. 外資規制が少なく、多くの場合ライセンスの取得も不要

シンガポールは外国資本の誘致に古くより力を入れており、様々な国籍、業種の企業が少ない制約のもとビジネスを始めやすい環境にあります。一部のメディアやインフラなどの業種を除き外資規制はなく、ほとんどの場合外国資本100％で進出が可能です。また、開業にライセンスが必要な業種も限られており、飲食業、金融、不動産、旅行業などを除いては、会計企業規制庁（ACRA）への登記、及び法人口座の開設完了後すぐに事業を開始することができます。

※1 実務上は、一般的には1シンガポールドルで設立を行うケースは少なく、年間維持費や駐在員の給与支払いの原資を確保できる金額を設定することが多いです。

※2 決算申告や登記情報を管轄する省庁です。（正式名称は Accounting and Corporate Regulatory Authority）

3. 会社秘書役が必要

シンガポールでは、全ての会社が会社秘書役を一名任命する必要があります。イギリス法の影響を受けているシンガポールやマレーシアなどにみられる制度で、秘書役は会社のコンプライアンス順守の担保や、議事録や決議書の作成、ACRAへの登記などの役割を担います。シンガポールで

秘書役の資格を持つ者のみ任命されることができ、殆どの場合、会社内から秘書役を任命することは困難なため、弁護士事務所や会計事務所と提携した秘書役法人等に名義貸しを依頼することになります。通常設立のタイミングで任命することが多いですが、遅くとも設立後6か月以内までには任命する必要があります。

4. 会計監査人の選任

法人の登記完了後、原則6か月以内に会計監査人の選任を行うことが必要となります。但し、監査報酬額や具体的な条件を定めた監査契約書(Engagement Letter)の締結は、多くの場合は設立6か月以内に行うことが難しいため、この時点では任命書(Appointment Letter)の作成のみで問題ありません。まずは利用予定の監査法人の選択のみを行い、期末が近くなった時点で監査契約書を締結することが一般的です。

5. 法人口座開設事情

会社登記完了後、多くの企業はシンガポール地場銀行の口座開設を行います。プロセスは透明かつ効率性が高く、一部銀行ではサイナーの渡星なしにオンラインでの面接のみで開設を完了することができます。一方で、資金洗浄や不正資金供与などのリスクを最小限にすべく、シンガポールの銀行では審査が厳格に行われます。コンプライアンス順守の担保、ビジネスプラン等様々な観点から、審査を受け、最終的に口座の開設可否が判断されます。これらの検証材料としての十分な資料が提供できない場合や、銀行が要求する水準に満たない場合には、開設を拒否されることがあります。一度開設を拒否された場合、同様の銀行での再申請は暫く難しくなってしまいます。事前に専門家に相談するなど、審査対策は徹底的に行うべきと言えるでしょう。

Ⅱ. 各進出形態まとめ

1. シンガポール事業拠点設立

一般的に、シンガポールに事業拠点を設立する場合、進出の目的、事業内容等を考慮して、現地法人、支店、駐在員事務所のいずれかの事業形態を選択することになります。本項では、地域統括会社としての拠点という意味で、現地法人に焦点を当てていきます。

2. シンガポールにおける現地法人の特徴

外国法人がシンガポールに現地法人を設立する場合、シンガポールにおける内国法人として扱われます。メリットとしては、許認可関係において内国法人にのみ許可される業務について、同様の待遇を享受することが可能な点があります。

また、シンガポールにおける設立の手続は、日本に比べ簡易かつ迅速に完了することが可能です。現地法人の特徴として以下の点が挙げられます。

- 外国資本100%での設立が可能
- 業種により参入規制あり
- 繰越欠損金を永久的に繰越可能(株主が実質的に50%以上変動しない場合)
- 支店および駐在員事務所に比べて自由な活動が可能
- 迅速な意思決定が可能
- 会社秘書役(Company Secretary)を置く必要がある
- 設立時シンガポール国籍保持者またはシンガポール永住権保持者の在籍が必要

3. 会社形態

シンガポールの会社形態は、次のように大きく分けて8形態あり、それぞれ係る法律が異なります。また、現地法人、支店および駐在員事務所以外の形態はシンガポール独自となります。このような独自の形態で登録する場合、注意点として、シンガポール国籍保持者またはシンガポール永住権保持者の在籍が必要となります。
　シンガポールにおける現地法人は、会社法(Companies Act)に基づく会社形態に当たります。
・ 現地法人
・ 支店(Branch)
・ 駐在員事務所(Representative Office)
・ 個人事業(Sole Proprietorship)
・ パートナーシップ(Partnership)
・ 有限パートナーシップ(Limited Partnership)
・ 有限責任パートナーシップ(Limited Liability Partnership)
・ 事業信託法(Business Trust)に基づく形態
　さらに、現地法人は、下記のように分類されます。

【現地法人(会社法に基づく形態)】

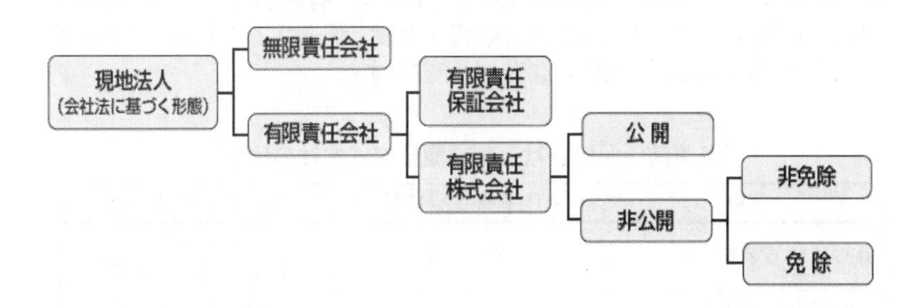

[無限責任会社と有限責任会社]

　会社は、会社清算時の株主の出資責任の範囲によって、無限責任会社(Unlimited Company)と有限責任会社(Limited Liability Company)に分けられます。
　無限責任会社は、債権者に対する株主の法的責任範囲の制限がありません。そのため、会社清算の際においても、株主(現在および過去の株主)は債権者に対して会社が有している資産を超えて、自ら無制限の責任を負担しなければなりません。実務上、無限責任会社の形態をとるのは稀なケースです。

一方、有限責任会社では、債権者に対する株主の法的責任範囲はその出資額に限定されます。
なお、有限責任会社は一定の例外を除いて、Limited(Ltd.)または、Berhad(Bhd.)がその商号の一部に使用されます。
また無限責任会社から有限責任会社、もしくはその逆への変更は可能です。

[有限責任保証会社と有限責任株式会社]

有限責任会社は、有限責任保証会社と有限責任株式会社に分類されます。
有限責任保証会社とは、保証者が自ら責任を負う範囲を決定する形態であり、保証する金額の範囲は、あらかじめ会社の定款(Constitution)によって決定されます。この形態で設立を行う企業は、公共性の高い慈善事業や布教活動等、非営利活動を行う企業が一般的です。
有限責任株式会社とは、日本の株式会社 とほぼ同様の形態で、株主の法的責任は保有株式の未払額に限定されます。有限責任株式会社は株主に株式を発行し、その払込額を運転資本として調達することができるため、シンガポールでは最も一般的な進出形態です。

【有限責任保証会社と有限責任株式会社の比較】

項目	有限責任保証会社	有限責任株式会社
適している事業	非営利活動	営利活動 (最も一般的な形態)
会社財産に対する 出資責任の履行	会社解散時のみ	会社解散時および 存続時
運転資本の 株主からの調達	不可	可

[公開会社と非公開会社]

有限責任株式会社は、定款の内容によって公開会社か非公開会社に分類されます。以下に記載する、株式譲渡制限および株主数の制限の両者が会社の定款に含まれていた場合は非公開会社とされ(会社法 18 条 1 項)、そうでない場合は公開会社とされます。

a) 株式譲渡制限

形式は規定されていませんが一般的に下記のいずれかをとります。

・ 取締役会の承認がなければ譲渡を行うことが不可能
・ 株式を譲渡する場合に先買権(Pre-emptive Rights;優先して株式を購入する権利)を他の株主に与えなければならない

b) 株主数(50 名以下の制限)

共同株主保有者は 1 名として数えられますが、会社またはその子会社の従業員と元従業員であり、当該会社に雇用されている間に株主となったものは除きます。

以前は、公開会社のみ株式および社債を公募して資金調達を行うことが認められていましたが、2004 年 4 月 1 日会社法改正により、非公開会社においても株式および社債を公募できることとなりました。なお、会社の株式または社債を公募する際には、証券先物法(Securities and Futures Act)の関連規定に従い、目論見書を発行する必要があります。

また、 非公開会社から公開会社、もしくはその逆への変更は可能です。この場合、株主総会による特別決議が必要となります(31 条 1~2 項)。

[免除非公開会社と非免除非公開会社]

非公開会社は、免除非公開会社と非免除非公開会社に分類されます。

免除非公開会社とは、非公開会社のうち、株主に法人がいないことに加え、株主数が 20 名以下となっている会社を指します(4 条 1 項)。

4. 現地法人の活動範囲とその制限

現地法人は、定款で事業目的を制限しない限り、活動内容に制約を課されることはありません。そのため、支店や駐在員事務所など他の進出形態と比べて、最も自由に活動することができます。

ただし、特定の業種については別途ライセンスの取得が必要です。

Ⅲ. 各種設立スケジュール及び必要資料

1. 現地法人の設立スケジュール

シンガポールに現地法人を設立する場合、下記の手順に従い手続を行います。

なお、シンガポールでは非常にスピーディーな現地法人設立が可能です。具体的には必要書類等が揃っていれば2日前後で設立できます。

a) 設立にあたり必要な決定事項

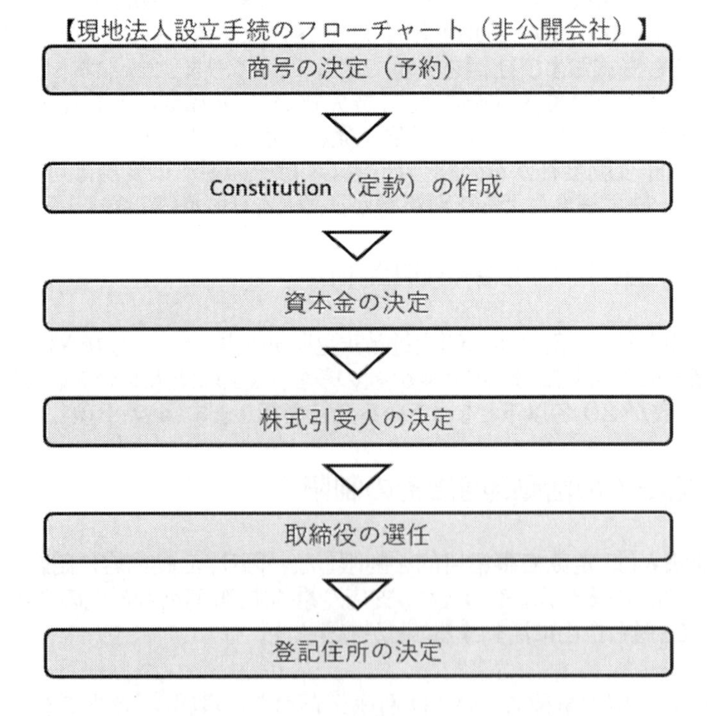

b)設立～ビジネス開始までの大まかなスケジュール

～シンガポール現地法人設立スケジュール～

No.	作業内容	所要時間	添付書類/備考
設立手続			
1	使用商号の予約	1営業日	特殊な名称を用いる場合、長引く可能性があります
2	会社名の決定	ー	ー
3	登記事項資料の作成	3～4日	ー
4	ACRAへの登記申請	1営業日	申請料　300Sドル
設立後手続			
5	会社設立証明書の取得（任意）	5営業日	ー
6	銀行口座の開設	1週間	ー
7	取締役会、増資資金の送金	1営業日	増資の手続は会社設立後に可能となります
8	会計監査人の選任	1営業日	会社設立後3カ月以内に選任
9	カンパニー・セレクタリーの選任	1営業日	会社設立後6カ月以内に選任
10	就業許可証の申請	2～4週間	ー

■商号

商号とは、企業もしくは個人事業主がその営業上、表示する名称のことをいいます。

そのため、会社は当然に商号を持つ必要があります。会社設立に当たっては、まず、使用を希望する商号を 会計企業規制庁（ACRA：Accounting and Corporate Regulatory Authority）に予約し、決定することが必要です（27条10項）。

また、既存の商号と同一の商号を使用しようとしている場合や、同一ではなくとも商号としてふさわしくないと判断された場合および関係省庁により規制されている商号は使用することはできません（27条1項）。

他方で、類似商号についても一定の規制が設けられています。具体的には、ACRAが当該類似商号について一般消費者が混同する恐れがあると判断した場合、または会社設立後 12 ヶ月以内に他者から類似商号だと異議申立があった場合、ACRA は当該類似商号を使用した会社に対して商号変更を命ずることができます。これは一般消費者の混乱を防ぎ、市場の安定を確保することを目的としています。
このように、商号については事後的に変更を命じられる危険性があるため、商号の予約をする前に当該商号の使用状況について調査する必要があります。さらにいえば、変更を余儀なくされる事態に備えて、あらかじめ複数の商号を用意しておくことも実務的には必要になります。
情報自体は ACRA のホームページ、BizFile 上で確認することができますが、商号決定の具体的な作業は設立を依頼する会社秘書役により行われます。複数の商号を用意して使用可能か否か、問い合わせることになります。
なお、予約された商号は予約完了から 120 日間有効であり、この期間内に登記を完了する必要があります。

■定款の作成
以前は定款には基本定款と附属定款の 2 種類(Memorandum & Articles of Association)がありましたが、現在はこれが1つのConstitutionとして統合されています。内容は以前のものと同様であり、Constitution は基本定款に記載のあった法律により記載することを定められている事項と、附属定款に記載のあった会社の運営規則を記載した事項により構成されています。

【Constitutionと記載事項】

種類	記載事項
Constitution (定款)	・会社名 ・登記上の本店所在地 ・授権資本の上限および発行済み株式総数 ・発起人の住所、名前、職業、各引き受け株式数 ・株主の責任が有限である事項 等
	・株式、配当、取締役、会計監査人、株主総会にかかる事項 等

[株主、取締役]
株主と取締役は、個人か法人か、また国籍を問わず、必ず1名以上選定する必要があります(取締役が個人の場合には 18 歳以上であることが条件)。
株主と取締役を同一とすれば1名での会社設立も可能です。
ただし、取締役のうち1名はシンガポールの居住者でなければなりません。
法人設立前には就労許可を発行することができないことから、設立時にはシンガポール国籍/永住権保持者から取締役を選ぶ必要があります。
外国法人が子会社を設立するような場合には、実務上、外部の個人である名義取締役を利用して法人登記を行い、実際の取締役を現地に置く日まで継続します。
なお、シンガポールでは、日本のような「代表取締役」という法的な地位は求められませんが、「取締役(Directors)」として登記された複数人の中から、対外的に代表者を明示する目的でのみ、設定することが可能となります。

[資本金]
シンガポールでは他の国にあるような最低資本金制度が存在しません。そのため、基本的にシンガポール法人は資本金1Sドルから設立することが可能です。
また、資本金の払い込みの期限の定めは特にありませんが、会計監査時での質問を避けるため、初回の会計年度末までには払いこみを済ませておくことが望ましいです。
日本と大きく異なる点として、設立登記前に出資払込金証明等の提出が不要であるため、登記自体はほぼ負担なく完了することができます。
シンガポールにおいては日本のような健全な財務基盤の確保よりも、迅速な会社の設立を優先していることがこの点からも垣間見ることができます。
このため多くの場合、まず1Sドルで会社登記を完了させ、銀行口座を開設してから増資手続きを行います。金額を振り込んだ後 14 日以内に着金証明をもって会社秘書役に声掛けし、増資決議書を完成して登記することになります。

[事業目的]

シンガポールでは基本定款へ事業目的の詳細を記載することは任意になっています。そのため、定款で事業目的の詳細を制限しない限り、基本的にほとんどの事業を行えることになります。

なお、金融業や飲食業、学校・教育、不動産業、人材斡旋業等に関しては、設立後にライセンスの取得が必要になります。

主要な業務については、Singapore Standard Industrial Classification(SSIC)という事業目的一覧表の中から、会社の業務として最も類似するものを選択することになるため、表記を自由にすることはできません。

以上の情報の準備が設立に必要となります。登記手続き自体は会社秘書役が中心となり進めるため、会社側での対応事項はそう多くありません。必要情報の決定や書類の準備がスムーズに進めば、保守的に見ても2週間以内には登記完了まで進めることができます。

2. 現地法人設立の必要書類

現地法人の設立にあたって、必要となる書類は以下の通りとなります。

【本社の情報にかかわる書類】

①本社登記簿謄本(原本 1 部とその英語翻訳版、発行から 3 カ月以内のもの)

【現地法人の情報にかかわる書類】

①公証認証済みの取締役全員の国民登録管理カード(NRIC:National Registration Identity Card)の裏表のコピーあるいはパスポートのコピー

※シンガポール法人取締役の最低1名はシンガポール居住者もしくは永住権保持者(PR:Permanent Resident)でなければなりません

※取締役が日本滞在中の場合は、日本公証役場にてパスポートの認証書類に署名する必要があります

※代行業者に委任する場合は、公証委任状、在職証明書、登記簿謄本、印鑑証明書(いずれも発行から 3 カ月以内のもの)が必要です

②シンガポール法人登記住所の証明書（賃貸契約書のコピー等）
③カンパニー・セクレタリーの法人もしくは個人のエージェント情報（名前、住所、連絡先）
※個人の場合、NRIC の裏表のコピーあるいはパスポートのコピー
④監査人の法人もしくは個人のエージェント情報（名前、住所、連絡先）
※出資がすべて個人株主 20 名以下、かつ総売上 500 万 S ドル以下の場合は監査が免除

Ⅳ. 外資規制

シンガポールは開放的な経済体制をとっており、外資企業にとっては非常にビジネスを行いやすい環境が整っています。外資規制を管轄する官庁もありません。一部の規制業種を除いては特段の制限なくビジネスを行うことができます。

1. 業種による規制

■金融(銀行)

国外からの資金の流れが多いシンガポールでは、国家安全、資金洗浄防止のため、金融の分野での規制は厳しくなっています。シンガポールで金融業を行う場合、金融庁(MAS)よりライセンスの取得を必ず行う必要があります。

【金融庁(MAS)】

MAS は、金融機関の規制を管轄しています。銀行、証券会社、投資ファンド、保険会社などが MAS の監督下に置かれており、それらの事業体へのライセンスの発行・管理や業界の安全確保を担います。

【出資規制】

銀行業を行う場合、地場の銀行に対して議決権付き株式の5%以上を取得、保有する必要があります。(Banking Act15A 条) また、最低資本金として15億 S ドルを満たしたうえで、MAS が規定する自己資本比率を満たしている必要があります。

■メディア

放送や新聞等では、外資による出資制限や外国人の取締役就任が制限されています。また、国内外にかかわらず、一定の出資割合を超えた株式・議決権の取得または保有、処分を行う場合、事前承認が必要となります。

【情報通信メディア開発庁(IMDA、Info-communications Media Development Authority)】

メディア業界の監督及び規制はIMDAが管轄します。ライセンスの管理の他、コンテンツ制作やセキュリティ対策など、直接的に業界の促進を支援します。

【メディア業における規制】

事業	法規	規制	具体的な内容
放送業	放送法	外資による出資制限	株式・議決権の49%超保有※
		出資制限	5%以上の議決権株式の取得・保有・処分等※
		出資制限	12%超の株式および議決権の取得※
新聞社	新聞法	株主資格の制限	普通株式と経営株式の2種類を発行し、後者はシンガポール国民または大臣の承認を得た法人のみ保有可能
		出資制限	5%以上の議決権株式の取得・保有・処分等※
		出資制限	12%超の株式および議決権の取得※

※大臣およびメディア開発庁(MDA:Madia Development Authority)の承認が必要

■インフラ

以前は、送電・配電を受け持つ会社が政府系の1社(SP Service)しかないという状況が市場を独占していましたが、段階的に自由化が進み、2019年には完全に自由化されました。

【エネルギー市場監督庁(EMA、Energy Market Authority)】

インフラ・エネルギー市場の監督を担当する政府機関です。ライセンスの管理に加え、エネルギー供給や市場競争の調整などの役割も担います。

出資者に対して、以下の条件を持つ場合は、EMAへの届け出が義務付けられています。

【インフラ業における規制】

事業	法規	規制	具体的な内容
電気業	電気法	出資規制	5%超12%未満の持分保有者を監督官庁に届出
		出資規制	12%超30%未満の持分または議決権の取得
ガス業	ガス法	出資規制	5%超12%未満の持分保有者を監督官庁に届出
		出資規制	12%超30%未満の持分または議決権の取得

2. 外国人(外国企業)の不動産保有

外国人(外国企業)の不動産保有については、国土庁(SLA)より一定の制限が設けられています。

法務省から許認可を得ない限り、外国人や外国企業が住居用の不動産(コンドミニアムやリゾート等を除く)を保持することはできません。但し、外国人であってもシンガポールの永住権(PR)の保持者であれば、規制の対象外となります。

一方、居住用以外の不動産に関しては、一律で規制の適用対象外となっており、外国人であっても不動産を広く保持することができます。

3. 外国人の就労規制 ～厳格化するEP取得要件～

シンガポールは外資企業や、高い技術を持つ外国人の誘致に積極的に取り組む一方、近年ではローカルの労働力の強化も図っております。2020年の予算案にて、労働人口の外国人の占める割合を40%から35%まで落とすことが発表されており、それに伴い管理職向けのEP(Employment Pass)をはじめとして、就労ビザの取得要件は段階的に厳格化が進んでいます。

【Compass 制度】

EP の新制度「COMPASS」が2023年9月から導入されました。

Compass 制度は、4つの基本クライテリア(C1～C4)及び2つのボーナスクライテリア(C5,C6)により点数をはじき出すしくみです。各クライテリアごとの得点は、0、10、20点のいずれかとなり、合計40点を超えた場合のみ、EP の発給が可能となるというものです。

■C1 給与

今まで通り、人的資源省(MOM)が公表する査定ツール SAT で確認できる給与額を超える額で申請することが前提となりますが、それに加え、業界ごとのクライテリアが加わりました。(MOM が公表しており1年毎に公表される予定です。)自社がどの業界で申告されているかどうかは、My

MOM Portal 上で確認することができます。SAT ベースで基準をクリアしていても、追加の基準をクリアしなければ10点も獲得できない可能性もあるため、注意が必要です。

■C2 資格

従前より、学士同等(4大卒、カレッジ卒、もしくは認可された一部の専門学校等)のスキルは最低限となりますが、この条件のみの充足だけでは10ポイントのみの付与となります。20ポイント満点を獲得するためには、これに加え、MOM 公認の一流教育機関の出身である必要があります。学士同等の資格がない場合は、C2 は0ポイントとなります。

【C2 が0ポイントであれば、EP は降りない？】

従前まで、最低限学士同等の資格がなければ、EP は降りていませんでした。COMPASS 制度下では、これが無く C2 が0ポイントであっても、他のクライテリアで合計40ポイントを稼ぐことができれば、EP を取得することができます。

【学歴証明書類の認証が必要に！】

従前まで、認証機関での認証を経た、学歴証明書は、MOM より個別に別途提出の要請があった場合のみ、追加提出をする必要がありましたが、新 COMPASS 制度下においては、一律全ての申請に、この「認証済み」の学歴証明書が必要となります。MOM 公認の認証機関・会社は HP にて公表されています。(随時更新される可能性があるので確認が必要です。)いずれの機関でも、デリバリータイムは2～3週間ほどかかりますので、スケジューリングの際に注意が必要です。

■C3　国籍の多様性

MOM は、会社内の国籍の多様性を評価項目の一つとしてあげています。EP 候補者の国籍が発行元法人の従業員全体の 5%未満の場合、20 ポイント、5～25%であれば 10 ポイント、25%以上 0 ポイントの付与となります。

【Small Firms であれば10ポイント】

25%以上の国籍であれば0ポイントとなってしまうため、非常に厳しいクライテリアとはなりますが、PMET 人数が25人以下の Small Firms に当てはまれば、自動的に10ポイントが付与されます。

【PMET(Professionals, Managers, Executives, and Technicians)の定義】

外国人であれば、就労パス申請時に最低でも 3,000S ドル以上の給与で設定している者、シンガポール人もしくは永住権(PR)であれば CPF(シンガポール人、永住権保持者が対象の積立型社会保険料)申告内容ベースで、最低月 3,000S ドルの者を1名とカウントします。また 2024 年9月から、外国人のうち Spass(中技能者外国人向け就労パス)保持者の PMET 人数カウントの基準給与が 3,150S ドルとなります。

■C4　ローカル人材の割合

予算案でも発表されている通り、国はシンガポール国民(及び永住権保持者)による労働力の評価を図っており、同業種内のローカル人材採用の比率と比較して、高い割合でシンガポール人を雇っている企業は COMPASS 制度下において評価の対象となります。

【点数】

ローカルの人数のカウントをPMETに則って計算します。同一業種内のPMETローカル採用率のうち、50％以上であれば20ポイント、20％以上50％未満であれば10ポイント、20％未満であれば0点となります。

またC3と同様、Small Firmsであれば10ポイントが付与されます。

■C5 スキル、不足職種に対してのボーナスポイント

基本的には、4つの基本クライテリアのみで40ポイントに達することが望ましいですが、場合によってはボーナスクライテリアでポイントを取得することができる可能性があります。ここでは、C5のスキル、不足職種に対してのボーナスポイントについて解説します。こちらはMOMが公開するShortage Occupation List（SOL）に載っているシンガポール国内で不足している専門職のリストの職業に該当する場合、ボーナスの20ポイントが付与されるというものです。（SOLはMOM HPを参照ください。）また、SOL上の特定のテクノロジー職種に充てまる候補者は、C3で10ポイントを獲得しており、設定月給が10,500Sドルを超えている場合、最長で5年間のEPの付与を受けることができます。

【10ポイントになってしまう場合もある】

但し、PMET（C4にて解説）のうち割合が3分の1以上の国籍の候補者の場合、SOLのリストに当てはまる場合でも、ボーナスポイントの付与は10点にとどまります。

【点数】

ローカルの人数のカウントをPMETに則って計算します。同一業種内のPMETローカル採用率のうち、50％以上であれば20ポイント、20％以上50％未満であれば10ポイント、20％未満であれば0点となります。

【SOLについて】

シンガポールのマーケットの状況を常に反映させるため、毎年SOL上の職種の内容は変更される場合があります。また、SOLに該当する職種につく予定の候補者については、MOMからの追加チェックを受け、実際にSOLに該当する仕事であることを証明することが必要となります。詳しい雇用者向けのガイドブック（Employer SOL Guide）は、2023年8月末にリリースされMOMのHPにて確認できます。

【SOLのポイント受け、EPを取得した後に、SOL以外の仕事を行うことはできるか？】

これは、行うことはできず、候補者は申告したSOLの内容の仕事のみ行うことができます。発行後別の仕事を行うことは許されません。

■C6　戦略的経済の優先についてのボーナスポイント

シンガポールは、ローカルへの良質な雇用機会の創出のために、積極的投資やイノベーション、国際化、トランスフォーメーションの推進によりシンガポール戦略的経済の発展に貢献する企業を評価し、基準に当てはまる企業に対して10ポイントを付与します。

【該当するには？】

C6 のボーナスを得るためには、National Trades Union Congress（NTUC）を含む、MOM が指定する支援機関が主催となるプログラムに参加している必要があります。C6ボーナスの付与の有無は、各機関の裁量によるため、詳細については各機関まで直接問い合わせる必要があります。

【該当したら何年間有効？】

C6 のボーナスのポイントの獲得後は、3年間、もしくはプログラムへの参加機関の内、短い方の期間分ポイントが有効となります。期間終了後、再度 C6 に該当するためには、少なくとも更新月の3か月前時点では C3、C4 の両クライテリアにて最低10ポイントを獲得している必要があります。

■免除規定

以下にて紹介する基準のいずれかを満たせば、COMPASS 制度の適用免除を受けることができます。

1. 月給 22,500 Sドル以上

月給 22,500 Sドル以上の高給取りの候補者であれば、適用の免除を受けることができます。こちらは、EP 申請前の MCF（政府管轄の求人広告掲載サイト）での採用広告の掲載義務の免除のための閾値と同額となります。（2023年9月以降）

2. ICT（海外転勤者）

世界貿易協定、もしくはシンガポールが参加する貿易協定の定義するICT（海外転勤者）の定義に当てはまる場合は、COMPASS 制度の適用対象外となります。（同様に MCF での公告義務も免除となります。）ICTの定義に該当するためには、GATS（世界貿易機関（WTO）のサービス貿易に関する一般協定）やその他シンガポールが参加する自由貿易協定などで定義された、一定の水準以上の管理職、もしくは専門家に該当する必要があり、かなり厳しい基準を満たす必要があります。

3. 短期の滞在者

1カ月以内の短い期間のみ在籍する予定の候補者の場合、COMPASS 制度の適用対象外となります。

V. 投資インセンティブ

1. シンガポール地域統括拠点総論

シンガポールは外国企業を国内に誘致し、経済活動の生産性を引き上げることを産業政策の重点に置いています。そのため、経済開発庁(EDB: Economic Development Board)管轄の下、地域統括会社の誘致に力を入れており、一定以上の規模の会社に対して本部制度(Headquarters Programme)と称する優遇税制を適用しています。

本部制度は事業規模や業種、地理、立地等に関係なく、すべての会社が申請することができますが、下記の事業を行うことが求められます。

- 事業計画の策定
- 経営管理
- 営業計画およびブランド管理
- 知的財産(IP)管理
- 教育訓練および人事管理
- 研究開発および試験生産・販売
- 共有サービス
- 経済および投資に関する調査・分析
- 技術支援
- 資材調達および流通
- 財務顧問

本部制度には、地域統括会社(RHQ:Regional Headquarters)と国際統括会社(IHQ:International Headquarters)の 2 種類があります。多国籍企業が地域統括会社としての適格要件を大幅に超える事業計画を持つ場合、国際統括会社として認定され、さらなる軽減税率やインセンティブを受けることができます。

また、シンガポールは地域統括会社、国際統括会社制度のほか、貿易会社向けのグローバル・トレーダー・プログラム(GTP:Global Trader Programme)、金融サービス企業向けの金融・財務センター(FTC:Finance and Treasury Center)などの優遇措置が整備されています。

【各制度の定義・特徴】

項目	定義・特徴
地域統括会社（RHQ）	シンガポール国外にある3カ国以上の拠点へサービス提供を行うなど、一定の要件を満たす会社を対象とする。認定された場合には、15%の軽減税率が適用される
国際統括会社（IHQ）	地域統括会社の適格要件を大幅に上回る大規模な統括会社を対象とする。国際統括会社として認定された場合、5%または10%の軽減税率が適用される
グローバル・トレーダー・プログラム（GTP）	オフショア貿易活動の拠点として、経営管理、投資・市場開拓、財務管理、物流管理の機能を有する会社が対象となる。認定されると特定商品のオフショア貿易による収益に対して、5%または10%の軽減税率が適用される
金融・財務センター（FTC）	シンガポール国外の関連会社に金融・財務サービスを提供する会社に適用される制度。認定所得に対して免税または10%の軽減税率が適用される

【シンガポールの優遇制度の税率比較】

項目	RHQ	IHQ	GTP	FTC
軽減税率	15%	5% または 10%	5% または 10%	免税または 10%
適用期間	3 年 (3 年経過後に要件を満たした場合、2 年間の延長が可能)	5 ~ 10 年 (最長 20 年まで延長が可能)	5 年 (5 年経過後に要件を満たした場合、5 年間の延長が可能)	10 年 (更新あり)
軽減税率の対象となる所得	サービス収入、ロイヤルティ、ライセンス収入、フランチャイズ・フィー、コミッション、マネジメント・フィー		所定の製品、商品の販売益	為替・先物リスク管理、資金調達などのサービスを提供して得られた利益

2. 地域統括拠点 (RHQ)

地域統括会社(RHQ)とは、アジア地域の統括拠点を低税率国もしくは地域の事業拠点に置く会社のことを指し、法人税の減税などの優遇制度(RHQAward)を適用することが認められます。

■ RHQ の恩恵を受けるための要件

RHQ の認定を受けるためには、地域統括会社としての外形的な以下の要件を満たす必要があります。

・シンガポールで設立または登記された会社であること
・業界内で一定以上の実績および規模を有する企業グループの会社であること
・グループの指示命令系統における中枢機関であり、明確な管理統括機能を有すること

・下表(RHQ の要件)の要件を満たすこと

【RHQ の要件】

項目	要件
資本金	・適用開始から 1 年以内に、払込資本金を 20 万 S ドル以上有すること ・適用開始から 3 年以内に、払込資本金を 50 万 S ドル以上有すること
事業支出	・適用開始から 3 年以内に、年間事業支出(総営業費用から国外外注費、原材料、部品・梱包費を控除して算出)を 200 万 S ドル以上増加させること ・適用開始から 3 年間の総事業支出の累計額を 300 万 S ドル以上増加させること
サービス	・3 つ以上の会社のサービスを 3 カ国以上の国外ネットワーク会社(子会社、兄弟会社、支店、合弁会社、駐在員事務所を含む)に提供すること
人事	・常時、国家技術資格 2 級以上の資格を持った従業員を 75% 以上雇用すること ・適用開始から 3 年以内に、10 名以上の専門職者(大学やカレッジの学位を取得している者)を雇用すること ・適用開始から 3 年以内に、上位 5 位の経営幹部の平均年収が 10 万 S ドル以上であること

資金面では、最低資本金と支出費用の最低額が定められています。また、サービスの提供国が 3 カ国以上でなければならないということに加えて、人事面では 3 年以内に 10 名以上の専門職員を雇用し、かつ上位 5 名の平均年収が 10 万 S ドル以上である必要があります。

■RHQ の優遇内容

上述の要件をすべて満たした企業が、政府から RHQ の認定を受けた場合、海外適格収入(サービス、ロイヤルティなど)について原則として 3 年間は 15%の法人税率が適用されます。また 3 年経過後、最低要件を満たす場合に限り、海外のマネジメントフィー、サービス料、ロイヤルティなどの適格所得について、さらに適用期間が２年間延長されます。

3．国際統括拠点（IHQ）

RHQ の適格要件を大幅に超える大規模統括会社は国際統括会社（IHQ）として申請することができます。IHQ の認定は EDB との協議によって決められますが、企業のシンガポール経済への貢献度や EDB に対するアピール、交渉力が影響するとされています。

■IHQ の優遇内容

IHQ として認定されると 5～10 年間（最長 20 年間）、所得の増加分（経営、サービス、販売、貿易、ロイヤルティ）に対して 5%もしくは 10%の軽減税率が適用されるほか、個別のインセンティブ・パッケージ（IHQ Award）が適用されます。

【IHQ 企業例】
～P 株式会社～

2005 年、P・アジア・パシフィックが「国際統括会社」として認定されています。同グループはシンガポールに 11 の子会社があり、長期間シンガポールに投資してきたことが認められ、国際統括会社に認定されました。現在は地理的な優位性、優秀なロジスティクス能力、先進的な情報通信インフラや優秀な人材などシンガポールの拠点としての強みを活かして、サプライチェーン、金融、IT、人事、人材開発、エンジニアリングなど、本社機能を持った重要拠点として活動しています。

4. グルーバル・トレーダープログラム(GTP)

■GTPの適用要件

グローバル・トレーダー・プログラム(GTP)とは、オフショア貿易活動の拠点として、シンガポールに卸売の統括会社を置く企業に対する優遇制度です。当該制度は、エネルギー商品および製品、農産物および食料品、工業製品等に係る国際貿易取引を行い、シンガポールを周辺地域の貿易センターとして活用する企業に適用されます。適用要件の詳細は以下のとおりです。

【GTPの適用要件】

1	・中・大規模の国際的な会社であり、適格製品の貿易、調達、流通、輸送を実施する会社
2	・オフショア貿易の地域統括拠点としてシンガポールを活用する会社（経営管理を含めた事業活動および補助機能を有する） ・ビジネスと投資計画の調整 ・財務管理と財務機能 ・市場開発と計画 ・倉庫保管や貨物輸送などの物流サービス
3	・国際的なネットワークを持ち健全性を有する会社
4	・オフショア貿易活動を主要に行うこと ・シンガポールで多額の支出を伴うこと ・シンガポールで多くの熟練者を雇用すること ・シンガポールの銀行、財務サービス、およびそれらの補助的なサービスを活用すること（貿易、物流、貿易機関、貿易の仲裁等） ・シンガポールで貿易専門家の人材育成、トレーニングを行うこと
5	以下の形式的要件を満たすこと ・年間売上が１億Ｓドル以上 ・国内ビジネスにおいて年間で300万Ｓドルを支出 ・最低３名以上の貿易専門家を有すること（調達、セールスマーケティング、リスクマネジメントのいずれかに関与する。シニアマネージャーを含み、現地人でも海外駐在員でも可）

■GTPの優遇内容

GTPを付与された企業は、所定の商品や製品の貿易業務から生じた利益に対して5年間5%または10%の軽減税率が適用されます。その後、適用要件を満たすことにより5年間の延長が可能になります。

5. 金融・財務センター（FTC）

金融・財務センター(FTC)とは、アジア地域内の関連会社に金融・財務サービスを提供する多国籍企業に対して適用される優遇税制です。当該制度は、シンガポール政府が世界の金融センターを目指し定めたもので、下記の要件を満たす場合に、10%の軽減税率などの優遇税制が適用されます。

■FTCの適用要件

・ 年間経費75万Sドル以上(支払利息を除く)の事業を行うこと
・ 専門スタッフを3人以上雇用すること
・ 3社以上の子会社に対して、3つ以上の金融サービス業務を提供すること

なお、上記要件はあくまでも目安とされ、金融サービスの内容については次のように規定されています。

・ シンガポールの金融機関もしくは、グループ会社の剰余金からの資金によるクレジット・ファシリティ(与信枠)の手配
・ ファイナンス・アドバイザリー
・ 保証・証券・予備信用状の供与や送金に関するサービス

・デリバティブ取引の手配
・シンガポール国外の関連会社の資金管理
・経済や投資に関する調査や分析
・信用情報の管理や制御
・管理業務全般
・事業計画の策定

■FTCの優遇内容

FTC の適用要件を満たす場合、財務・資金管理・調達のサービスから生じる所得や配当に対して、最長 10 年間、10%の優遇税制が適用されます。

【FTC の優遇内容】

1	(1)	シンガポール通貨金融庁（MAS：Monetary Authority of Singapore）に認定された子会社に対する適格サービスから得られる所得、自己の勘定で行う適格活動から得られる所得に対して10% の優遇税制
	(2)	利息、配当、株式・社債取引、金利スワップ、財務オプションから得られる所得に対して 10% の優遇税制
2		シンガポール国外への借入利息、社債利息の支払についての源泉税が最長 10 年間免除

ミャンマー進出

〜ASEAN最後のフロンティア、
先駆者利益を求める国への進出方法とは〜

Ⅰ. 進出時の特殊な留意事項一覧

1. ミャンマー進出の意義

ASEAN 各国の中でもひと際発展途上国の色合いの強いミャンマーでは、進出の目的を明確にしたうえで、リスクとメリットを比較した判断が必要とされます。

軍政から民政移管し、国の状況が安定し始めた 2014 年以降、「最後のフロンティア」と呼ばれ投資活動が集中したこの国ではその後、2020 年の COVID-19 の世界的流行に次ぐ 2021 年の総選挙に端を発した政変によりビジネス環境が悪化、多数の外国資本が撤退を余儀なくされました。

進出することで得られると期待される便益を考えたうえで、冷静にカントリーリスクを評価・検討することが必要といえます。

2. 資源と人材、地理的特異性

国土が面積として日本の倍近くあるミャンマーには、天然資源が豊富であり、森林、河川、海洋に恵まれた大地から、林業、農業、漁業などの一次産業が栄えてきました。

さらに、石油や天然ガス、鉱石、宝石などの天然資源がふんだんに採掘可能であることがわかっており、輸出産業としても十分に国を潤わせるポテンシャルがあります。

また、コロナ・クーデター以降は下火となっていますが、豊富な自然環境と仏教文化、多民族・多宗教の風土から、数多くの観光資源を有しています。

人口動態は５千５百万人に迫っていますが、2000 年時点ですでに５千万人近い人口を擁していたことを考えると、人口増加率は他の途上国と比べて著しく低いと言えます。

英国の植民地であった歴史と、高等教育が英語で実施されているという教育事情、さらに複数の文化的、言語的に異なる国々に囲まれているという事情から、ミャンマーでは外国語に長けた人材が多く、また一般的に勤勉に働く意識は高いです。

地理的には中国、インドという大国に囲まれ国境も接しており、バングラデシュ、ラオス、タイとも国境を接して陸上貿易を行っています。海に面して海洋貿易を行う一方で、資源を隣国に販売しながら外貨を獲得してきました。

政治的にも共産主義（中国）、社会主義（ラオス）、民主主義（インド・バングラデシュ）、権威主義（タイ）、といった多種多様な政治形態の国に囲まれたミャンマーは、地政学的にも各国の干渉を受けやすい場所に位置しています。

3. 旧英国植民地としての法体系と政府機関

ミャンマーは、第二次世界大戦後に独立するまで、日本を含む帝国主義国家、特にイギリスを宗主国とする植民地であった歴史があります。独立後は社会主義体制に移行し、クーデターによる軍政が敷かれるなど、変遷が相次ぎましたが、国の法体系自体はイギリスがインドで作成して転用したコモンローの体系を基礎としています。

従って、すべてを文言とするのではなく、条文の解釈や詳細については前例を範として適用する性格を有しており、法律上の判断がそのように運用されることはよくあります。

民政時代に多くの法律が制定され、近代化がすすめられたため、会社法や税法はシンプルかつ明示的に整理されています。

従って、政治的に突然行われる制度上の変更を除いては、法律自体は先進国のものと大きく変わりませんが、運営主体である政府機関の役人に教育が行き届いていなかったり、詳細の定まっていない状態の規則に関して、属人的な判断のもとで一貫性のない対応が取られたりする点もあり、賄賂の温床となっています。

この点、手続きが不当に長引かされる可能性があると共に、公の手続きに当然のように「プレゼント」として金品が要求される側面があり、証憑の出てこない取引にも覚悟が必要です。

4. 外資規制と外貨規制、輸入

ミャンマーは近代史において、第二次世界大戦以降、社会主義の路線で鎖国状態に入り、欧米各国の経済制裁も手伝って、経済的には大きく出遅れています。

その後、民政化により外国直接投資を呼び込む政策に舵を切りましたが、国の政策は飽くまでも国内の経済、権益、文化の保持に力点が置かれ、現在でも他国と比べて非常に多い外資規制が設けられています。

具体的には、国の天然資源を扱う事業、国防にかかわる事業、教育や文化の伝播にかかわる事業、薬物や農業など国内伝統産業を脅かす事業等は、一律外資には禁じられています。

また、卸も小売も、多額の投資により大規模に店舗を構えて営業する以外の方法では、外資には参入が禁じられており、国内事業者を保護する方向に規制がかかっています。

一方、国内は全般的にインフラが脆弱で産業構造が一次産業に偏っているため、輸出による収入は輸入による支出を常に下回り、深刻な外貨不足に陥っています。

2021年の政変にて実権を掌握した軍部は2022年4月から外貨規制を発動し、国内の取引は原則すべてMMKで行うこと、国外からの外貨収入はすぐにMMKに換金すること、国外への送金の際は外国為替監督委員会FESCという役所で認可を取り付けることが、それぞれ義務付けられました。

同時に、過去にもしばしば認可のタイミングの不安定さが問題視されていた輸入ライセンスについて、一部の品目については一切認可されない状況となっています。

輸入した半製品を加工して再輸出するスキーム、CMPのビジネスであれば、加工賃を収受するモデルであるため継続は可能ですが、輸入型のビジネスは一気に事業継続が難しくなりました。

5. インセンティブとボトルネック

外資誘致のためのインセンティブとして、ミャンマーは投資局が認可証明書MIC Permit / Endorsementを発行して免税／減税を実現しています。

また、経済特区には各政府機関の事務所を集約したワンストップ・サービス・センター（OSSC）が作られ、事務手続きを簡素化しています。

こうした投資局の認可や経済特区への入居にはいずれも多額の投資や大量の従業員の採用が要件となりますが、得られる特権が免税／減税に限らず、敷地の確保や外貨取り扱いにおける優遇もあり、大きなアドバンテージとなります。

ボトルネックは、こうした巨額の投資が常に、撤退時の難しさを意味する点にあります。

また、財閥など大手ミャンマー資本との提携は、時に予想もしない軍部とのつながりが指摘され、レピュテーションリスクにさらされることもあります。撤退時にはやはり契約の解除などで交渉が長引き、不要な賃料を負担させられる等、多くの困難が伴います。

当然の帰結ではありますが、深く入り込めば入り込むだけ、出るのが難しくなる国だと言えるでしょう。

また、政治的な影響も経済に直結するため、注意が必要です。2011 年の民政移管から、国外からの投資先としての注目度が高まり始め、2016 年の NLD 政権移行により、さらに外国投資が加速してきました。しかし、2021 年 2 月の政変以降、各国との協力関係が悪化して一部制裁なども課され、治安も悪化して、外国投資は減り、また撤退する企業も相次ぎました。外貨の移動には制限がかかり、配当金の国外送金は勿論の他、輸入代金の支払いすら影響を受けてきているほどです。

Ⅱ. 各進出形態まとめ

会社法上、以下の種類の会社形態の登記が規定されています。

会社形態	会社法 条文番号	特徴
非公開株式会社 (Private Company Limited by Shares)	第2条(a)(i)	株主は有限責任(株主は50名以下)現地法人の場合に、一般的に用いられる
公開株式会社 (Public Company Limited by Shares)	第2条(a)(ii)	株主は有限責任(株主数は制限なし)
有限責任保証会社 (Company Limited by Guarantee)	第2条(b)	社員数は任意で、株式資本を有する必要がなし、社員は保証金を限度とする有限責任
無限責任会社 (Unlimited Company)	第2条(c)	社員数は任意で、社員は無限責任を負う
事業団体 (Business Association)	第3条(a)	非営利目的の事業に限る、事業から発生する全ての責任に対して、個人責任を負う
海外法人 (Overseas Corporation)	第3条(b)	海外支店、駐在員事務所の場合に用いられる
会社法もしくはその他の法により会社として登記をする権利を持つ法人	第3条(c)	特別会社法(Special Companies Act 1950)によって設立された会社など
連邦大臣が随時定める団体	第3条(d)	特記事項なし

上記の通り、会社法上、各種会社登記形態が規定されていますが、一般的に用いられるものは、現地法人の場合には非公開株式会社、支店や駐在員事務所の場合は海外法人となります。以下、この 2 つを中心に説明します。

ここで、会社の設立（登記）の種類の他に、投資法や経済特区法による投資許可や承認を取得するかどうかという点を検討する必要があります。詳細は後述するとして、大枠をまとめると以下の通りです。

<table>
<tr><th rowspan="2"></th><th rowspan="2">会社法</th><th colspan="2">投資法による承認の要否</th><th colspan="2">経済特区法による
投資許可と事業タイプ</th></tr>
<tr><th>判断項目</th><th>基準</th><th>事業タイプ</th><th>基準</th></tr>
<tr><td rowspan="2">現地法人</td><td rowspan="2">非公開
株式会社
が一般的</td><td>税務インセンティブ
（資本金 30 万ドルが要件となっている）</td><td rowspan="2">承認取得がそれぞれの申請要件になるため必要であれば、承認取得が必要</td><td>フリーゾーン企業として経済特区に投資</td><td>輸出型事業
経済特区での事業</td></tr>
<tr><td>土地の
長期リース</td><td>プロモーションゾーン企業として経済特区に投資</td><td>輸出型以外の事業
経済特区での事業</td></tr>
<tr><td>支店</td><td>海外法人として登記</td><td colspan="2">原則不可</td><td colspan="2">原則不可</td></tr>
<tr><td>駐在員
事務所</td><td>海外法人として登記</td><td colspan="2">不可</td><td colspan="2">不可</td></tr>
</table>

その他の進出形態

100%外国資本で現地法人を設立する他、合弁契約を結んだ上で設立を行う場合など、その他には、契約書ベースでの合弁事業や委託加工契約など、海外で事業展開する際によく検討される形態については以下の通りとなっています。

[合弁会社]

合弁会社は外国資本(外国人または外国企業)とミャンマー資本(ミャンマー人またはミャンマー企業もしくはミャンマー政府機関等)が共同で出資をして設立する会社をいいます。会社法上、外国資本が直接または間接的に35%超の株を保有する場合は外資企業として規定されます。

設立手続きについては、非公開株式会社を前提にすれば、通常の非公開会社の手続きと大きくは変わりません。しかしながら、設立手続きを始める前に、合弁企業間における取り決め(合弁契約書)の締結を行い、その上で、新会社(合弁会社)の会社定款を合弁契約書に合わせるための調整が必要になるため、その調整作業で時間が余計にかかることが想定されます。また、合弁契約書については、設立登記申請時に、他の書類と併せて、MyCO上で、アップロードすることが要求されます。

[ローカル企業との提携]

提携とは、ローカル企業とのプロジェクト活動を行うため契約によって成立する形態です。

法人を新たに設立せずに、現地企業との間で委託加工契約(CMP)を締結する方法や、自ら工場を設立して、その新設された法人との間で CMP を締結する方法も利用されています。CMP はミャンマーの代表的産業である靴製造や縫製の分野で多く利用されています。外国企業がミャンマーで土地を所有することはできないため、ミャンマー企業が土地や工場等を出資し、外国企業は原材料や消耗品の他、製造設備、機械等をリースや販売形式で出資する形態です。外国企業との委託契約によって製品を製造し、すべての完成品を輸出します。

メリットとしては、原材料の輸入免税を受けることができることが挙げられます。

Ⅲ. 各種設立スケジュール及び必要資料

ミャンマーで現地法人を設立する場合、手続は大きく分けて2つあります。

一つは、ミャンマー投資委員会(MIC)に対する投資許可/エンドースメント(Endorsement)の申請です。この手続は投資法に基づく投資許可が必要な場合、もしくは免税・減税などの優遇を受ける場合に必要な手続となります。なお、経済特区で事業を行う場合には、経済特区法に基づく投資申請を行う必要があります。

もう一つは、計画・財務省(Ministry of Planning and Finance)の投資企業管理局(DICA)に対する営業許可申請及び法人登記申請です。手続は、すべての企業が行う手続になります。現地法人、海外法人の支店/駐在員事務所、いずれの場合にも必要です。

更に、事業許可(ライセンス)が必要な業種については、上記の手続に先立ち、管轄の省庁からの許認可申請を行わなければなりません。

1. 現地法人

外資企業の現地法人、地場企業、合弁会社などは、そのほとんどが非公開株式会社(Private Company Limited by Shares)の形態を採用しています。ただし、証券取引所などに上場する場合には、公開株式会社(Public Company Limited by Shares)であることが求められるため、上場を目指す会社や株主が 50 名を超える会社などは、公開株式会社の形態をとることになります。

■基本要件

会社登記を行うにあたり、基礎要件として、以下の事項が求められます(第4条a)。

- ・商号を有すること
- ・定款を有すること
- ・1株以上の株式が発行されていること
- ・1名以上の株主がいること
- ・1名以上の居住者である取締役(※1)
  (・公開会社の場合、3名以上の取締役、かつ、1名以上のミャンマー人で居住者である取締役)
- ・登記住所をミャンマー国内に有すること

(※1)居住者(ordinarily resident)の要件は、「ミャンマー法規に基づく永住者」、もしくは「各 12 カ月において 183 日以上ミャンマー国内に滞在する者」と定義されています(第1条(c))。

■会社設立登記手続の方法(現地法人=非公開株式会社を前提)

会社登記手続は、企業登記管理局(Directorate of Investment and Company Administration)の管理するオンラインシステム(MyCO)上で、申請を行うことになります。非公開株式会社の会社登記は、MyCO 上の申請フォーム・Form A-1 (Application for incorporation as a private company limited by shares)を用いて申請を行うことになりますが、手順と所要期間は以下の通りです。

【現地法人設立手続きのフロー(非公開会社)】

申請内容の決定および必要書類手配
▼
MyCOでのオンライン申請
▼
設立証の発行(オンライン上)
▼
法人名義の銀行口座開設
▼
資本金の払い込み
▼
初回年次報告

申請フォーム上必要となる情報及び資料は、以下の通りです。

①会社名

会社名は、「英語表記のみ」もしくは「英語表記およびミャンマー語表記」のどちらかとなります。また、会社名の末尾に有限責任という意味を表する「Limited」もしくは「Ltd.」を付す必要があります(第 13 条(a))。なお、「National Government」、「State」、「Central Bank」、「Union Government」、「President」、「Ministry」、「Municipal」などの政府系機関であることを示唆するような名称、または、管轄省庁の大臣からの書面での承認がある場合を除き、使用することができません(第 25 条(c))。また、既存の登記された会社と同一の名称または混乱や誤解を招く恐れのある類似する名称は、使用してはならないとされています。

②外資企業の該当の有無

登記を行う会社が外資企業(foreign company)に該当するかどうかも申請に含める必要があります。こちらの判断は、外資企業の定義である、持分比率の 35%超を直接的または間接的に外国人か外国企業が保有するかどうかで判断することになります(第 1 条(c))。

③申請者情報

会社登記の申請手続きを行う者の氏名、国籍、ID 番号、住所、email アドレスが必要となります。こちらの申請手続きは、登記される会社の取締役や株主である必要はないため、手続代行を行うエージェントなどでも問題ありません。

④取締役情報

登記される会社の設立時取締役について、氏名、国籍、ID 番号(ミャンマー人の場合 NRC 番号、外国人の場合パスポート番号)、性別、生年月日、居住住所が必要となります。なお、任意で email アドレスや電話番号も申請可能で、申請しておくと当局からの連絡などを受け取ることが可能です。なお、非公開株式会社の場合には、少なくとも 1 名はミャンマー居住者である必要があります。また、上記情報の入力の他に、NRC コピーまたはパスポートコピーをオンライン上にアップロードする必要があります。

なお、取締役の資格要件として、

・株式保有が求められている場合は、2 カ月以内もしくは定款に記載された期間内に株式を保有すること
・18 歳以上の自然人であること

・ 健全な精神を有していること
・ 会社法やその他の法律によって取締役として不適格であるとされている者ではないこと
・ 債務未返済の破産者ではないこと
・ (定款に追加の資格要件が記載されている場合)会社法と矛盾していない規定に基づいていること

などが会社法により規定されています(第175条)。

⑤秘書役情報

秘書役を選任する場合には、秘書役の指名、住所、国籍、ID 番号(ミャンマー人の場合NRC番号、外国人の場合パスポート番号)、性別、生年月日、居住住所が必要となります。なお、秘書役の設置は任意となっています。

⑥登記住所および事業活動の拠点

登記住所は必須となり、登記住所の他に事業活動の拠点となる住所があれば、任意で別途登録することが可能となっています。

⑦資本構成

総株式数、資本金の通貨(MMK もしくは USD)、最終持株会社(※)の情報の他、払い込み金額などの記載が必要です。

※最終持株会社とは、他の会社の子会社でない持株会社と定義されています。設立予定の企業の株主の株を別企業が株主として保有しているなどの場合、株主をさかのぼっていき、最終的にどの企業にも株を保有されていない企業が最終持株会社となります。

⑧株主情報

株主の登記番号や設立国(個人の場合はパスポート番号や生年月日など)や住所など、株式引受数、払い込み金額などの記載が必要となります。

なお、法人株主に関しても設立登記申請においては、設立証(登記簿など)は必要ありませんが、法人名義の銀行口座開設の際に必要となるケースがあるため、注意が必要です(また、投資法や経済特区法に基づく投資許可/承認申請を行う際には、株主となる法人の登記簿や財務諸表などの資料が必要となります)。

⑨会社定款

会社定款については、「モデル定款を使用する」か「添付の独自の定款を使用する」かの二択となっており、後者の場合には、その定款を MyCO 上でアップロードすることになります。

会社定款には、会社の目的(事業内容)の記載義務は無く、株主によって制限をしない限りにおいては、記載する必要はありません。

モデル定款は、広く株主による柔軟な自治・支配を想定したものになっており、合弁会社などで株主間の調整が図られるようなケースを除き、モデル定款で十分と考えられています。

2．支店および駐在員事務所（海外法人 Overseas Corporationとしての登録）

ミャンマーではない国で設立された事業体がミャンマー国内で事業活動を行う場合には、海外法人として会社登記を行う必要があります。会社登記を行わずに事業活動を行うことは、会社法上、明確に禁止されています（第 43 条(a)）。しかし、以下のケースでは、事業活動を行っているとはみなされず、海外企業としての登記は不要となります（第 43 条(b)）。

(1)裁判の当事者であること若しくは当事者となること、又は裁判、請求若しくは係争において解決を図ること
(2)取締役会若しくは株主総会の開催、又は内部事務の管理に関する他の活動の実施
(3)銀行口座の保有
(4)独立した契約者を通じての資産の売却
(5)ミャンマー連邦外において承諾される場合に限り拘束力を有する契約となる申込の勧誘又は斡旋
(6)金銭の貸与、債務の負担、又は財産に対する担保権の設定
(7)債権の保全若しくは回収、又は当該債務にかかる担保権の実行
(8)同種の取引が繰り返し行われるものではない、30 日以内に完了する単発の契約の履行
(9)自己資金の投資又は資産の保有

ミャンマー会社法では国外で設立登記された非居住法人として海外法人（Overseas Corporation）の定義などが規定されています。法人格は

外国企業(本社)であり、本社の一部と考えられるため、実質的にミャンマーにおいて Overseas Corporation として登記された支店などの契約行為から生じた債務については、無限責任を負うことになります。法人税率は現地法人同様、22%となりますが、課税所得の範囲が居住者である現地法人の場合には全世界所得であるのに対し、支店などの Overseas Corporation は非居住者として、ミャンマー国内源泉所得に限定されます。

■海外法人登記手続の方法(支店/駐在員事務所)

会社登記手続は、現地法人同様に、企業登記管理局の管理するオンラインシステム(MyCO)上で、申請を行うことになります。海外法人の会社登記は、MyCO 上の申請フォーム・Form A-8 (Application register as an overseas corporation)を用いて申請を行うことになりますが、手順と所要期間は以下の通りです。

【海外法人登記手続きのフロー】

申請内容の決定および必要書類手配
▼
MyCOでのオンライン申請
▼
設立証の発行（オンライン上）
▼
法人名義の銀行口座開設
▼
運転資金の払い込み

申請フォーム上必要となる情報及び資料は、以下の通りです。

①海外法人の情報

海外法人の英語表記の会社名が必要となるほか、設立がなされた国および設立国における登記番号も必要となります。

②ミャンマーにおいて使用する会社名称

ミャンマーでの活動において使用する名称（登記上の名称）を別途設定することが可能です。会社名の後ろに「Myanmar Branch」や「Myanmar Representative Office」を付けたり、括弧付きで「(Yangon Branch Office)」などを付した名称なども可能です。会社名と著しく異なる名称を用いる場合には、説明を要求されることがありますので、基本的には、会社名をそのまま使用するか、会社名の後ろに上記のような表記を付す程度とするのが望ましいと考えられます。

③申請者情報

会社登記の申請手続きを行う者の氏名、国籍、ID番号、住所、emailアドレスが必要となります。こちらの申請手続きは、登記される会社の取締役や株主である必要はないため、手続代行を行うエージェントなどでも問題ありません。

④取締役および秘書役情報

登記される海外法人の全取締役および秘書役(秘書役は任命されている場合のみ)について、氏名、国籍、ID番号(ミャンマー人の場合NRC番号、外国人の場合パスポート番号)、性別、生年月日、居住住所が必要となります。なお、任意でemailアドレスや電話番号も申請可能であり、申請しておくと当局からの連絡などを受け取ることが可能です。その他、NRCコピーまたはパスポートコピーをオンライン上にアップロードする必要はありません。

また、登記後に取締役や秘書役に変更があった場合にも同オンラインシステム上で変更手続きを行う必要があり、多くの企業で実務的な負担が大きくなっているため注意が必要です。

⑤授権代表者(Authorized Officer)

ミャンマーでの事業活動における代表者として、授権代表者(Authorized Officer)を任命する必要があります。授権代表者について、氏名、国籍、ID番号(ミャンマー人の場合NRC番号、外国人の場合パスポート番号)、性別、生年月日、居住住所が必要となります。

また、任意でemailアドレスや電話番号も申請可能で、申請しておくと当局からの連絡などを受け取ることが可能です。なお、授権代表者はミャンマー居住者である必要があります。上記情報の入力の他に、NRC コピーまたはパスポートコピーをオンライン上にアップロードする必要があります。

⑥登記住所および事業活動の拠点

登記住所は必須となり、登記住所の他に事業活動の拠点となる住所があれば、任意で別途登録することが可能となっています。

⑦設立国における登記住所又は事業活動拠点

設立国における登記住所または他に事業活動の拠点となる住所があれば、いずれかを登録する必要があります。

⑧設立証および会社定款

設立証は、通常、法人登記簿を用いますが、申請時点で発行から 30 日以内の書類であることが求められるため、注意が必要です。なお、設立証および会社定款は、原文が英語の場合には、英語原本にミャンマー語訳を添付して、原文が英語以外の場合には、英訳とミャンマー語訳を添付して、取締役によって正式に認証されたものを MyCO 上でアップロードすることになります。

しかし、法人名義の銀行口座を開設するにあたっては、設立された国に所在する在外ミャンマー大使館における認証手続きを経ていることが求められるケース(銀行によるため、事前に確認が必要)があるため、注意が必要です。

⑨決算期末日

設立国における会社の決算期末日を登記する必要があります。なお、この日付にかかわらず、ミャンマーにおける税務申告などは、3 月末決算となります。この設立国における決算期末日が参照されるのは、会社法第 53 条(a)(i)に基づく、年次申告のタイミング(毎年、設立国の決算期末日より 28 日以内)になります。

3. 投資法に基づく承認申請手続きを伴う会社設立手続き

投資法に基づく承認(Endorsement)申請手続きを行う場合、当該手続きと会社設立手続きは、別個のものとして取り扱われます。また、会社設立登記申請のタイミングと投資委員会への承認申請のタイミングは、どちらが先でも問題ありません。

ただし、投資委員会からの承認を受けられない場合に、操業自体が不可能となる場合には、会社設立だけできてしまっても清算手続きなどが必要となってしまうため、申請の準備はしておいて、承認がなされてから会社設立申請をスタートするというのが安全です。

承認取得後に会社設立を進めるという前提の手順は以下の通りです。

【投資法に基づく承認申請手続きのフロー】

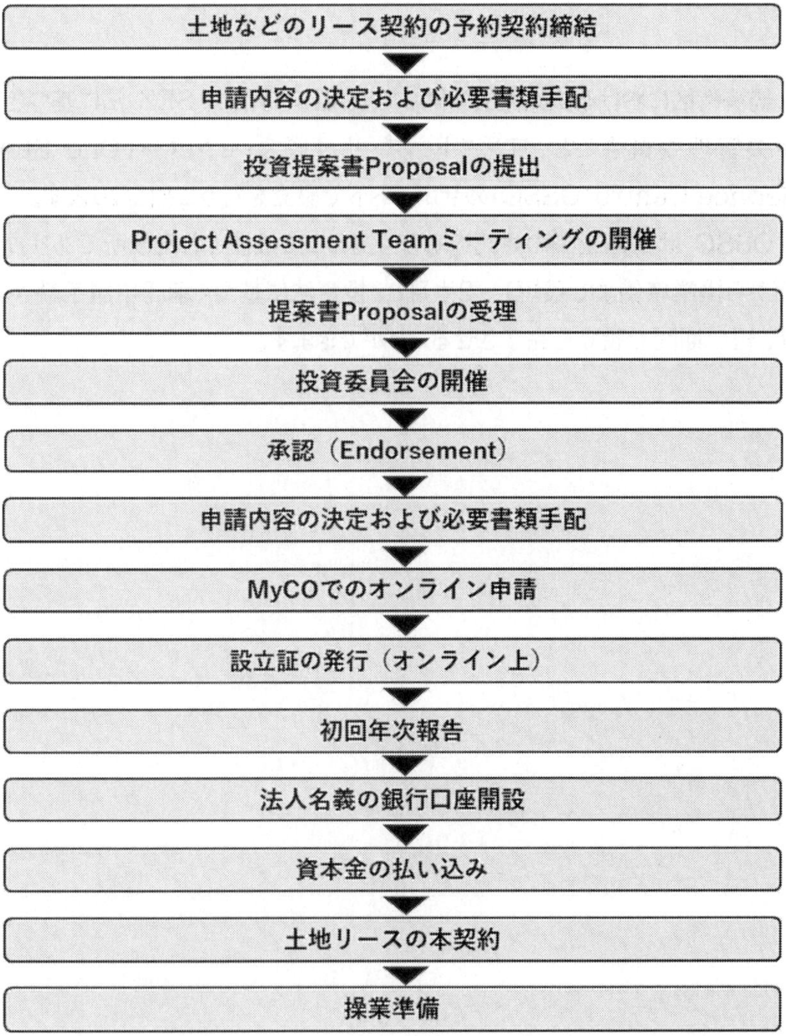

土地などのリース契約の予約契約締結

▼

申請内容の決定および必要書類手配

▼

投資提案書Proposalの提出

▼

Project Assessment Teamミーティングの開催

▼

提案書Proposalの受理

▼

投資委員会の開催

▼

承認（Endorsement）

▼

申請内容の決定および必要書類手配

▼

MyCOでのオンライン申請

▼

設立証の発行（オンライン上）

▼

初回年次報告

▼

法人名義の銀行口座開設

▼

資本金の払い込み

▼

土地リースの本契約

▼

操業準備

4. 経済特区法に基づく投資許可申請手続き

経済特区における法人設立に関しては、経済特区法 SEZ 法に基づき、中央管理委員会こと、ワンストップ・サービス・センター(One Stop Service Centre:OSSC)のサポート下で設立を行うことになります。

OSSC は日系企業の専門家も多く携わって設置された役所であり、計画から操業準備まで最短1～2カ月と、投資法に基づく承認申請手続きよりも短い期間で設立を完了させることができます。

【経済特区法に基づく投資許可申請手続きのフロー】

土地などのリース契約の予約契約締結
▼
開発会社との事前面談
▼
申請内容の決定および必要書類手配
▼
投資提案書および会社設立申請書類の提出
▼
投資許可証の発行
▼
設立証の発行（オンライン上）
▼
初回年次報告
▼
法人名義の銀行口座開設
▼
資本金の払い込み
▼
土地リースの本契約
▼
操業準備

Ⅳ. 外資規制

1. 投資規制

投資法第 41 条において、以下の項目を禁止業種として、内資・外資を問わず、投資(事業活動)を禁止しています。特定の業種を禁止しているわけではなく、一般事項として、投資活動における制限をかけている意味合いのものになります。

・ 有害または有毒な廃棄物をもたらす、または引き起こす可能性のある投資活動
・ 検査中または未認可の栽培等の技術、医薬品、動植物、物品を持ち込む可能性のある投資活動
・ ミャンマー国内の民族の伝統的な文化や慣習に影響を与える可能性のある投資活動
・ 公衆に影響を及ぼす可能性のある投資活動
・ 自然環境や生態系に重大な影響を与える可能性のある投資活動
・ 法律によって禁止されている物品の製造やサービスの提供を伴う投資活動

その上で、投資法第42条において、規制業種を以下の4区分に分けて設定しています。また、第43条において、その規制業種(および奨励業種)に関する詳細を通達の公布により、行うことを定めており、当該通達であるミャンマー投資委員会通達 No.15/2017 が、2017 年 4 月 10 日付で発行されています。

① 政府のみが実施することを認められている投資活動

② 外国投資家による実施が認められない投資活動

③ ミャンマー人または企業との合弁会社のみ実施することを認められている投資活動

④ 関連省庁からの承認が必要な投資活動

なお、現行の投資法は、投資委員会からの認可を受けるか否か、ミャンマー市民の投資家であるか外国人投資家であるかに関わらず適用範囲とされています。また、経済特区において投資を行う場合には、経済特区法などに準拠することになりますが、投資法上、税務インセンティブに関する条項のみ、経済特区への投資の際に適用除外と明記されていることから、経済特区における投資においても投資法上の業種規制に関しては、適用されるものと考えられます。

2. 規制業種の内容

投資委員会通達 No.15/2017 において公表されている規制業種の内容は以下の通りとなっています。

【投資委員会通達 No.15/2017 による規制業種の内容】

(A)連邦政府によってのみ実施可能な投資業種

番号	業種	産業コード
1	政府の告示により随時指定される安全保障及び防衛のための製品の製造	ISIC 2520
2	国防用武器弾薬の製造および関連サービス	ISIC 2520, CPC 447
3	全国郵便切手を発行する。郵便局および郵便ポストの設置および雇用。組合を代表して郵便局運営者のみが行うものとする。	ISIC 1811, 1812 CPC 326
4	航空交通サービス	N/A
5	航空機運航サービス	CPC 6752
6	炭素排出削減に係る事業を除く天然林及び森林地帯の管理	CPC 7221/72212
7	ウラン、トリウムなどの放射性金属の実現可能性調査と製造	ISIC 0721/07210
8	電力システムの管理	CPC 8631
9	電気工事の検査	CPC 8631

(B)外国投資家によっては実施できない投資業種

番号	業種	産業コード
1	ミャンマー語を含む民族言語による定期刊行物の発行と配布	ISIC 5813, CPC 3241, 8911, 8912
2	淡水漁業および関連サービス	ISIC 0312, CPC 0421, 8615
3	動物の輸出入のための検疫所の設置(畜産獣医局が動物の検査と許可発行を実施)	CPC 8352, 8359, 8612
4	ペットケアサービス	CPC 8351, 86129
5	森林地域および国営天然林を利用した林産物の製造	ISIC 0220,0230
6	鉱山法に基づく中小企業向けの鉱物の探鉱、調査、実現可能性調査の実施および開発	ISIC 0510, 0520, 0710, 0721, 0729, 0990
7	中小規模の鉱物の精製	ISIC 2410
8	浅めの油田活用	ISIC 0610
9	外国人向けビザ・滞在許可証シールの印刷・発行	ISIC 5819, CPC 89122, 91210
10	翡翠・宝石の探査・探査・生産	ISIC 0990,3211
11	ツアーガイドサービス	CPC 8555
12	ミニマーケット、コンビニエンスストア(床面積 10,000 平方フィート(100 フィート×100 フィート)または 929 平方メートル以上である必要あり)	CPC 62

(C)ミャンマー人が保有する企業ないしミャンマー国民との合弁事業の形態でのみ許される投資業種

番号	業種	産業コード
1	魚水揚げ場・漁港・魚競り市場の建設 (水産局の法律、手続、指示および規則に準拠して実施しなければならない)	ISIC 5210
2	水産に関する調査研究活動 (水産局の法律、手続、指示および規則に準拠して実施しなければならない)	CPC 8114
3	動物病院 (家畜改良獣医局の法律、手続 き、指示および規制に準拠して実施しなければならない)	CPC 8351, 8352, 8559
4	農地での作物栽培、地元市場への流通、輸出	ISIC 011/ 0111, 0112, 4631, 46312, 4759, 47593
5	プラスチック製品の製造及び国内販売	ISIC 1511, 1512, 1520, 46312, 4759, 47593
6	利用可能な天然資源を利用した化学品の製造および国内販売	ISIC 2011, 202, 46312, 4759, 47593
7	可燃性固体、液体、気体燃料及びエアゾール(アセチレン、ガソリン、プロパン、ヘアスプレー、香水、消臭剤、殺虫スプレー)の製造及び国内販売	ISIC 201, 202, 46312, 4759, 47593

8	酸化剤（酸素、過酸化水素）、圧縮ガス（アセトン、アルゴン、水素、窒素、アセチレン）の製造および国内販売	ISIC 201, 202, 46312, 4759, 47593
9	腐食性薬品（硫酸、硝酸）の製造及び国内販売	ISIC 201, 2012, 46312, 4759, 47593
10	圧縮、液化、固体を含む工業用化学ガスの製造および販売	ISIC 201, 202, 46312, 4759, 47593
11	ビスケット、ウエハース、各種麺類、春雨などのシリアル製品の付加価値製造および国内販売	ISIC 1074m 46312, 4759, 47593
12	スイート、ココア、チョコレートなど各種菓子の製造・国内販売	ISIC 1073, 46312, 4759, 47593
13	牛乳及び乳製品を除く食品の加工、缶詰、製造及び販売	ISIC 1075, 46312, 4759, 47593
14	麦芽・麦芽リキュール・無気泡製品の製造・国内販売	ISIC 1103, 46312, 4759, 47593
15	各種蒸留酒、酒類、アルコール飲料、ノンアルコール飲料の製造、蒸留、ブレンド、精留、瓶詰めおよび国内販売	ISIC 1101, 1102, 46312, 4759, 47593
16	各種精製氷の製造・国内販売	ISIC 1079, 46312, 4759, 47593
17	精製飲料水の製造・販売	ISIC 1105
18	各種石鹸の製造・国内販売	ISIC 2023/ 20231, 46312, 4759, 47593
19	各種化粧品の製造及び国内卸	ISIC 2023/ 20232, 46312, 4759, 47593

20	住宅用アパート・マンションの開発・販売・賃貸	ISIC 4100/ 41001, 6810, CPC 5411, 7211
21	現地ツアーサービス	CPC 8554
22	海外の病院への患者移送	CPC 93121

(D)連邦政府によってのみ実施可能な投資業種

1. 内務省の承認を要する投資活動

番号	業種	産業コード
1	麻薬及び向精神薬を使用して製造された医薬品の製造及び販売 （制御された前駆体化学物質の監督に関する規則に準拠して実施しなければならない）	ISIC 2100

2. 情報省の承認を要する投資活動

番号	業種	産業コード
1	印刷メディアと放送メディア サービス間の相互所有権	ISIC 6010, 6020, CPC 8912, 846, 9616
2	外国語による定期新聞の発行	ISIC 1811, 5813, CPC 3241, 8911, 8912
3	FM ラジオ番組の放送	ISIC 6010, CPC 8461, 8462
4	家宅直送信（DTH）プログラムの報道	ISIC6020, CPC 846
5	DVB-T2 番組の放送	ISIC6020, CPC 846
6	ケーブル TV	ISIC6020, CPC 846

3. 農業・畜産・灌漑省の承認を要する投資活動

番号	業種	産業コード
1	水産資源と魚種への投資活動	ISIC 03
2	海上漁業	ISIC 0311
3	動物用生物学的製剤の製造・販売 （家畜改良獣医局の法律、手続き、指示、規制に準拠して実施しなければならない）	ISIC 2100
4	動物用医薬品の製造・販売 （家畜改良獣医局の法律、手続き、指示、規制に準拠して実施しなければならない）	ISIC 2100
5	商業畜産 （家畜改良獣医局の法律、手続き、指示、規制に準拠して実施しなければならない）	ISIC 014/ 0141, 0142, 0143, 0144, 0145, 0146
6	ブリーダー農場および孵化場（家禽） （家畜改良獣医局の法律、手続き、指示、規制に準拠して実施しなければならない）	ISIC 0146
7	動物品種の遺伝学的研究、遺伝的保存および流通 （家畜改良獣医局の法律、手続き、指示、規制に準拠して実施しなければならない）	ISIC 014, 0162, (01620), 7500
8	動物種（繁殖動物、凍結精液ストロー、胚）の輸入・製造・販売 （家畜改良獣医局の法律、手続き、指示、規制に準拠して実施しなければならない）	ISIC 014, 0162

9	動物飼料および動物製品の安全性に関する検査サービス （家畜改良獣医局の法律、手続き、指示、規制に準拠して実施しなければならない）	CPC 8112, (81121), 8351, 83520
10	動物の病気の診断のための検査サービス （家畜改良獣医局の法律、手続き、指示、規制に準拠して実施しなければならない）	CPC 8351, 83520
11	動物の健康に関する研究と監視のサービス （家畜改良獣医局の法律、手続き、指示、規制に準拠して実施しなければならない）	CPC 8351, 8352
12	種子の輸入、生産、国内販売及び再輸出	ISIC0164, 46312, 4759, 47593
13	新品種植物の輸入・生産・販売	ISIC 0130, 46312, 4759, 47593
14	農業用殺虫剤、肥料、ホルモン剤、除草剤等の製造、保管、販売、輸出	ISIC 2021, 2012, 46312, 4759, 47593
15	ハイブリッド種子の生産・輸出	ISIC 0164
16	農業向けラボサービス	CPC 0161
17	農業・農産物に関する研究	CPC 8114
18	季節の作物の生産	ISIC 01/011

4. 移動・通信省の承認を要する投資活動

番号	業種	産業コード
1	自動車登録検査	CPC 6799
2	自動車教習所事業	CPC 6799
3	鉄道の新線路、駅、電車の運行に関わる建物の建設	ISIC 421/ 4210, 410/ 4100
4	電車の運行	CPC 6739
5	機関車、客車、貨車および予備部品の製造および保守、鉄道の保守	ISIC 3020, 3315
6	列車の運行に使用する電力の生成	ISIC 3510, 35101
7	鉄道輸送に関連したドライポートサービス	ISIC4220/ 42909, CPC 53112
8	郵便サービス	CPC 681
9	電気通信サービス	ISIC612, 613, 619
10	衛星通信用品の製造・販売	ISIC2639,46312, 4759 (47593)
11	レーダー通信用品および関連機器の製造・販売	ISIC2639,4631 2, 4759 (47593)
12	無線通信用品の製造・販売	ISIC 2639, 46312, 4759, 47593
13	携帯電話機および電話機の製造および国内販売	ISIC 2632, 46312, 4759, 47593
14	民間航空訓練サービス	N/A
15	航空機の修理およびメンテナンスサービス	N/A

16	空港ホテルサービス	N/A
17	グランドハンドリングサービス	N/A
18	航空輸送サービスの販売およびマーケティング	N/A
19	コンピュータ予約システム（CRS）サービス	N/A
20	乗務員サービスのない航空機リース	CPC 73116
21	乗務員サービス付き航空機リース	CPC 66031
22	航空貨物輸送サービス	N/A
23	航空機ラインメンテナンスサービス	N/A
24	スロープハンドリングサービス	N/A
25	乗客ハンドリングサービス	N/A
26	手荷物取り扱いサービス	N/A
27	荷役サービス	N/A
28	給油サービス	N/A
29	空港セキュリティサービス	N/A
30	空港の建設、維持、管理および運営	CPC 53122, 53213, 54122, 54619
31	国内航空輸送サービス	N/A
32	国際航空輸送サービス	N/A
33	航空機関連品のリース	ISIC 7730, CPC 7312
34	海事教育訓練センター	CPC 92919
35	船舶や浮体構造物の建造・修理が可能な造船所	ISIC 3011, CPC 6751
36	旅客向け沿岸および内陸水上輸送サービス	CPC 6423, 6412
37	沿岸および内陸の貨物水上輸送サービス	CPC 6521, 6522

38	水運のサポートサービス	CPC 652
39	旅客向け国際輸送サービス（沿岸を除く）	CPC 6423
40	国際貨物輸送サービス（内航を除く）	CPC 6521
41	船舶リース 乗組員なし	CPC 73115
42	船舶リース 乗組員付き	CPC 6602
43	曳航船・曳航船サービス	CPC 65219, 65229
44	船舶解体サービス	CPC 94312
45	船舶の仲介業務	CPC 67910/ISIC 5229
46	船舶規格の調査・検査サービス	CPC 67990
47	スイッチバック／スリップウェイ、造船所、湿式/乾式造船所、船着き場と泥ドック（接岸のための前浜地域にある狭い水辺）、桟橋、着陸ステージなどの建設、川と小川の境界、堤防の境界、および水辺の境界に排水して着水する船舶の建造	ISIC 4290
48	堤防境界およびウォーターフロント境界における倉庫、土壌、タンク、コンテナヤードおよび港湾関連インフラの建設	ISIC 4100
49	内陸河川港の建設	ISIC 4290
50	水路の保全工事及び改修工事	CPC 54232
51	港湾区域及び港湾制限区域の拡大	ISIC 4290
52	港湾および水路へのサービス	CPC 5222 12
53	沈没船引き揚げサービス	CPC 6753
54	発送代行サービス	CPC 5229
55	深海港と国際多目的港	ISIC 4290

5. 天然資源・環境保全省の承認を要する投資活動

番号	業種	産業コード
1	森林および行政管理地における伐採	ISIC 0220
2	森林プランテーションの設立（チーク、広葉樹、ゴム、竹、サトウキビなど）	ISIC 02101, 02102
3	植林事業を伴う木質産業および関連事業	ISIC 02101, 02102, 16
4	森林・自然地を活用したエコ・ツーリズム	ISIC 791, CPC 855
5	輸入された遺伝子組換え生物等及び遺伝子組換え生物等の営利目的の複製及び頒布	ISIC 0164
6	改良された貴重な希少樹種の生産、保全および組織培養生産における高度な技術研究と商業活動	ISIC 7210
7	森林分野における先端技術・研究・人材の育成	ISIC 024, 7210, CPC 8140
8	野生動植物の繁殖・生産のための輸入、商業目的の輸出入による国内外への流通	ISIC 01, 01499
9	外国投資による大規模な鉱物生産のための探査、調査、実現可能性調査および探査	ISIC 0710, 0729, 0899, 0990
10	小規模、中規模、および大規模な鉱物生産のための市民投資による探査、調査、実現可能性調査および探査	ISIC 0710, 0729, 0899, 0990
11	外国投資による宝石、宝飾品、完成品の製造・販売	ISIC 3211
12	市民の投資による宝石、宝飾品およびその製品の探査、仕上げ、マーケティング	ISIC 0889, 3211,3212

13	真珠の養殖と生産	ISIC 03118, 3211
14	オゾンに影響を与える元素を生成する事業	ISIC 25
15	紙用パルプの大規模製造	ISIC 1701

6. 電気・エネルギー省の承認を要する投資活動

番号	業種	産業コード
1	大規模電力事業 （電気法に基づく30MW以上の電力事業）	ISIC 3510, 35101
2	電力系統に接続されるあらゆる電気工事	ISIC 35102
3	各種海洋掘削工事に関する機器、付属品及び設備の一部の輸入、製造、施工及び据付	ISIC 2511
4	石油、ガス、石油製品の輸入、輸送、保管、流通、販売のための貯蔵タンク、積込口、パイプライン、関連機械設備の建設および施工、建物の建設	ISIC 2512
5	各種製油所の建設、老朽化した製油所の維持 更新及び工事の実施	ISIC 41002
6	地質学的、地球物理学的、地球化学的方法による石油とガスの探査および解釈に関する機器、付属品および設備の一部の輸入、生産、建設および設置	ISIC 0910, 0991, 7120
7	石油とガスの開発、生産、研究に関する機器、付属品および設備の一部の輸入、生産、建設および設置	ISIC 0910
8	石油・ガスのパイプラインネットワークの輸送および建設に関する機器、付属品および設備の一部の輸入、製造、建設および設置	ISIC 0910

7. 産業省の承認を要する投資活動

番号	業種	産業コード
1	ワクチンの製造	ISIC 2100

8. 商業省の承認を要する投資活動

番号	業種	産業コード
1	小売サービス	CPC 62
2	卸売サービス	CPC 61

9. 厚生・スポーツ省の承認を要する投資活動

番号	業種	産業コード
1	私立病院のサービス	ISIC 8620
2	民間の一般医療サービス	ISIC 8620, CPC 93121
3	民間のモバイルヘルスサービス	CPC 93121
4	民間介護シェルターサービス	ISIC 8710 (87102), CPC 93210, 93221
5	伝統的な私立病院	ISIC 8620 (86201)
6	伝統的な民間クリニック	ISIC 8620 (86201)
7	民間の伝統医学および医療製品の製造	ISIC2100 (21001, 21002)
8	伝統薬の製造	ISIC 2100 (21001, 21002)

9	伝統的な医薬品原料(ハーブ品)の取引	ISIC 4620 (46202), 4642 (46421), 4772
10	伝統的なハーブの栽培と生産	ISIC
11	伝統医学の研究および実験活動 (伝統医療局研究開発課又は医学研究局の専門家とともに実施されなければならない)	CPC 81130
12	ワクチンおよび診断検査キットの製造に関する研究 (医学研究局ワクチン研究課とともに実施されなければならない)	ISIC 2100, CPC 81130

10. 建設省の承認を要する投資活動

番号	業種	産業コード
1	建設省が管理するすべての道路、その既存道路に併設されるすべての並行道路、その道路上に必要に応じて新設される市内峠道、これらの道路に接続するすべての道路の事業 (建設省が道路区域を管理するものとし、道路区域において実施される全ての事柄は、建設省の許可を必要とする)	ISIC 4210
2	高速道路の高架、トンネル、内環状道路、外環状道路、インターチェンジ、地下道、高架橋又は高架橋、半地下道路及び潜水トンネルの建設	ISIC 4210, (42103, 42104, 42105, 42101, 42102)
3	高さ 180 フィート以上の橋の建設	ISIC 4210 (42102), (42103)

4	橋梁接続品(PC ストランド、PC バー、アンカー等)、鉄骨、バリーフレーム、プレートガーダー、鋼トラス、橋梁及び関連鋼構造物コンクリート、鉄骨コンクリート、コンクリート圧縮強度等の製造及び国内販売	ISIC 2395, 24100
5	100 エーカーを超える都市開発	ISIC 4100, 421, 422, CPC 532, (53290)
6	工業団地に関連した 50,000 平方メートルの集合住宅および低価格住宅の建築・販売	ISIC 4100, 6810
7	ネピドー、ヤンゴン、マンダレーを除く地域または州の首都の 4 エーカー以上の土地の都市再開発	ISIC 4100, 421, 422, 4290, CPC 532, (53290)
8	新都市・市街の開発	ISIC 410, 421, 422, CPC 5411, 8321

基本的には、上記の投資法第 41 条、第 42 条(投資委員会通達 No.15/2017 を含む)により包括的に規制がされているものと理解されているものの、他の現行法や許認可手続きにおいて、外資規制などが存在するケースもあり、安全保障や政治などに関連すると想定される業種などについては、注意が必要となります。

さらに、投資法の運用に関して、投資委員会が命令、通達、指示の発行することができるとされており、規制業種に関する運用面での詳細が公表されることとなっています。例えば、2018 年 4 月 20 日付で、投資委員会通達 No.7/2018 が発行されており、そこでは教育事業に関して、さらに細かく区分しており、それぞれの外資規制などが規定されています。

また、管轄省庁として、許認可の基準を公表することもあり、例えば小売業や卸売業については、商業省からの許認可が必要とされていますが、その基準や要件について、商業省から 2018 年 5 月 9 日付で、商業省通達 No.25/2018 が発行されており、同通達において詳細が規定されています。

V. 投資インセンティブ

1. 投資法におけるインセンティブ

投資法上、投資許可（Investment Permit）もしくは承認（Endorsement）を取得することで、租税減免措置および土地使用権（土地の長期リース権）の申請を行うことができますが、留意点として、租税減免措置は、資本金額30万ドルが要件となっています。

なお、投資許可については、投資法に定めた要件に該当する場合は、投資許可の取得義務が生じます（投資法第）。一方、承認については、投資許可の取得要件に該当しない場合で、かつ、税務インセンティブや土地使用権（長期リース権）を享受したい場合に、任意で申請可能なものになります。投資許可の取得義務の要件は、以下の通りです。

(1) 国家戦略上、不可欠な投資活動（投資法第 36 条(a)、投資規則第 3 条）

(a) 技術（情報、通信、医療、バイオまたは類似の技術）、交通インフラ、エネルギーインフラ、都市開発インフラおよび新都市の構築、採掘/天然資源またはメディア分野で、期待投資額が 2,000 万ドルを超える投資

(b) 当局による譲歩、協定、または同様の認可の付与に従って行われるもので、期待投資額が 2,000 万ドルを超える投資

(c) 外国投資家またはミャンマー市民投資家による、国境地域または紛争地域で行われるもので、期待投資額が100万ドルを超える投資
(d) 外国投資家、またはミャンマー市民投資家による、国境を跨いで実施されるもので、期待投資額が100万ドルを超える投資
(e) 州または地域を跨いで実施される投資
(f) 主に農業関連の事業で、1,000エーカー超の土地を占有または使用する権利が含まれる投資
(g) 主に非農業関連の事業で、100エーカー超の土地を占有または使用する権利が含まれる投資

(2)大規模な資本集約的な投資プロジェクト(投資法第36条(b)、投資規則第4条)

投資額が1億ドル超の場合、当該投資は、大規模な資本集約的な投資とみなされます。

(3)環境や地域社会に大きな影響を及ぼす可能性が高い投資活動(投資法第36条(c)、投資規則第5条)
(a) EIAタイププロジェクトとして分類される、または、される可能性が高い投資
(b) 環境保全法を含む現行の法律に基づいて指定された、保護地域、または、主要な多様性生物生息地域、または生態系、文化遺産、自然遺産、文化記念碑、未開の自然地域を支援するために選択および指定された地域における投資
(c) 以下の土地を占有または使用する権利を含む投資

① 連邦法に基づく収用、強制取得手続き、またはそのような収用または強制取得手続きの事前の合意によって取得された、または取得される可能性があり、少なくとも 100 人の永住者の転居を招く可能性がある土地、または、100 エーカー超の面積の土地

② 100 エーカー超の面積で構成され、その土地の使用またはアクセスに対する法的権利を有する者に対して、土地使用および天然資源へのアクセスに対する非自発的な制限が生じる可能性がある

③ 100 エーカー超の面積で構成され、提案された投資と矛盾する方法でその土地を占有または使用する権利に関して、既存の正当な請求または紛争の対象となっている

④ その土地を占有している少なくとも 100 人の個人がその土地を占有し続ける法的権利に悪影響を与える可能性がある

(4)国有の土地や建物を使用する投資活動(投資法第 36 条(d)、投資規則第 6 条)

当局が土地、建物、または関連する土地の権利を有し、その土地、建物、または関連する土地の譲渡または取引を許可されている場合で、所有者または占有者の権利に基づいて、国有の土地および建物を使用するために行われる投資を指します。これには、当局の責任の範囲内で法定の土地管理プロセスに従った土地権利の付与、変更、またはその他の管理から生じる土地使用権は含まれません。

(5)投資委員会へ投資許可申請が必要と政府が定める投資活動(投資法第 36 条(e)、投資規則第 11 条)

投資許可もしくは承認を取得した後、租税減免措置および土地使用権の申請が可能となります。ここでは、租税減免措置に関して、詳しく解説していきます。

租税減免措置としては、以下の項目が列記されています。

①法人税免税（投資法第 75 条）

投資委員会が定めた投資奨励業種（投資委員会通達 No.13/2017 で公表）のみを対象に、法人税免税が与えられます。投資委員会が定めた地域区分ごとに、7 年、5 年、3 年に免税期間が区分されていて（投資委員会通達 No.10/2017 で公表）、開発が遅れている地域ほど長く、都市部などは短く設定されており、ヤンゴン管区では、ほとんどの地域が 3 年とされています。

②ミャンマー人の投資に対する特別の措置（76 条）

ミャンマー政府は、ミャンマー人所有の事業や企業に対して、補助金、能力開発等の援助を行う事ができるとされています。

③関税その他の租税の減免（77 条）

- 建設期間および準備期間の設備機械・建設資材等の輸入品目にかかる関税等の減免措置
- 輸出型製造業において、輸出製品の生産のための輸入原材料等にかかる関税等の減免措置
- 製造業において、輸出品目の生産のための輸入原材料等にかかる関税等の還付

・ 追加投資を行う場合の設備機械・建設資材等の輸入品目にかかる関税等の減免措置

④その他の租税減免措置（78 条）

・ 投資事業から得られた利益を 1 年以内に再投資した場合の法人税の減免措置
・ 規定された耐用年数よりも短い耐用年数に基づく減価償却率を用いた償却を行う権利の付与
・ ミャンマーの経済発展のために必要な研究開発費を損金算入する権利の付与

2. 経済特区法におけるインセンティブ

経済特区における投資については、業種や商流によって、フリーゾーン（およびフリーゾーン事業）または、プロモーションゾーン（およびその他の事業）に区分されており、免税期間や対象が異なります。

Ⅵ. 業種ごとの設立形態

次に、業種ごとに設立スキームを検討してみます。

1. 製造業の進出

製造業では、工場建設またはレンタル工場、設備投資などが伴い、長期の土地(または工場)リース契約が必須となるため、経済特区での投資、または、経済特区外であれば投資員会から承認を取得して進めるのが一般的です。

経済特区には、インフラ面においても優位性があり、また、それぞれOne Stop Service Centreという各種機関の総合窓口が設けられており、各種行政手続き関係が簡潔で速やかに処理ができるというメリットがあります。一方、地代などは当然高く、管理費用として、開発会社への支払いなどによる負担もあります。

投資法に基づく税務インセンティブのうち、法人税の免税については、地域ごとに３年～７年とその期間が区分されており、免税期間が長い方が良いのは言うまでもありませんが、一方で、インフラの状況、労働力の確保や輸送コストといった点も総合的に勘案する必要があります。

2. 卸売業・小売業の進出

卸売業・小売業では、商業省通達No.により、以下の通り、規制がなされています。

	卸売業	小売業
定義	大量の商品を小売事業者に再販目的で販売すること、または、製造業者に製造に使用目的で販売すること	少量の商品を消費者に販売すること消費目的であり、再販目的ではない
内資100%	可能な範囲の初期投資で可能 700,000ドル未満の場合、登録不要	可能な範囲の初期投資で可能 700,000ドル未満の場合、登録不要
外資比率0%超80%以下	地代を除いて2,000,000ドル以上の初期投資が必要	地代を除いて700,000ドル以上の初期投資が必要
外資比率80%超	地代を除いて5,000,000ドル以上の初期投資が必要	地代を除いて3,000,000ドル以上の初期投資が必要

外資企業としての参入においては、かなり大きな初期投資を求められるため、メーカーなどで他国で生産した自社製品をミャンマー市場へ供給したい場合などは、代理店などを通じて行うのが一般的です。

3. サービス業

サービス業については、投資員会通達 No.15/2017 による規制が無い限りにおいては、会社法に基づく設立のみで事業を行うことが可能となります。税務インセンティブを取りたい場合には、300,000 ドル以上の資本金を設定できるのであれば、選択肢として検討はできます。ただし、法人税免税は、十分な利益が無いとメリットが小さく、サービス業の場合、輸入関税などのメリットが小さくなることが多いため、税務インセンティブを取得する目的で資本金を積み増すかは慎重に検討する必要があります。なお、操業に際して、設備投資などで設備を国外から持ち込む場合などは、その部分の関税等の免除が受けられる可能性があるため、十分に検討の余地はあります。このような点を総合的に判断して、意思決定していく必要があります。

4. 建設業

一般的に建設業と呼ばれる業種は、ミャンマーにおいては、「建設サービス」という業種に区分され、サービス業の一部とみなされています。純粋に「建設業(Construction Business)」という場合には、不動産開発などの一般的にいう「ディベロッパー」に近い意味合いになるため、注意が必要です。

ここで言う「建設サービス」については、基本的には、規制などがないため、会社法による会社設立のみで操業することは可能です。ただし、官公庁の入札工事などでは、入札資格に資本要件などがあるため、そういった点も加味すれば、資本構成(合弁会社)など含め、検討が必要になります。

一方、ディベロッパー的な意味での「建設業」については、不動産開発となり、土地使用権が必須となりますので、投資委員会からの承認を取得の上進めるか、経済特区における投資のいずれかになってしまいます。

ラオス進出

～プラスワン戦略、まだまだ未開拓な部分が多い
ラオスへの進出方法とは～

Ⅰ. 各進出形態まとめ

1. 概要

ラオスへの事業拠点の設立は、他の東南アジア諸国連合（ASEAN：Association of Southeast Asian Nations）諸国と比べ、まだまだ明確になっていない部分があり、世界銀行が毎年発表している『Ease of Doing Business Rankings』によると、ラオスは 2019 年時点で 190 カ国中 154 位と低迷しています。まずは当該順位を上げていくことを政府の指標としているラオスは、2018 年頃からラオスの投資環境に関する改善に力を入れています。

しかし、実際に手続を簡易化するために発令されている法令と、実務上の機能が大きく乖離してしまっている部分もまだ存在している中で、商務省や、ワンストップセンターの担当官の処理能力が不足している点を計画投資省大臣は懸念しており、この部分の改革に力を入れています。また、2020 年に国内の投資に対して発行された「事業開始手続第 0115 号」は、今までの煩雑な申請プロセスが明確に簡易化される内容として発令されているため、今後ラオスへの投資が増加することを政府は期待しています。

ラオス投資奨励法（2009 年）によると、ラオスでの投資形態は主に下記の 3 つに分類されます。

- 国内資本もしくは外国資本による単独での出資
- 合弁投資（国内資本かつ外国資本）
- 業務提携（契約による関係性）

業務提携に関しては、法人、支店は設立しないで行う投資形態となります。

事業拠点の特徴としては、“タイプラスワン”や“チャイナプラスワン”として、製造業拠点、販売拠点などを構える企業が主であり、ラオス単体で事業を確立していく企業などは、コンセッション事業や建設業を除いて、まだまだ少ない傾向にあります。

＜進出の形態＞

外国企業がラオスでビジネスをする際、設立形態としては、以下の 5 つの方法があります。

- 非公開会社（有限責任会社、一人有限責任会社）
- 駐在員事務所
- 支店
- パートナーシップ（業務提携）
- 公開会社

この中で、一般的に検討される設立形態としては、“非公開会社の設立”もしくは、“駐在員事務所”の設立があります。支店形態での設立もありますが、支店として開設が認可されるのは、ごく限られた事業のみであるため、通常、設立の際の形態として支店が検討事項に挙がることはほとんどありません。また、日系企業が公開会社として進出を検討することは、一般的には少ないです。

2. 現地法人

[株式会社]

株式会社は、すべての株主が有限責任を負う会社形態で、非公開会社と公開会社に分けられます。

ラオスの会社法上、株式の譲渡制限のある会社を非公開会社といい、株主数は2名以上 30 名以下でなければなりません。1 名の株主によって出資される会社を一人有限責任会社(Sole Limited Company)といいます(会社法 3 条、本項では以下、同法に基づくものとします)。一人有限責任会社と非公開会社はいずれも株式の譲渡制限があり、一人有限責任会社と非公開会社は運営上ほとんど違いがありませんが、一人有限責任会社の場合、社名に「Sole」という呼称を入れる必要があります。

また、出資者が法人の場合は、申請の際に一人有限責任会社として認められません。法人株主がいる場合には、2 名以上の株主を用意して非公開会社の設立を行う必要があります。

一方、公開会社の場合、最低株主数は 9 名以上となります(会社法 3 条以下、法令名の記載が無いものは会社法)。また、株式の譲渡制限はなく、社債の発行が可能とされています。

3. 現地法人以外の進出形態

[駐在員事務所]

駐在員事務所は、直接の営利活動を行うことはできませんが、以下のような事業活動を行うことができます。

・ 本社がラオスに投資することが実行可能かどうかに関する情報の収集や調査
・ 本社のビジネス上の、ラオスと自国間との連絡
・ 本社がラオスにおいて締結する契約・協定などの作成に必要な書類の準備
・ 本社が締結した契約・協定などの実施状況のモニタリング
・ ラオス政府との覚書または契約に基づいた特定分野における活動

Ⅱ. 各種設立スケジュール及び必要資料

事業拠点をラオスに設立する際には、下記のような手順で進出形態、および投資規制を確認していく必要があります。

1. 営利活動を行うか行わないか（現地法人としての設立か、駐在事務所としての設立か）

2. 一般事業か、コンセッション事業か

3. 非ネガティブリスト事業かネガティブリスト事業か（外資規制が存在するか否か）

4. 経済特別区、特定経済区での設立か

上記の内容が、主に拠点設立の際にまず検討する事項となり、併せて投資規制などを確認していく必要があります。また、現地法人の中にも公開会社と非公開会社の区分もありますが、日系企業で公開会社として設立する企業はほとんどないため、通常は非公開会社としての進出形態となります。下記では、まず一般的に使用される非公開会社（有限責任会社）の中でも、一般事業を行う会社および駐在員事務所に関する規制及び設立方法に関して記載していきます。

1. 非公開会社（一般事業）の設立手続

まず、日本側で株主構成や資本金、会社の役員などの必要情報を決定した上で、設立に必要な書類を揃えなければなりません。下記は、一般的な設立をする際の必要資料及び情報になります。

省庁	投資奨励委員会
ライセンス	投資許可証
1	投資申請書の作成
2	事業計画書の作成
3	投資者(株主)の紹介資料
4	履歴事項全部証明書(英語版)*日本で認証公証済みのもの
5	合弁事業契約書(合弁の場合のみ)
6	申請に関する委任状
7	事業の場所の地図及び写真
8	事業の初期時のビジネス計画
9	株主(企業、もしくは個人)の財務諸表もしくは銀行残高証明書(英語版) *日本で認証済み
10	その他担当官より要求された資料(担当官による可能性あり)
11	申請者(ラオス企業の取締役)の証明写真(3×4cm) 3か月以内発行 4セット
12	政府手数料 420,000 Kip

省庁	商業省
ライセンス	企業登録証及び納税者番号の受領
1	申請書
2	事業内リスト
3	委任状
4	申請者(ラオス法人代表者)のパスポートコピー(サイン付き)4セット
5	申請者(ラオス企業の取締役)の証明写真(3×4cm) 3 か月以内発行　2セット
6	投資者(株主)の紹介資料
7	事業の場所の地図及び写真
8	合弁事業契約書(合弁の場合のみ)
9	履歴事項全部証明書(英語版)*日本で認証公証済みのもの
10	親会社の付属定款(英語版)*日本で認証公証済みのもの(もしあれば)
11	投資許可証のコピー
12	会社設立後の予想組織図

13	政府手数料 資本金額(以下)/政府手数料 1. 10,000,000 Kip / 20,000 Kip 2. 20,000,000 Kip / 50,000 Kip 3. 50,000,000 Kip / 100,000 Kip 4. 100,000,000 Kip / 300,000 Kip 5. 400,000,000 Kip / 500,000 Kip 6. 1,000,000,000 Kip / 1,000,000 Kip 7. 10,000,000,000 Kip / 2,600,000 Kip 8. 20,000,000,000 Kip / 4,000,000 Kip 9. More capital / 6,000,000 Kip
省庁	**事業に関連する省庁**
ライセンス	**事業ライセンス**
1	申請書
2	申請者(ラオス企業の取締役)の証明写真(3×4cm) 3か月以内発行 2セット
3	投資許可証のコピー
4	企業登録証のコピー
5	その他担当官より要求された資料(担当官による可能性あり)
省庁	**公安省**
手続き	**社印の使用許可**

1	投資許可証のコピー
2	企業登録証のコピー
3	事業ライセンスのコピー
省庁	**労働・社会福祉省**
手続き	**社会保障基金への加入**
1	申請書
2	事業ライセンスのコピー
3	雇用契約書、代表者のパスポートコピー（もし従業員を雇用済みの場合）
省庁	**銀行**
手続き	**銀行口座の開設**
1	申請書
2	事業ライセンス原本
3	パスポートコピー
4	労働許可証、滞在許可証
5	開設用デポジット（ USD 50 ; THB 2,000 ; LAK 500,000）
※代表者が直接銀行に行く必要があります。	

上記の書類のうち、代理人への設立委任状を英語で作成し、公証役場での認証、ラオス領事館での認証処理を行います。上記の書類で認証処理が終了次第、これらの書類をラオスへ送ります。後述するプロセスは、すべてラオスにて行うことになります。

また、資本金額や事業内容によって、投資許可証が必要か不要かが変わってきます。投資許可証が必要な場合、投資許可証の取得に実務上3カ月ほど要するため、事前に投資奨励委員会への確認が必要です。

主な手続きは、下記のとおりです。

[発起人の決定]

有限責任会社の発起人は、最低 2 名以上となります(83 条)。

発起人は会社の設立手続を遂行する者であり、設立時株式のうち 1 株以上を保有しなければなりません(92 条)。また、株主を 1 名として一人有限責任会社を設立する場合は、「Sole Co., Ltd.」という表記をする必要があります。株主が 2 名以上の場合、「Co., Ltd.」という表記が可能です。また発起人は、以下の行為について、株主に対して法的責任を負います(93 条)。

- 個人的な利益のための活動
- 会社の設立に関連して発生した収入・費用の隠匿
- 有限責任会社設立の目的以外の契約を行うこと
- 自己資産の過大評価
- その他法律で規定されるもの

発起人は、有限会社の設立に関連する第三者との契約締結、または承認されていない費用の支出、もしくは承認されているが会社に登録されていない費用の支出について、無限責任を負わなければなりません(94 条)。

公開会社の場合、最低 9 名の発起人が必要であり(184 条)、公開会社の発起人は、下記の要件を満たした自然人または法人でなければなりません(185 条)。

・ 法的能力を有する
・ 事業活動が制限された期間内にある破産者でない
・ 資産の横領や流用の有罪判決を受けていない
・ 共同で最低資本金の少なくとも 10%に相当する株式を保有する

[会社の機関設計確認]

会社を設立する場合、ラオスの企業法に基づいた機関設計を行う必要があり、どのような人を選任するかがポイントとなります。最も簡素な設計をする場合には、株主、取締役、会計監査人を検討しなければなりません。株主は、1名以上いれば会社を設立することができます(1名の場合は、一人有限責任会社、2名以上の場合は非公開会社として登記されます)。ただし、発起人が2名以上必要であることから、設立時は2名以上、1株を引き受ける者を用意しておかなければなりません。

取締役は1名以上いればよく、国籍や居住性の要件もないため、近隣諸国の1つであるタイと兼任で代表取締役を選任するケースもあります。会計監査人については、総資産が 500 億キープ以上(約 3.6 億円)の会社には、設置が義務付けられています。また監査役は、下記の条件を満たす必要があります。

・ 株式会社の取締役、役員または従業員ではない

・株式会社に対して直接的な利害関係がない(ただし、株主は利害関係がないものとする)

なお、通常は監査役にはラオスの公認会計士を選任することとなります。

[設立予定会社の定款の作成準備]

ラオスの場合、定款には基本定款と付属定款の2種類があります。基本定款は会社の基本事項を記載しておくものであり、付属定款は、配当や株主総会の運営方法など、運営上のルールを決めるものです。作成した定款は株主の代表者によって署名されなければなりません。

それぞれの定款の記載事項は、以下の通りです。

基本定款記載事項(86条)	付属定款記載事項(87条)
商号	会社の利益や配当金の分配方法
事業目的	株式の支払の方法とスケジュール
本店と全支店(あれば)の所在地	マネジメント
株式の価格と株式数、 現物出資の比率、 現金出資の比率、 普通株式および優先株式の数	会議や投票の方法

発起人の氏名、住所、 国籍および各人が 引き受ける株式数	紛争解決の方法
会社の負債に対する取締役の 有限責任に関する規定	解散および清算
発起人の名前と署名	

ラオス側での主なプロセスは下記の通りになります。

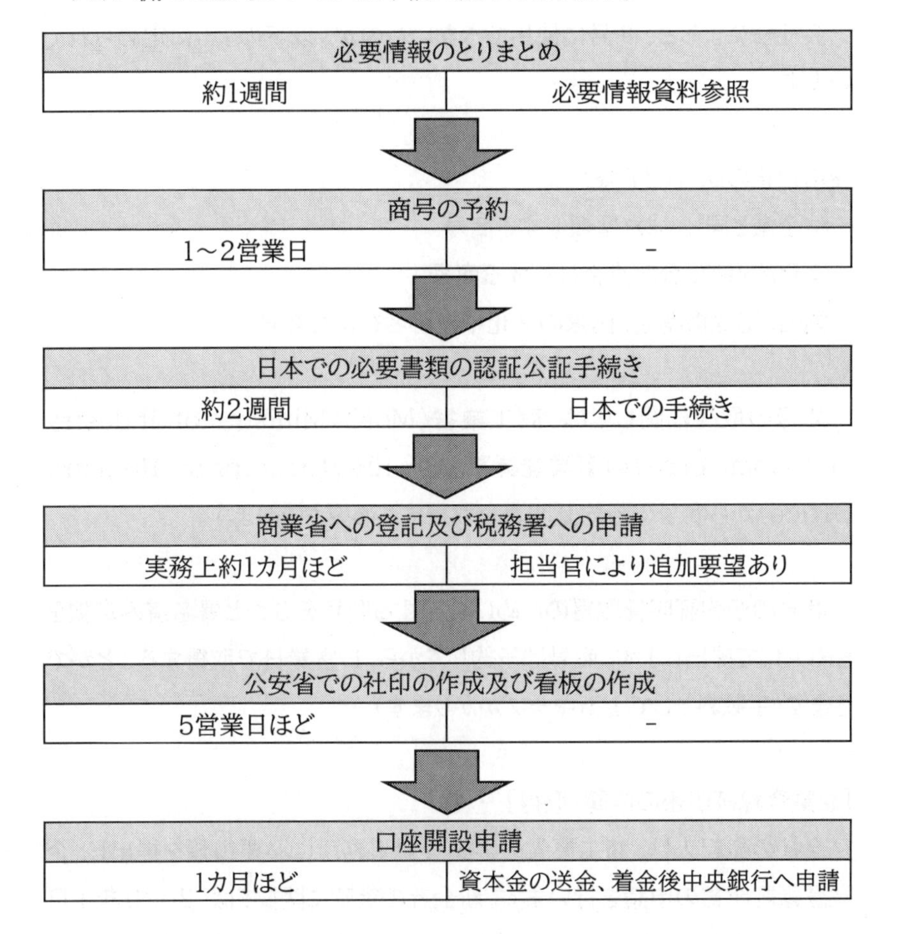

[商号の制限および予約・取得]… ❶

会社法によると、商号に使用できないものが、以下のように定められています。

使用禁止の商号（27 条）

・ 他企業と同じ、または類似する商号
・ 文化的道徳、公序良俗に反する商号
・ 国名、国際機関名、国家の文化や史跡名を含む商号

商号の取得に関しては、商工業省（MoIC：Ministry of Industry and Commerce）の事業登録事務所（ERO：Enterprise Registry Office）から商号の予約証明書を取得する必要があります。

商号の予約証明書取得のために希望する商号を 3 つと署名済み定款を ERO にて提出します。商号は予約してから 1 営業日で取得することができます（手数料として 1 万キープかかります）。

[企業登録証明書の申請・取得]… ❷

会社の発起人は、商工業省の事業登録事務所に必要書類を提出し、企業登録証明書の申請を行います。新会社の定款に関しては、2020 年 1 月 29 日の日付で、国内外の投資家に向けて発行された「事業開始手続 0115 号」によると、提出義務がなくなったと記載されていますが、担当官によっては要求される可能性もあるため、準備しておくのが望ましいと考えられます。

なお、各部門において、技術的または実質的な検査のために時間を必要とする事業を除いて 10 営業日以内に裁決されます。その後、3 営業日以内に事業登録事務所により企業登録証明書を発行する決定が行われます(17 条)。手数料は、資本金額により変動します。

【資本金額/政府手数料】

資本金額	政府手数料
10,000,000キープ	20,000キープ
20,000,000キープ	50,000キープ
50,000,000キープ	100,000キープ
100,000,000キープ	300,000キープ
400,000,000キープ	500,000キープ
1,000,000,000キープ	1,000,000キープ
10,000,000,000キープ	2,600,000キープ
20,000,000,000キープ	4,000,000キープ
それ以上の資本額	6,000,000キープ

[税務登録証明書の申請・取得]… ❸

企業登録証明書を申請し、許可がおりた場合、税務登録を申請します。税務登録証明書(Tax License)は、会計年度末に発行されます。申請に必要な書類は以下のとおりです。

・ 税務登録申請書
・ 期末貸借対照表
・ 投資許可証の写し

・ 企業登録証明書の写し
・ 会社に雇用されている従業員のリスト

[設立完了/ 営業開始]… ❹

企業登録証明書は、投資許可、奨励優遇、税務登録、関係機関による事業許可を含み、合法的に事業を実施するための企業登録の承認書類です。営業開始は、企業登録および税務登録(Tax ID)後になります。

[会社印の承認・作成]… ❺

会社は会社印を作る前に、商工業省へ申請し承認を得なければなりません。手数料は印鑑の種類に応じて、1 平方センチメートル当たり1万キープです。また、承認取得まで5営業日が必要となります。

商工業省(MoIC)からの許可取得後、公安省(MoPS:Ministry of Public Security)にて印鑑作成の申請を行います。申請から約 1 週間で承認されます。その後、作成された印鑑を公安省(MoPS)へ提出し、使用許可を取得することによって印鑑作成の手続が完了することになりますが、こちらも 2020 年に発行された「事業開始手続 0115 号」により、社印発行後、社印登録証明書および社印使用証明書をそれぞれ取得する必要はなくなり、これらの証明書が社印登録証 1 枚に集約され、簡略化されました。

会社印の申請に必要な書類は以下の通りになります。

・ 投資許可証の写し
・ 企業登録証明書の写し
・ 税務登録証明書の写し

[銀行口座開設・資本金払込]… ❻

口座開設の手続については、日系企業の多くが国営銀行である BCEL を利用しているため、ここでは BCEL での口座開設を説明します。銀行口座はLAK(キープ)、BAHT(バーツ)、USD(US ドル)口座の 3 種類を利用でき、通貨ごとに利率が異なります(Banque Pour Le Commerce Exierieur Lao(BCEL)のホームページを参照)。口座開設の際は、以下の書類が必要になりますが、代表者のパスポートが必要なため、原則、代表者は口座開設時にラオスに来る必要がある点に留意が必要です。

・ 口座開設申請書
・ 企業登録証明書の写し
・ 税務登録証明書の写し
・ 投資許可証の写し
・ 代表者(サイン権者)のパスポート

銀行口座開設時のデポジット(手付金)は通貨ごとに異なり 50 万キープ、2 万バーツ、500 US ドルとなります。預金の最小預入額は通貨ごとに異なり、普通預金口座の場合は 10 万キープ、1 千バーツ、50 US ドルとなります。

次に資本金の払込に関して、一般事業における最低資本金は、企業法、法令、および関連する機関の規則を遵守しなければなりません(投資奨励法 51 条)。なお、2017 年 11 月 7 日付の MoIC の通知により、10 億キープ(約 750 万円)以上の最低資本金の規定は撤廃となりました。そのため、理論上は 1 キープより設立が可能となりましたが、実務上は、10 億キープの資本金を要求されるケースがいまだに多いため、実務と法律上で乖離が生じている状態です。一方、コンセッション事業の場合は総投資額の 30%

以上が必要となります(投資奨励法 52 条)。この最低資本金は事業実施中に最低限維持すべき財産額も意味しており、事業実施中に財産総額が資本金を下回ることはできません(投資奨励法 52 条)。なお、ネガティブリスト事業の場合、各業種に応じて最低資本金は定められているため、事前に確認しておく必要があります。

上記で説明した非公開会社(一般事業)の設立手続は、一般的には実務上全体を通じて約４カ月で完了します。具体的には、会社設立の手続開始から事業開始までの期間は約 2 カ月、その後の手続は約 1 カ月かかります。ただし、投資許可証の取得が必要となる場合、上記に加え2～3カ月ほどの期間を要します。

Ⅲ. 外資規制

1. 投資規制

ラオスへの投資は、2016 年公布の改正投資奨励法(No.14/NA)、2018 年公布の経済特区(SEZ)に関する相令法(No.188)に基づいて行う必要があります。

2016 年に制定された新しい投資奨励法は、2009 年に制定された旧投資奨励法に代わるもので 2017 年に施行され、内国投資と外国投資の垣根を取り払い、より外国投資の誘致に積極的なものへと変わりました。投資を実際に行う際は、個別案件ごとに行政との確認を行う必要があります。

[禁止事業および規制業種]

外国投資は、国家安全、社会秩序、国の伝統や環境に有害ある事業以外のすべての事業については進出可能となります。

しかし、規制される業種のリストには国家安全、社会秩序、国の伝統や環境に多大な影響を及ぼす業種が記載されています。ラオスでは、各関連法に基づいて、禁止事業分野リストに関する通達(2013 年 8 月 26 日付 1592 条)が定められており、6 分野での事業の実施が禁止されています。

下記の業種については、外資による投資が禁止となっています。

・ 危険化学物質を扱う事業(工業物質・化学物質の管理に関する商工省決定 1041 号)
・ 放射性鉱物を扱う事業(鉱物輸出に関する相令 90 号、鉱物法 2 号)

・ 産業用爆発物を除く武器・戦車を扱う事業(刑法 12 号、爆発物の使用と管理に関する首相合意 39 号)
・ アヘン、ケシ、大麻、コカインおよび派生物を扱う事業(刑法 12 号、麻薬法 10 号、麻薬法施行令 76 号)
・ 紙幣、造幣インク、造幣機器、通貨偽造機器を扱う事業(ラオス銀行法 5 号)
・ その他関連法に基づき禁止されること

また、ネガティブリストに記載された業種については、企業登録に先だって関係当局の許可や検査を受ける必要があります。

ネガティブリストの事業の中でも主に日系企業が進出する際に留意する内容は下記のとおりです。

まず、外国資本が入る場合、出資額・出資比率の最低ラインが設定されている業種があります。下記は主な事業に対する規定になります。

事業	出資額	外資出資比率
卸売小売業	資本金 200 億キープ以上（約 1.5 億円）	100%可能
	同 100 億キープ以上～200 億キープ未満	70%まで
	同 40 億キープ以上～100 億キープ未満	50%まで
	同 40 億キープ未満（約 40 百万円）	不可
運輸	-	タクシー業、国内陸上貨物運送業は 100%出資可
	-	その他は 49%までの出資が可能
ホテル	-	60%まで（3つ星以上から）
建設（道路・	2,400 億キープ以上（約 18 億円）	100%可能

鉄道）	2,400億キープ未満	49%まで
建設 （内装 外装）	-	49%まで
金融	-	100%可能
保険	-	49%まで
修理	15億キープ以上（約11百万円）	100%可能
エンジニア リング	資本金40億キープ以上 （約30百万円）	49%まで

Ⅳ. その他業種ごとの設立時の留意事項

1. 製造業における留意点

ラオスへの製造業進出時に抑えておくべきポイントは下記のとおりです。

(1) 外資規制自体は厳しくない（＝独資での設立が基本可能。）
(2) 工業団地ごとに独自の規制があることがあるため、工業団地ごとに確認が必要。
(3) 土地の所有は原則できないため、利用権（最大 50 年）を購入する。
(4) 事業内容によっては、計画投資委員会から最低資本金が決められるため、事前確認が必須。

また、製造業における経済特区での事業における最低登録資本金は、経済特区によって異なります。

経済特区	資本金要件
ビタ・パーク経済特区（首都ビエンチャン）	5 万 USD（約 700 万円）
サワン・セノ経済特区（サワナケート県）	10 万 USD（約 1,400 万円）

パクセ・ジャパン中小企業 専用経済特区	10 万 USD（約 1,400 万円）

2. 販売業(卸売業や小売業)における留意点

ラオスへの販売業の進出時に抑えておくべきポイントは下記のとおりです。

(1) 外資 100%でのラオスでの販売業は約1.5 億円以上の資本金が必要。
(2) 大型ショッピングモールなどを設立する場合は、通常の小売業より規制が厳しい。
(3) フランチャイズでの規定はあるが、明確な法律としての明文はされていない。

ラオスにおける販売業は、資本金の規定が厳しすぎるため、ラオスへの販売業の外資からの進出はあまり進んでいません。実質は、登記をせず(もしくは違う形態のサービスとして)に事業を行っているか、ラオス人に株主になってもらって事業を行っているケースが一般的です。

3. サービス業における留意点

サービス業は比較的、ネガティブリスト以外の事業は設立が簡易的ではありますが、以下のような点に注意する必要があります。

(1) 飲食業に関しては100%での設立が可能。
(2) 現在、一般事業の最低資本金規定は撤廃されているが、10 億キープ以上を求められることが多い。
(3) 会計税務、法務、人材紹介などのサービス業は外資規制により制限されている。
(4) ビジネスによっては、営業許可証が必要となるので確認が必要。
(5) 資本金が少なく規制のない事業は、設立手続き開始から、運用まで約1カ月半程度で可能。

参考文献

タイ

・The Boad of Investment of Thailand(BOI)奨励認可後の手続き2020
https://www.boi.go.th/upload/content/BOIManualTH_615d41c89e1f4.pdf

・The Boad of Investment of Thailand(BOI)　Investment Promotion Guide
https://www.boi.go.th/upload/content/BOI_A_Guide_JP.pdf

・The Boad of Investment of Thailand(BOI)　BOIのビザおよびワークパーミットサービスのまとめ
https://www.boi.go.th/upload/content/BOI_facilitates_Visa_and_Work_Permit_Services_JP.pdf

・The Boad of Investment of Thailand(BOI)　Introducing the BOI
https://www.boi.go.th/upload/content/BOI_Intro_JP.pdf

・The Boad of Investment of Thailand(BOI) 経営者が知っておくべきBOIに関する知識
https://ic.or.th/images/Highlight_IC/2561/110/AllaboutBOI_1.pdf（前編）
https://ic.or.th/images/Highlight_IC/2561/110/AllaboutBOI_2.pdf（後編）

・日本貿易振興機構(ジェトロ) 外資に関する奨励
https://www.jetro.go.jp/world/asia/th/invest_03.html

・日本貿易振興機構（ジェトロ） BOI 奨励事業改定
https://www.jetro.go.jp/ext_images/world/asia/th/business/regulations/boi/pdf/invest_002.pdf
・タイ国工業団地公社（IEAT）
http://thai-plusone.asia/business/industrial/e02/
・"フリーゾーンからの国内販売、関税撤廃条件が明確に"日本貿易振興機構（ジェトロ）2016 年 8 月 22 日
https://www.jetro.go.jp/biznews/2016/08/8dddfa73e0c1ab01.html
・Doing Business in Thailand 2022 年度版
https://www.pwc.com/th/en/services/assets/jp-business/pdf/doing-business-in-thailand-2022-jp-version.pdf
・タイのビジネス経済ハンドブック 工業団地編
https://fact-link.com/handbook_501.php
・HANDBOOK Business Operator's Handbook for Applying for Business Operations and Privileges in Thailand's Industrial Estates.
https://www.ieat.go.th/en/ieathandbook/download/?did=31562&filename=Business+Operator+Handbook+%28ENG%29.pdf&mid=8350&mkey=m_document&lang=en&url=https%3A%2F%2Fwww.ieat.go.th%2Fweb-upload%2F1xff0d34e409a13ef56eea54c52a291126%2Fm_document%2F8350%2F14864%2Ffile_download%2F00384353061e5bccc25eb5b79d19e6bc.pdf

・タイの投資ガイド Country Profile and Investment Guide (Thailand)
https://www.asean.or.jp/ja/invest/country_info/thailand/guide/section0112/
・日本企業の海外における事業展開に際しての環境影響評価ガイドブック～タイ編～
http://assess.env.go.jp/files/0_db/seika/0212_01/20160715_05.pdf
・監修 久野康成 著 久野康成公認会計士事務所、株式会社東京コンサルティングファーム「タイの投資・M&A・会社法・会計税務・労務 第二版」2017年

ベトナム

・ベトナム統計局
・ベトナム法務局 Bloomberg
・ベトナム財務局
・ベトナム商工省
・ベトナム計画投資局
・ベトナム税関総局
・JETRO
・国際機関日本アセアンセンター
・みずほ銀行『ベトナム投資環境 2019年4月』JBIC『ベトナムの投資環境 2017年8月』
・Luat Vietnam『Tổng hợp mức lương cơ sở qua các năm』
・GlobalCompetitivenessReport2018

・監修　久野康成　著　久野康成公認会計士事務所、株式会社東京コンサルティングファーム「ベトナムの投資・M&A・会社法・会計税務・労務 改訂版」2022年

フィリピン

・フィリピン投資委員会（BOI）
・フィリピン商務省事業開発局
・JETRO 外国企業の会社設立手続・必要書類・詳細
・Corporation Code of the Philippines
・監修　久野康成　著　久野康成公認会計士事務所、株式会社東京コンサルティングファーム「フィリピンの投資・M&A・会社法・会計税務・労務 第二版」2017年

インドネシア

・JETRO インドネシア貿易管理制度「輸入品目規制」詳細
https://www.jetro.go.jp/ext_images/jfile/country/idn/trade_02/pdfs/idn2B010_imp_hinmoku.pdf
・外務省「各国・地域情勢―インドネシア共和国」2022年4月28日
https://www.mofa.go.jp/mofaj/area/indonesia/
・インドネシア投資調整庁（BKPM）　https://www6.bkpm.go.id/
・国際機関日本アセアンセンター　https://www.asean.or.jp/ja/
・日本貿易振興機構（JETRO）
https://www.jetro.go.jp/indexj.html
・独立行政法人中小企業基盤整備機構　https://www.smrj.go.jp/
・在インドネシア日本国大使館　https://www.id.emb-

japan.go.jp/itprtop_ja/index.html
・東京青山・青木・狛法律事務所、ベーカー＆マッケンジー外国法事務弁護士事 務所編（外国法共同事業）『アジア・ビジネスの法務と税務――進展から展開・ 撤退まで』中央経済社、2011 年
・KPMG https://home.kpmg/th/en/home/insights.html
・黒田法律事務所『インドネシア進出完全ガイド』カナリア書房、2009 年
・PT. Fuji Staff Indonesia『インドネシア実務法律全集1 株式会社法』PT. Fuji Staff Indonesia 、2012 年 12 月 20 日（第 2 版）
・吉田隆『インドネシア会社経営』ジャパン・アジア・コンサルタンツ、2014 年
・ACT OF THE REPUBLIC OF INDONESIA NUMBER 13 YEAR 2003 CONCERNING MANPOWER
http://www.ilo.org/dyn/natlex/docs/SERIAL/64764/56412/F861503702/idn64764.PDF
・JAMSOSTEK https://jamsostek.co.id/
・在インドネシア日本国大使館 https://www.id.emb-japan.go.jp/itprtop_ja/index.html
・監修 久野康成 著 「インドネシアの投資・M&A・会社法・会計税務・労務 改訂版」2023 年

マレーシア

・監修 久野康成 著 久野康成公認会計士事務所、株式会社 東京コンサルティングファーム 「マレーシアの投資・M&A・会社法・会計税務・労務」2020 年
・海外建設・不動産市場データベース

https://www.mlit.go.jp/totikensangyo/kokusai/kensetsu_database/malaysia/page4.html
2023年10月28日
・MIDA MIDA_Policy-Booklet_-English-Version
https://www.mida.gov.my/wp-content/uploads/2023/03/2023-03-17-MIDA_Policy-Booklet_-English-Version.pdf
2023年10月27日
・ジェトロ 2022年度海外進出日系企業実態調査アジア・オセアニア編
https://www.jetro.go.jp/ext_images/_Reports/01/e98672da58f93cd3/20220039rev2.pdf
2023年10月22日
・ジェトロ
https://www.jetro.go.jp/ext_images/world/asia/asean/service_fdi/my1-3.pdf
・法務省「商業規則及び商業登記に関する法律(1999年)」
https://www.moj.go.jp/content/001224653.pdf

カンボジア

・独立行政法人 日本貿易振興機構(JETRO)プノンペン事務所 ビジネス展開・人材支援部ビジネス展開支援課「カンボジア会社設立マニュアル」2021年2月(改訂版)
https://www.jetro.go.jp/ext_images/_Reports/02/2021/5aab0cee7e1f877 e/setsuritsu_202102.pdf
・カンボジア開発評議会(Council for the Development of

Cambodia) https://cdc.gov.kh/
・Kingdom of Cambodia 'Business Registration' Ministry of Commerce https://
www.businessregistration.moc.gov.kh
・Ministry of Labour and Vocational Training https://
www.fwcms.mlvt.gov.kh
・Mercury General LPC & Partners「カンボジアにおけるM&Aについて」令和3年3月更新
http://www.mercury-law.com/cambodia-ma
・監修 久野康成 著 「カンボジア・ラオスの投資・M&A・会社法・会計税務・労務」2022年

シンガポール

・外資に関する規制|シンガポール-アジア-国・地域別に見る-ジェトロ(jetro.go.jp)
・NAC国際会計グループ・中央経済社『アジア統括会社の税務入門』
・MAS Regulation (mas.gov.sg)
・SCS Global・中央経済社 『シンガポール進出企業の実務ガイド』
・シンガポール入国管理局:https://www.ica.gov.sg/
・江藤祐一郎、菊井隆正、石田仁司「アジア地域統括会社(4)――シンガポールにおける地域統括持株会社設立に伴う税制」国際税務、2006年5月号
・山岡耕志郎、石田仁司「アジア地域統括会社(5)――タイにおける地域統括持株会社設立に伴う税制」国際税務、2006年6月号
・新日本アーンストアンドヤング税理士法人編『アジア各国の法人税法ハンドブック』大蔵財務協会、2008年

・税理士法人トーマツ編『アジア諸国の税法〈第 8 版〉』中央経済社、2013 年
・監修　久野康成　著「シンガポール・香港　地域統括会社の設立と活用」2014 年

ミャンマー

・会社法（Myanmar Companies Law, 2017）
・ミャンマー投資法（Myanmar Investment Law, 2016）
・経済特区法（The Myanmar Special Economic Zone Law, 2014）
・投資企業管理局（Directorate of Investment and Company Administration：DICA）
（https://www.dica.gov.mm/）
・ミャンマー投資委員会（Myanmar Investment Commission：MIC）
・ミャンマー日本ティラワ開発（Myanmar Japan Thilawa Development：MJTD）
（https://mjtd.com.mm/）
・監修　久野康成　著「ミャンマー・カンボジア・ラオスの投資・会社法・会計税務・労務」2012 年

ラオス

・ラオス投資ガイドブック 2016
・ラオス投資ガイドブック 2017
・ラオス投資ガイドブック 2018
・ラオス投資ガイドブック 2019
・ラオス投資ガイドブック 2020

・ラオス投資ガイドブック 2021
・ラオス投資ガイドブック 2022
・ラオス投資ガイドブック 2023
・監修　久野康成　著「カンボジア・ラオスの投資・M&A・会社法・会計税務・労務」2022 年

海外情報サイト【WIKI INVESTMENT】のご紹介

“グローバルビジネスのガイドブックをあなたのデスクに。”
海外進出？それは大企業だけのもの？

遠い存在に感じる、どうやって情報を探していいかわからない、何を調べればいいかわからない、聞くだけで費用がかかりそう、世界中にある多くの企業は、海外ビジネスをまだまだ別の世界の話だと感じています。これまでは聞かないとわからない、遠い存在であった海外進出。

そんな海外進出の情報、ノウハウ、コネクションが集約しているサイトが、WIKI INVESTMENTです。

WIKI INVESTMENTは、全ての企業が海外進出を身近に感じ、企業戦略に海外ビジネスを組み込めるような、誰でも手に取れる、海外ビジネスに最も寄り添ったガイドブックとなるサイトです。全ての企業がより海外を身近に感じ、国を超えた人のつながりが増え、この世から戦争や貧困がなくなるような、そんなボーダーレスな世界の実現を目指します。

下記のQRコードから、Wiki Investmentのページをご覧いただけます。

https://tcg-wiki-investment.com/

■サービス機能

1. News Update

現地駐在員からのホットな情報が毎月更新！

2. 各国 Q&A

現地駐在員によくある質問や弊社出版の海外実務シリーズ Q&A が見放題！

3. TCG 書籍

弊社が展開している国の実務内容が集約されている書籍“黒本シリーズ”の、出版前の本の内容が、最新更新情報で閲覧可能！

4. 質問・面談対応

国際顧問としてミーティング対応および質問対応が可能(*月 5 時間まで)
日本側で自社に寄り添ったアドバイザリーがほしい会社向け。

海外直接投資の実務シリーズ

バングラデシュ・パキスタン・スリランカの投資・会社法・会計税務・労務

公認会計士 久野康成 監修
久野康成公認会計士事務所 著
株式会社東京コンサルティングファーム 著
KS International 著

TCG 出版 発行
体裁:A5 判 並製 636 ページ
定価:7,150 円(本体 6, 500 円 + 税 10%)
ISBN 978-4-88338-457-0

ミャンマー・カンボジア・ラオスの投資・会社法・会計税務・労務

公認会計士 久野康成 監修
久野康成公認会計士事務所 著
株式会社東京コンサルティングファーム 著
KS International 著

TCG 出版 発行
体裁:A5 判 並製 610 ページ
定価:7,150 円(本体 6, 500 円 + 税 10%)
ISBN 978-4-88338-460-0

ブラジルの投資・M&A・会社法・会計税務・労務

公認会計士 久野康成 監修
久野康成公認会計士事務所 著
株式会社東京コンサルティングファーム 著
KS International 著

TCG 出版 発行
体裁:A5 判 並製 404 ページ
定価:3,740 円(本体 3, 400 円 + 税 10%)
ISBN 978-4-88338-462-4

ロシア・モンゴルの投資・M&A・会社法・会計税務・労務

公認会計士 久野康成 監修
久野康成公認会計士事務所 著
株式会社東京コンサルティングファーム 著

TCG 出版 発行
体裁:A5 判 並製 528 ページ
定価:4,950 円(本体 4, 500 円+ 税 10%)
ISBN 978-4-88338-533-1

シンガポール・香港 地域統括会社の設立と活用

公認会計士 久野康成 監修
久野康成公認会計士事務所 著
株式会社東京コンサルティングファーム 著

TCG 出版 発行
体裁:A5 判 並製 472 ページ
定価:4,950 円(本体 4, 500 円+ 税 10%)
ISBN 978-4-88338-533-1

トルコ・ドバイ・アブダビの投資・M&A・会社法・会計税務・労務

公認会計士 久野康成 監修
久野康成公認会計士事務所 著
株式会社東京コンサルティングファーム 著

TCG 出版 発行
体裁:A5 判 並製 488 ページ
定価:4,950 円(本体 4, 500 円+ 税 10%)
ISBN 978-4-88338-534-8

クロスボーダー M&A 新興国における投資動向・法律・外資規制

公認会計士 久野康成 監修
GGI 国際弁護士法人 監修
久野康成公認会計士事務所 著
株式会社東京コンサルティングファーム 著

TCG 出版 発行
体裁:A5 判 並製 616 ページ
定価:4,950 円(本体 4, 500 円+ 税 10%)
ISBN 978-4-88338-569-0

メキシコの投資・M&A・会社法・会計税務・労務

公認会計士 久野康成 監修
GGI 国際弁護士法人 監修
久野康成公認会計士事務所 著
株式会社東京コンサルティングファーム 著

TCG 出版 発行
体裁:A5 判 並製 424 ページ
定価:3,960 円(本体 3, 600 円 + 税 10%)
ISBN 978-4-88338-568-3

中国の投資・M&A・会社法・会計税務・労務

久野康成 / TCG 国際弁護士法人 監修
呼和塔拉 監修
久野康成公認会計士事務所 著
株式会社東京コンサルティングファーム 著

TCG 出版 発行
体裁:A5 判 並製 680 ページ
定価:5,830 円(本体 5,300 円 + 税 10%)
ISBN 978-4-88338-567-6

フィリピンの投資・M&A・会社法・会計税務・労務【第二版】

公認会計士 久野康成 監修
GGI 国際弁護士法人 監修
株式会社東京コンサルティングファーム 著

TCG 出版 発行
体裁:A5 判 並製 490 ページ
定価:3,960 円(本体 3, 600 円+ 税 10%)
ISBN 978-4-88338-625-3

タイの投資・M&A・会社法・会計税務・労務【第二版】

公認会計士 久野康成 監修
久野康成公認会計士事務所 著
株式会社東京コンサルティングファーム 著

TCG 出版 発行
体裁:A5 判 並製 440 ページ
定価:3,960 円(本体 3, 600 円+ 税 10%)
ISBN 978-4-88338-631-4

インドの投資・M&A・会社法・会計税務・労務【全訂版】

公認会計士 久野康成 監修
久野康成公認会計士事務所 著
株式会社東京コンサルティングファーム 著

TCG 出版 発行
体裁:A5 判 並製 660 ページ
定価:8,250 円(本体 7, 500 円 + 税 10%)
ISBN 978-4-88338-657-4

マレーシアの投資・M&A・会社法・会計税務・労務

公認会計士 久野康成 監修
久野康成公認会計士事務所 著
株式会社東京コンサルティングファーム 著

TCG 出版 発行
体裁:A5 判 並製 344 ページ
定価:3,960 円(本体 3, 600 円+ 税 10%)
ISBN 978-4-88338-586-7

ベトナムの投資・M&A・会社法・会計税務・労務【改訂版】

公認会計士 久野康成 監修
久野康成公認会計士事務所 著
株式会社東京コンサルティングファーム 著

TCG 出版 発行
体裁:A5 判 並製 440 ページ
定価:3,960 円(本体 3, 600 円+ 税 10%)
ISBN 978-4-88338-690-1

カンボジア・ラオスの投資・M&A・会社法・会計税務・労務

公認会計士 久野康成 監修
久野康成公認会計士事務所 著
株式会社東京コンサルティングファーム 著

TCG 出版 発行
体裁:A5 判 並製 300 ページ
定価:3,960 円(本体 3, 600 円+ 税 10%)
ISBN 978-4-88338-680-2

インドネシアの投資・M&A・会社法・会計税務・労務【改訂版】

公認会計士 久野康成 監修
久野康成公認会計士事務所 著
株式会社東京コンサルティングファーム 著

TCG 出版 発行
体裁:A5 判 並製 428 ページ
定価:3,960 円(本体 3,600 円+ 税 10%)
ISBN 978-4-88338-704-5

(刊行順に掲載)

著者執筆本

できる若者は 3 年で辞める!
伸びる会社はできる人よりネクストリーダーを育てる

久野康成 著

出版文化社 発行
体裁:四六判 並製 272 ページ
定価:1,650 円(本体 1,500 円 + 税 10%)
ISBN 978-4-88338-360-3

「大きい会社」ではなく「強い会社」を作る
中小企業のための戦略策定ノート

公認会計士 久野康成 著

TCG 出版 発行
体裁:A5 判 並製 482 ページ
定価:2,970 円(本体 2,700 円 + 税 10%)
ISBN 978-4-88338-678-9

国際ビジネス・海外赴任で成功するための
賢者からの三つの教え
今始まる、あなたのヒーローズ・ジャーニー

東京コンサルティンググループ代表
久野康成 著

TCG 出版 発行
体裁:四六判 並製 482 ページ
定価:3,960 円(本体 3,600 円 + 税 10%)
ISBN 978-4-88338-702-1 C0030

創業 26 年たった 1 人で始めた会計事務所が
純キャッシュ 31 億円を貯めた仕組み
お金の戦略

東京コンサルティンググループ代表
公認会計士
久野康成 著

TCG 出版 発行
体裁:四六判 並製 272 ページ
定価:1,980 円(本体 1,800 円 + 税 10%)
ISBN 978-4-88338-718-2 C0034

やっぱり「仕組み化」

東京コンサルティングファーム代表
公認会計士
久野康成 著

TCG 出版 発行
体裁:四六判 並製 248 ページ
定価:1,980 円(本体 1,800 円 + 税 10%)
ISBN 978-4-88338-724-3 C0034

執筆者一覧（敬称略）

久野康成公認会計士事務所
株式会社東京コンサルティングファーム

はじめに　久野康成

タイ進出	高橋周平　髙土歩夢　松木祐里香
ベトナム進出	清水信太　三木総一郎　長山 毅大
フィリピン進出	古谷桃可
インドネシア進出	木村真也　金目沙織　細野南美
マレーシア進出	福田凌　飯島淳
カンボジア進出	谷坂映歩
シンガポール進出	田中勇
ミャンマー進出	近藤貴政
ラオス進出	高橋周平

監修：久野康成

監修者プロフィール

久野 康成(くの やすなり)

久野康成公認会計士事務所 所長
株式会社東京コンサルティングファーム 代表取締役会長
東京税理士法人 統括代表社員
公認会計士 税理士

1965 年生まれ。愛知県出身。1989 年滋賀大学経済学部卒業。1990 年青山監査法人 プライスウオーターハウス(現・PwC Japan 有限責任監査法人)入所。監査部門、中堅企業経営支援部門にて、主に株式公開コンサルティング業務にかかわる。

クライアントの真のニーズは「成長をサポートすること」であるという思いから監査法人での事業の限界を感じ、1998 年久野康成公認会計士事務所を設立。営業コンサルティング、IPO コンサルティングを主に行う。

現在、東京、横浜、名古屋、大阪、インド、中国、香港、タイ、インドネシア、ベトナム、メキシコほか世界 26 カ国にて経営コンサルティング、人事評価制度設計及び運用サポート、海外子会社設立支援、内部監査支援、連結決算早期化支援、M&Aコンサルティング、研修コンサルティング等幅広い業務を展開。グループ総社員数約 360 名。

著書に『できる若者は 3 年で辞める!伸びる会社はできる人よりネクストリーダーを育てる』『国際ビジネス・海外赴任で成功するための賢者からの三つの教え 今始まる、あなたのヒーローズ・ジャーニー』『もし、かけだしカウンセラーが経営コンサルタントになったら』『あなたの会社を永続させる方法』『海外直接投資の実務シリーズ』『「大きな会社」ではなく「強い会社」を作る 中小企業のための戦略策定ノート』『お金の戦略』ほか多数。

ASEAN 各国

現地法人・支店・駐在員事務所設立の実務詳細

2025 年 1 月 20 日 初版第1刷発行
著　　　者 久野康成公認会計士事務所
株式会社東京コンサルティングファーム
監　　　修 久野康成
発 行 人 久野康成
発 行 所 TCG 出版
〒160-0022 東京都新宿区新宿2丁目5番地3号 AM ビル7階
TEL:03-5369-2930　FAX:03-5369-2931
発 売 所 株式会社出版文化社
印 刷・製 本 株式会社エデュプレス

乱丁・落丁はお取り替えいたします。本書の無断複製・転載を禁じます。
本書に関するお問い合わせは、TCG 出版までご連絡ください。定価は
カバーに表示してあります。
©Kuno Yasunari CPA Firm Tokyo Consulting Firm, 2025

Printed in Japan
ISBN 978-4-88338-727-4 C0034